岩波現代文庫／社会 306

村山富市回顧録

薬師寺克行［編］

岩波書店

はじめに

村山富市

　久し振りに薬師寺克行さんにお会いした。彼が朝日新聞の記者当時、官邸で何度かお会いし質問を受けたこともある。今は東洋大学で教鞭をとられている由、お茶を飲みながらの話のなかで、政治家として私のなし得たことを語ってほしい、とのことである。特に自社さ三党連立政権の成立の経緯、総理として社会党の基本政策である自衛隊違憲を合憲としたこと、安保反対を安保維持と表明、大きく党の方針を転換したことの是非について、さらにかつては野党第一党として国政に大きな役割を果たしてきた社会党が、長期低落から抜け出せないまま、新党問題で大きく割れ、今や社民党として衆参一〇名となった経緯などを私が語り、それを『村山富市回顧録』として発刊したいとのこと。逡巡する気持ちもあったが、選挙で選ばれた公人として、やってきたことを世に問うのは当然のことではないかと思い、私としても米寿を迎えたこの機会に記憶を思いかえして整理するよい機会ではないかとも思ってうけることにした。

　私は自分の歩いてきた道を振り返ってみて、本当に不思議な人生だったと思う。「巡り合わせの人生」。「巡り合わせ」とは広辞苑によると「自然にまわってくる運命」とある。まさに自然に廻ってくる運命に背中を押されて歩いてきた(歩かされてきた)人生だった。

貧しい漁村で一一人兄弟(男八人女三人)の六男として生をうけ、義務教育を終えて上京。小さな町工場に就職、政治とは全く無縁の社会に育った私が、市議から県議、衆議院議員となり総理の重責まで担うこととなった。全く自分の意志にかかわりなく、たまやらざるを得ない立場に置かれた。巡り合わせとしか説明のしようがない状況にその都度置かれた。衆議院議員になったとき、当時、党には七〇歳定年の申し合わせがあったので七〇歳までやらせてもらうとして何を専門にやるべきかを考え、これまでやってきたことに最もふさわしいと思うこと、雇用、失業問題、医療、年金、福祉問題など人間として生涯を通して一番大事だと思うことを専門としてやろうと腹を決めて、労働、厚生を担当する社会労働委員会に所属することにした。それこそ脇目もふらずその道一筋にがんばってきた。にもかかわらず党の決定として予算委員会理事を三年半、国会対策委員長を二年、無理やりやらされることになり、あげくの果ては党の委員長までやらされる羽目になった。

党はかつて五五年体制の中で野党第一党として国政に大きな役割を果たしてきたが、冷戦構造崩壊という劇的な世界情勢の変化の中で、選挙の度に議席を減らすという長期低落傾向にあった。「もう社会党では駄目だ、新党だ」と党内は新党問題で揺れ、左右分裂の危機にあった。新党に移行するにしても党は一体として行動する必要がある。党の統一を守るためにとの期待を背負って委員長に就任することになった。

政界は、一九九三年総選挙で自民党宮沢政権は敗れ、自民党を除く七党一会派で擁立した細川政権は八か月で退陣、続く羽田政権も僅か二か月足らずで退陣、政局をどう収拾するかという混迷の中にあった。与党が政権を投げ出した以上、野党が責任をもって政権を担い、事態を収拾する以外にないのではないか。いろいろな動きがあったと思うが、野党三党(自民、社会、さきがけ)が政権を担うことになった。そのあげく総理を村山にと要請される羽目になった。思ったこともなければ、考えたこともない。与党としての経験もあまりないし大臣の経験もない者がいきなり総理、それは無理だ、とんでもない話だと断り続けたが最終的に本会議で投票の結果、首相に指名された。自民と社会が組む、水と油のようなものだ、野合だ、ながく続くわけがない、と厳しい批判もあった。しかし、誰も想定できなかったこのような内閣が誕生したことには、それなりに歴史的役割が課せられているはずだ。ちょうど戦後五〇年の節目に誕生した内閣であった。戦後未処理・未解決の問題を解決処理する、その節目にけじめをつける、日本の過去の歩みとこれからの針路を明らかにする(村山談話)など、この内閣でなければできない課題を解決したらこの内閣に与えられた使命は果たしたことになろう。阪神・淡路大震災、オウムの地下鉄サリン事件、函館ハイジャック事件などにけじめをつけて退陣することにした。

私が一番残念で悔やまれてならないのは、党の一体性を守って新党へという役目を負って委員長に就任したにもかかわらず、内閣を担うことになり党務に手が出せなかったことである。わが党と支持協力の関係にあった総評が解散し連合に移行してから急速に進んだ右傾化、そうした動きに呼応するように、政界も、日本新党、さきがけ、自民党を離党したグループにより民主党が結成された。統一して新党の結成をという方針に反してバラバラに党を離れ民主党に移籍した者も多い。選挙のためとはいえ、これまで活動をともにしてきた仲間がと思うと残念でならない。

本書は、薬師寺さんの質問に答えたものである。事柄によってはいろいろな思いもあったが包み隠さず正直に応えたつもりである。

終わりに、三党連立というある意味では厳しい政権を、支え協力してくれたみなさんに心から感謝を申し上げる。

追記　この度、薬師寺先生のご尽力により、岩波現代文庫に収録されることになりました。心から感謝申しあげます。（二〇一七年九月）

目　次

カバー題字＝村山富市

第一章　国会議員への道のり

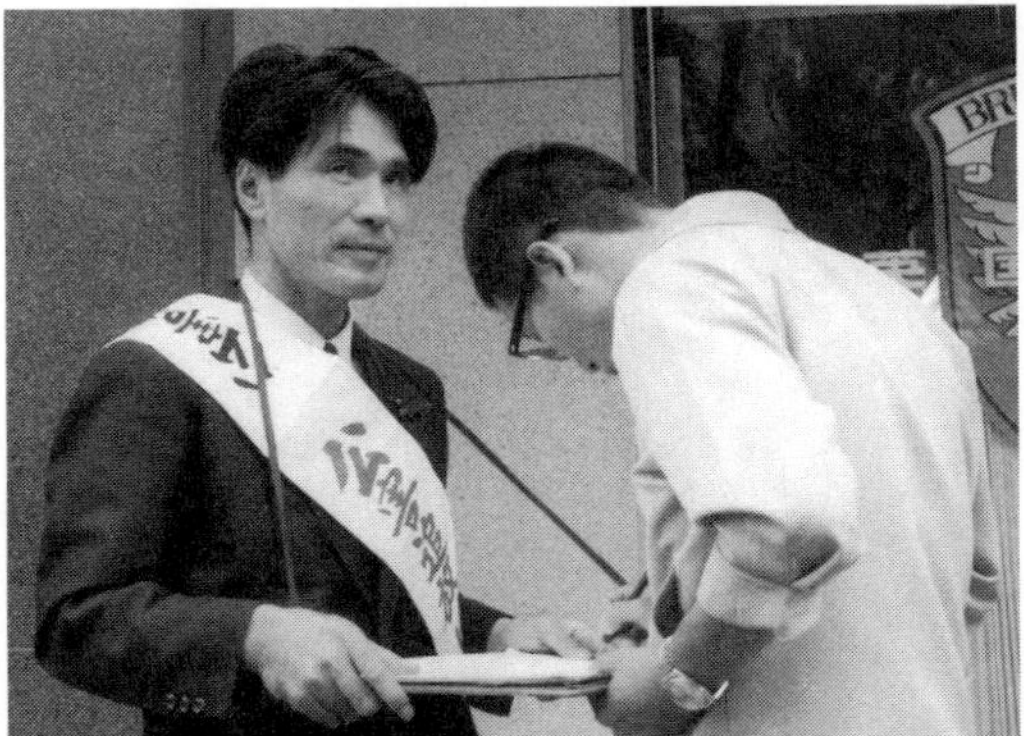

県議時代，公害反対の署名のため街頭に立つ村山氏（1970 年）

大分から東京へ

――村山さんといえば社会党の闘士という印象がありますが、大分の実家は漁業をされていたそうですね。

村山　僕は別府湾に面した浜町という小さな漁村の生まれです。この地域には網元が六、七軒あって僕の本家も網元だった。おやじは次男坊だったので網元の網を引く引き子だった。子どもが多くて一一人もおった。引き子の仕事だけじゃあ生活できないから魚売りをしたりしていた。子どもの時からやっぱり貧乏はいかんとか、なぜ貧乏なのかということを少しは考えていたんじゃないかな。

子どものころはそれほど勉強なんかしたことがない。親から勉強しろなんて言われたことは一度もないわ。だから学校から帰りゃ鞄をほうり投げて遊びに行って夕方帰ってくる。それで家族一緒にご飯を食べるという生活をしていた。それでも高等小学校では成績がクラスで三番から下がったことがないくらいよかった。「俺でもやりゃあできるじゃないか」と、それとなく自信みたいなものを持ったんじゃないかな。そういう気持ちがこれまで生きてきた心棒の一つになっているような気がする。

――一九三八(昭和一三)年に高等小学校を卒業して東京に移りました。東京に何か縁があったのですか。

村山　卒業した時に東京の町工場から募集がきていた。その会社の経営者が大分の出身だからいいんじゃないかというような話があったので、それならまぁ行くかといって友達と二人で就職した。品川区の五反田にあった旋盤の機械が二台くらいしかない小さな町工場じゃった。

従業員は三人しかいない。僕ら二人のほかはやはり大分から来た先輩だった。それと親方がいた。その当時も労働基準法のようなものがあって、青少年には夜間は仕事をさせちゃならんとなっていたみたいだ。だから夜になると外から見ても分からないように工場にカーテンを引いて仕事をさせられた。本当にくたびれたことを覚えている。一緒に行った友達はさっさと辞めて帰ってしまった。

しばらくして僕は親方に「勉強したいから夜間学校に行かせてほしい」と頼んだ。そしたら「お前は旋盤を習いに来たんで、そげんつまらん勉強なんかせんでいい」と言われた。それで大分の実家に「この工場は辞めたい。どこか別のところに変わる」と手紙を出した。そしたら「帰って来い」と言ってきた。僕は「負け犬になりたくないから、こんなことで帰りたくない。東京に残って頑張る」と言った。そうしたら実家の近所の出身の人が僕を工場に迎えにきたんだ。親が心配して東京におる大分の知り合いに話をしたんだと思うんだ。

その人に連れられて行った先が中央区築地の「一九堂《いちく》」という印刷所だった。この会社は今もあるけど、当時は従業員が六〇～七〇人はいたと思う。会社のビルの一階と二階が工場で、三階に職員の宿泊所があった。そこに住み込みで働くことになった。

しばらくして僕はまた社長に「夜間学校に行かせてほしい」と頼んだ。社長は若い人で「若いもんが勉強するのはいいことだ」と言って行かせてくれた。入ったのは中央区の水天宮近くにあった東京市立商業学校だった。

明治大学に入る

――商業学校には四年間通って一九四二(昭和一七)年に卒業し、明治大学に入ったのですね。

村山　卒業するころ「ここまで来たんじゃけん、いっそのこと大学の夜間部に行ったらどうか」という話になって、明治大学の夜間部試験を受けて専門部政治経済科に入った。僕が夜間部に通った期間はそれほど長くなかった。昼間は仕事をして夜は駿河台の大学に行ったが、当時は戦争中で大学も学生も勉強に身が入るような時期じゃあなかった。大学には国民服を着て通った。夜間部にも配属将校がいて夕方、教練をやっていた。いつ召集されるかわからんような状況だったし、授業らしい授業を受けた記憶がないなあ。
　明治大学時代、僕は哲学研究部に入った。丸谷金保さんという先輩に誘われて入った。丸谷さんは三〇代で北海道・十勝の池田町の町長になって十勝ワインを開発し「ワイン町長」として有名になった人だ。町長をやったあと社会党の参院議員を二期務めた。その丸谷さんに「俺が紹介するから至軒寮《しけんりょう》に入れ」と言われた。至軒寮に入れば勤めていた印刷所を辞めなければならない。結局、僕は印刷所を辞めて至軒寮に入り、そのついでにもう働かないんだから大学も二部から一部に変わった。

——至軒寮というのは学生向けの寮ですか。

村山　もともとは東大法学部教授の上杉慎吉さんが大正時代に作った私塾のような寮で、文京区本郷の東大の赤門の近くにあった。僕が入ったころは穂積五一さんという人が寮長だった。僕らは「ごいちさん、ごいちさん」と呼んでいたけどとても立派な人で、東南アジアの留学生らの受け入れに力を尽くしアジア文化会館を作った人だ。寮には明大だけでなく東大や早稲田大学の学生らが穂積さんを慕って入っていた。僕が入った時は七、八人の学生がいて、一緒に掃除したりご飯を炊いたりする共同生活をやるわけだ。

——みんな思想的に社会主義に傾倒していたのですか。

村山　いや、その寮には右から左までいろんな人が出入りしていたね。五・一五事件に加わった海軍の三上卓氏のような系統の人たちも出入りしていた。特高が寮に来ることもあった。まあ、僕らを目当てに来るわけじゃあなかったけどね。

寮ではよく「宗教的科学的社会主義」ということを話していたなあ。これは民族差別に反対するとか、性別を問わず来るものを拒まず、出るものを追わずという主義じゃないかと思う。穂積さんの生活を見ていると、別に人を説得したり説教したりといったことは一切しないけどいろんな人が出入りする。穂積さんの生き方を見ていて、ほんとうに素晴らしいものを教わったような気がしている。

――宗教的科学的社会主義というのはどういう考えなんですか。

村山　科学的社会主義というのはよく言うけど、その上に宗教がついているんだ。これは心の問題が大事だということを強調しているんだと僕は思う。例えば差別をしないとか弱い者を平等に扱うとか。穂積さんはアジアの人たちをもっと大事にすべきだとか平等に扱うべきだと考えており、毎日の生活の中でそういうことを実践していた。

――至軒寮を作った上杉慎吉氏は美濃部達吉氏が主張した天皇機関説を批判した人で、穂積さんはその弟子ですよね。

村山　確かに上杉慎吉さんは美濃部さんと憲法問題で論争した人物で、どっちかというと天皇絶対の国家主義的なところのある人だよね。だけど穂積さんはそんなことはなかった。とても人間的な人で、一緒に生活をしたことで得るものが多かったなあ。

徴兵されて宮崎に

――それにしても高等小学校を卒業してから、旋盤工、印刷会社、そして、明治大学、さらに赤門前の寮と、人生が劇的に変化していったのですね。

村山　そうそう、そうそう。そして、寮に入って半年くらいしてから大学も昼間部に移った。そしたら学徒動員になって石川島造船所で働いた。二〇歳になると徴兵検査があったから、僕も徴兵検査を受けてもちろん甲種合格で、一度大分に帰ってから宮崎県の都城の部隊に入隊したんじゃ。

――徴兵されたのは一九四四(昭和一九)年の八月。敗戦の一年前でした。

村山　都城の機関銃中隊に入った。そこで僕は幹部候補生の試験を受けることになった。あの頃は義務教育修了後、それ以上の学校で四年間くらい教練を受けたという証明があれば幹部候補生の試験を受けることができた。夜間部の学生はだめだけど、昼間部の大学生は教練を受ければ幹部候補生の受験資格ができる。僕は途中から昼間部に移ったのだからそんな資格は取れないと思っていた。ところが上官は僕が大学に行っていたので資格があると思っていたらしく「三年間の兵役の義務が終わったら戻れると思ったら大きな間違いだ。今は戦争中だ。試験を受けろ」と言う。上官の命令で試験を受けることになったんだけど、試験の当日になって「お前は行かんでいいことになった」と言うんだ。中隊が受験資格を確認するため大学に問い合わせたのだが、大学から書類が届かなかったらしい。大学も空襲がひどくなっていてそれどころじゃあなかったんだろうな。ところが受験生が揃って試験会場に行ったあと伝令が来て僕に「早く受けに行け」ということになった。

それで受けたところ合格した。幹部候補生試験は甲種幹部候補生(甲幹)と乙種幹部候補生(乙幹)とがあった。甲幹になると将校までいく。乙幹だと軍曹ぐらいで終わりじゃわね。僕は甲幹に合格した。それで熊本の教育隊に入った。幹部候補生はみんなそこに行って特別に教育訓練を受ける。振り返ってみると僕は本当に面白い人生を生きているなぁと思うことがあるよ。

――そして敗戦を迎えたわけですね。

村山 うん。場所は忘れたが演習に行っているときアメリカの飛行機が空からビラを撒いた。それを一枚拾ったらポツダム宣言と「日本は平和的な文化国家になる」というようなことが書いてあった。それ見て「ああ、戦争も終わるのかな。敗戦後の日本がそうなるんならいいんじゃないか」と思った。

――当時はそんなことを口には出せないでしょうね。

村山 出せるわけない。思っただけだ。そして本当に戦争が終わった。当時、僕は軍国青年だったから負けて悔しいという気持ちもあったが「ああ、これで戦争が済んだのか」とほっとしたのも事実だね。

戦争が終わって熊本から一度、大分に戻ったけど、大分にいてもしようがないからまた大学に戻った。丸谷さんら哲学研究部の先輩が戦争中、金を集めて杉並区の西荻窪に家を買って寮をつくっていた。「駿哲寮」という名前で、そこに哲学研究部の学生が住んでいた。僕も東京に戻ると駿哲寮に入った。そして、哲学研究部の委員長になった。

――敗戦直後の学生の生活はどんなものでしたか。

村山　哲学研究部には静岡県で酒屋をやっていた関谷さんという先輩がいて、ときどき鶏なんか持ってきてくれたのを覚えとるよ(笑)。当時は黍粉《きび》が配給になっていた。米なんか配給になりゃせんわ。その黍粉をお湯で練って平たくせんべいみたいにして電気コンロで焼いて食べていた。そんなものばかり食べていたので鶏が届くとそれはご馳走だった(笑)。それから東京近辺に実家のある学生がいたので一週間に一回か月に二回ぐらい、みんなで彼の田舎に行って栄養つけては帰ってきていた(笑)。

――大学に復学しましたが、授業はあったのですか。

村山　授業はあったけどあまりいかなかったなあ。それで半年くらいして卒業した。復学してすぐだった。

ちょっと話が飛ぶが、後に総理になってから明治大学の岡野加穂留学長が僕に名誉博士号をくれることになった。その授与式で「僕は明大の歴史の中で一番勉強しないで卒業した男だ。そんな男が博士号をもらうなんていうのはどうも合点がいかん、筋違いじゃないかと思う。しかし、よく考えると明治大学の先輩にはやはり総理だった三木武夫さんという清潔で立派な政治家がいた。三木さんにならって今の汚れた政治をきれいにしろという使命を受けて僕は名誉博士号を頂くのだと思う」と挨拶した。昼間部に移っても学校に行けば教練ばっかりだし、学徒動員、さらに兵隊に行って大学に戻っても半年もしないで卒業したわけじゃ。とても勉強ができるような環境になかったから本当に勉強をしないで卒業した。

——これまでのお話だと学生時代に社会主義や社会党との接点などは全く出てきませんが、学生時代に何か縁はあったのですか。在学中の一九四五年一一月二日には社会党が結党していますけど興味はあったのですか。

村山 その頃、僕は何をしてたんかな。僕のいた哲学研究部は学生運動はしていない。しかし、明大でも学生運動が非常に盛んになっていた。それに参加したことはある。一九四六年一月に後に共産党の議長を務めた野坂参三氏が中国から帰ってきて、日比谷公園で帰国歓迎集会が開かれた。荒畑寒村さんが司会をしていた。そこに行ったときはものすごかったなあ。人がいっぱい集まっていた。僕らは木によじ登って野坂さんの演説を聞いた記憶がある。

――村山さんも木に登ったんですか。

村山　登った。当時はそのぐらい世の中の関心が高くて大勢が集まっていたな。また、戦前に検挙され長期間、獄中生活を強いられていた徳田球一氏や志賀義雄氏らが解放されて一ツ橋会館で歓迎集会が開かれた。それも僕は行って話を聞いた。だけど戦争に負けて喜ぶような気分にはまだなれんから、彼らの話は「自分の考えとは違うな」というような印象をもった。

――参加した集会は徳田球一氏や野坂参三氏と共産党ばかりですね。

村山　野坂参三さんが帰ったときの日比谷の集会は共産党だけじゃあない。山川均さんや荒畑寒村さんらもいた。しかし、一ツ橋会館の方は共産党とその支持者ばかりだったと思う。

――学生時代に社会主義や共産主義に感銘したとか、マルクスレーニン主義にはまったというわけじゃないのですね。

村山　そういう思想的なものはあんまりなかった。だけども戦争に負けて民主化の嵐がどっと吹いて、日本中で民主化がどんどん進んでいる時代だったから民主主義が大事じゃないかとか、働く者には幸せに生きる権利があるんじゃないかということは意識していた。最初に話したように、僕は子どもの時に貧乏を身にしみて感じていたからねえ。

――『資本論』なんかを読んでいたんですか。

村山　いやいや、『資本論』は読んでない。河上肇の『貧乏物語』はちょっとかじった。荒畑寒村さんや山川均さんの本はだいぶ読んだね。それから政党の出しているパンフレットやらも読んだね。

社会党入党

――大学卒業後に企業に就職しようと思ったりしたのですか。

村山　卒業後に何かしようというようなことは、あまりはっきりとは考えていなかったなあ。これも穂積五一さんの影響じゃないかな。穂積さんも定職のない人で求道者みたいな立場の生活をしていたからね。それでも一度だけ先輩にどこか就職先を探してほしいと頼んだことはある。しかし、もともと東京で就職しようという気はあまりなかった。そんなとき大分で漁村の解放運動をしていた友人の真継鉱一さんから「ちょっと帰ってきてほしい」と電報が届いた。戦争中、漁村には国の統制の下で「漁業会」という団体があった。それが戦後に解散させられて、代わりに漁業協同組合を作ることになった。ところが折角の新しい組織が戦前と同じような体質じゃあだめだということで、漁業協同組合の民主化を進めるための運動が始まった。それが「漁村青年同盟」の運動じゃ。漁業権の解放や網元と引き子との関係の改善などを進めていた。僕は真継さんの電報で大分に帰って、それっきり大分にいることになってしまい漁村青年同盟の運動に入った。
漁村青年同盟の運動を始めて間もない一九四七年四月に初めての知事選挙があった。それまでの知事は官選、つまり政府が任命していたが、戦後、地方自治法で知事の公選が規定され初めて選挙が行われることになった。社会党から自分たちで民選知事をつくろうじゃないかという話があって、僕も社会党から出た安田幹太さんを応援した。安田さんはその後、衆院議員に当選した人だ。この知事選がきっかけで僕は社会党に身を投じた、つまり入党したわけだ。

――共産党ではなくて社会党の方がよかったのですか。

村山　戦前は軍閥が日本を誤らせた。やはり独裁政治はだめで民主主義が大事だ。それから戦争なんか二度としちゃいかん。平和を守らないかん。平和主義と民主主義の二つに惹かれて、社会党が一番いいんじゃないかと考えた。
それから僕は暴力を否定する立場だから、暴力革命やプロレタリアート独裁を指向する共産党には同調できなかった。そして共産党はソ連共産党の影響下にあった。これにも同調できなかった。僕は議会を通じて社会を変えていく議会制民主主義を支持していたからね。

――ところで、大分に戻ってから収入はあったのですか。

村山　大分に帰っても就職も何もせんまま、漁村青年同盟や社会党の青年部で活動しとった。僕の家は兄弟が多くて男兄弟はみんな徴兵されて戦地まで行ったが、誰ひとり戦死したものはいなかった。戦後はみんな市役所に勤めたり魚売りしたり漁をしたりしていた。だから家の方は僕一人ぐらい居候がおったって別に食うにも困らんかった。

そしたら一九五〇年になって、大分県職員労働組合(県職)の書記長が自治労(全日本自治団体労働組合)の中央本部に専従することになった。当時、県職は機関紙を出しとったんだけど、人が足りなくなったので機関紙の発行の仕事を手伝ってくれという話が僕にきた。こっちは何もしてないわけだから引き受けて県職の書記になった。

――社会党の方はどういう活動をしたのですか。

村山　労働組合のストライキなんかの応援に行っていた。僕が主導した労働組合運動もあった。例えば大分県日田の重要生産労働組合のストだ。日田というところは林業が盛んなところで製材所がうんとある。そこの労働者が日田重要生産労働組合をつくっていた。製材は日田の重要な産業じゃけんね。

日本の民間企業の場合、労働組合はほとんど企業内組合で、企業ごとに組合が結成されている。だけど日田重要生産労働組合は珍しい組織で、製材所ごとの労働者が一緒になって合同の労組を作っていた。一九五二年ころだったと思うが、この合同労組が賃上げ闘争を始めたんだ。

ある日、大分県地方労働委員会の事務局長の佐藤太一さんという、かつて農民運動をやっていた人が「日田で重要生産労組が賃上げ闘争をしているが組合が弱くて話にならない。これでは仮に地労委に持ってこられても斡旋のしようがないから、何とかテコ入れしてほしい」と言ってきたんだ。

それで僕が日田に乗り込んだ。その時、僕は独身だったから自由だった。さっそく組合に役員会を開いてもらって、そこに僕が乗り込んでいくわけだ。大分からやってきた理由を説明し「ちょっと話を聞かせてくれ」と言った。みんなとても困っている様子だった。そこで僕は「あんたたちが自分で闘って闘い取るという気持ちを持ってやるんだったら話に乗る。だけど人に頼って何とかしてくれという運動じゃあものにならん。それならやめたほうがいい。どっちにするか。よく話し合ってほしい。もし本当に「やる」と言うんなら、僕はカタがつくまで大分には帰らん。ここに泊まり込んで一緒にやる」と話をした。二〇代の若造がそんなこと言ったってみんな半信半疑だろうと思うんだが、そこまで言われるとみんなも男気出して、やっぱり「やろう」となった。

それで一か月間、泊まり込んで、あちこちに火を付けて回った。みんな低賃金のうえに身分は安定せず日雇いみたいな待遇で働いていたので困り切っていた。そんなところに火をつけりゃぼんぼん燃えだすわ。みんな盛り上がってきてやる気になった。組合に青年部ができて「我々は経営者によって痛めつけられてきた。これじゃあまりじゃないかとみんなが立ち上がった」と言って駅前に座り込んだ。「ハンガーストライキをやる」

と言い出したので、「飯は食え。腹すかして労働運動ができるか」と言ったこともあった。

しかし、経営側との話がなかなか前進せんからストライキを構えるしかないという空気になった。だけど組合が一斉にストに入ったら金もないし続かない。じゃあ部分ストにするかどうかということになって、みんなで話をして納得したうえでやることにした。

社長が強くて組合員が極端にいじめられていたり待遇の悪い会社では、組合員が会社に対して強い憎しみを持っている。そういうところじゃないとなかなかストライキはやれない。全部一緒にストライキに入ったら、組織的にも経済的にももたないと思い、部分ストに入る理由も説明して納得の上で部分ストに入ることにした。それで三分の一ぐらいの会社を選んでストをやった。しかし、二、三日したら「なんで自分の職場だけがストライキか」という疑問が出てきた。これじゃあ組織が持たない、限界だ、と思って急遽大分へ帰って地労委に状況を説明し、斡旋に乗り出すよう求めた。結局、このストは若干の賃上げで落着した。それは僕にとってはいい経験になった。

――大分に戻ってわずか数年で組合運動のノウハウをどうやって身につけたのですか。

村山　それは社会党青年部の活動をしていたからだろうと思う。絶えず労働組合に出入りするし、公労協のストライキなんかも応援に回ったりしていた。特に中小企業の労働運動に関心が強かったな。実際に経験してノウハウを身につけたのです。

僕はよくたとえて言うんだけどね、労働争議というのはお神輿をかつぐようなもんじゃと。みんなが雰囲気に酔って「わっしょい、わっしょい」とかついでいく。労働組合員がそれぐらいの気概を持って燃えていないとストライキはできない。だけど、指導者が組合員と同じ気分になってしまったら先が読めなくなるから駄目だ。指導者は労使の力関係を絶えず客観的に判断しながら、組織の点検もしながら、決着をつけるところを考えておかないといけない。

――相談する人とか、尊敬する労働組合運動家のような人がいたんですか。

村山　いないなあ。誰かに具体的に指導を受けたということはないわな。やっぱり自分で切り開いたのかなあ。「村山という男は調整能力がある。物事をまとめていく能力をもっている」というようなことを先輩に言われていたことを覚えている。日田の重要生産労働組合のストのときでもそうだが「双方の力関係を考えながらどこで妥結させるべきか、どこで落ち着かせるべきかということについて、非常に優れたところがある男だ」ということだったようだ。

――労働組合運動家には「自分たちは正しいんだ」と突っ走る原理原則主義者が多いのではないですか。

村山　そりゃ、それがなきゃできないわ。要求の正しさに確信がなければ運動の組織はできない。立場の違いで双方に言い分があるから争いになる。交渉で妥結するにしろ争議に入って妥協するにしろ最終的には力関係で決まる。負けて組織がガタガタになって駄目になってしまったのでは運動が継続できない。やっぱり組織は大事だ。いろいろな経験を通じて組織が強くなるようにしなければいかん。

——村山さんは二〇代のときからすでに突撃型ではなく調整型だったわけですね。

村山 それはそうですよ。交渉で解決できればそれが一番よい。いずれにせよ力関係というものを絶えず前提にして物事を考えていかないと。突っ込むだけが能じゃない。

——当時、日本国内の労働運動はGHQ(連合国軍総司令部)の民主化政策もあって威勢がよかったですね。

村山 僕らがやっていたのはそんな大きな舞台の運動とは違う。小さな組織の運動だから同じようには考えられないね。

党内の左派・右派問題

——村山さんが入党した社会党ですが、五一年一〇月、サンフランシスコ講和条約への対応を巡って左右に分裂しました。連動して社会党大分県連も分裂しました。当時の社会党はどんな雰囲気だったのですか。

村山 そりゃあもう当時はひどかった。派閥がひどかったよ。社会党に入党後、僕は青年部の代表として東京で開かれた党大会を傍聴するために出席したことがある。右派の実力者だった西尾末広さんが書記長だったが、献金問題が話題になっていたため「業者から金もらっただろう」とヤジが飛んだ。青年部の大会に左派の鈴木茂三郎さんが来て演説すると今度は右派が鈴木さんの名前をもじって「モサモサせんで帰れ！」とヤジる。右派の片山哲さんが来て演説すると今度は左派が「グズ哲、グズグズせんで帰れ！」とか言うんだ(笑)。青年部だから余計にヤジが激しかった。大分から出てきた僕はそんな渦の中に入れんわな。「ずいぶん激しいなあ」と思いつつ見るだけだった。

――同じ政党なのになぜそこまで激しくやるんですか。

村山　なんでかねえ。まだ社会党の勢いがいい時だし、派閥に生きがいを感じてたんじゃないかなあ。僕なんかとてもそんな気持ちにはなれん。しかし、社会党は全面講和を要求し単独講和や日米安保条約に反対の左派と、単独講和には賛成で日米安保反対の右派に分裂した。

――労働組合も絡んでいたのですか。

村山　労働組合の立場から言えば、当時は官公労(日本官公庁労働組合協議会)や公労協(公共企業体等労働組合協議会)を中心とした総評(日本労働組合総評議会)と、全繊同盟(全国繊維産業労働組合同盟)を中心とした民間労組主体の総同盟(日本労働組合総同盟)があった。総評系が左で同盟系が右という構図だな。

また、当時は労働運動のほかに農民運動も盛んだった。全農(全国農民組合)や日農(日本農民組合)などの組織があって、農地解放運動に取り組んでいた。それが次第に米価闘争に変わっていった。僕は青年部長をしながら労働者を党員に勧誘したりしていたが、社会党は農民運動に対しても影響力を持とうとして、全農の運動をしている連中を入党させる運動もしていた。

――村山さんは、当時の社会党県本部では左派に属していたんですよね。

村山　当時、青年部じゃからなあ。左派に入っているというかね。さっきみたいに労働組合だって同盟系と総評系とがある。同盟系はどっちかというと労使協調だった。総評系は労働者の権利を守っていくというので、企業の枠を超えて運動を展開せにゃいかんという考え方だから、平和や民主主義の問題などにも取り組んでいた。僕が総評系の方に加担していたことは間違いないわ。

――左派右派というのは思想も違うのですか。

村山　党からみれば大衆的国民政党と大衆的階級政党との違いだ。

――左派が階級政党ですね。

村山　そうそう。今考えるとやっぱり冷戦構造が崩壊した後は、労働運動も党の活動ももう階級闘争なんていう時代じゃなくなったと思う。僕自身の考え方が変わってきた。ただ一貫して、力関係を考えて柔軟に対応するという考えは持ってきた。日田のストもそうだしいくつかの組合のストに関係してきたが、相手があって闘うのであって、そのためには自分の力の限界を知らなければいけない。柔軟に戦術を判断していかないと元も子もなくなる。政党の活動もおなじだ。冷戦崩壊など客観的な情勢が大きく変わったなかで、柔軟に対応できる考え方に立っていないとだめだ。

後に僕は国会議員になって予算委員会の理事や国対委員長をやったけど、これは死ぬか生きるかという戦争じゃないからどこかで妥協せざるを得ない。力関係だと考えていた。そういう意味では国会も労働運動もあんまり変わらないんじゃないかな。

——村山さんは最初からリアリストだったんですね。左派だと言われることに違和感はなかったのですか。

村山　うーん。僕は派閥の活動にそれほど熱心ではなかったしね。

——当時、社会党が左派と右派に分裂した最大の原因は、サンフランシスコ講和条約と日米安保条約に対する対応でした。村山さんはどういう立場だったんですか。

村山　それは全面講和じゃ。やっぱり一方に偏った立場に立つことは真の平和を実現することにならん。全面講和をして戦争に参加した全部の国から認められて独立国にならないと危ないと考えた。そして、日本は中立であるべきだと考えたから日米安保条約にも反対だった。

——社会党の分裂は、大分県本部にも及んだのですか。

村山　そりゃあそうだわね。党本部の分裂の流れで県本部も分裂する。県本部から右派が出て行った。僕は「左派の五人の侍」の一人に挙げられていたんだ。だけど左派の方も単独で県本部を維持するだけの力はない。だから県教組に協力してもらって教育会館の中に事務所を構えたこともあった。

大分の場合、労働運動は総評系の方が強かったけれど、社会党はどっちかといったら右派の方が強かった。左派は農民組合と労働組合と両方の活動家で構成されていた。これに対して右派は五五年から四期、知事を務めた木下郁氏の影響もあって一般の党員を中心に強かった。

――分裂後は、互いに街で会っても口もきかないというような関係だったのですか。

村山　そんなことない。どこかで会ったら声ぐらいかけるわ。

――社会党は五五年に統一しました。分裂のしこりは残るものなんですか。

村山　それはあったね。あれは右やったとか、左だったとかいうことは残る。だけど、それほど対立するとかいうようなことはない。

大分市議会議員に当選

――政界への進出について伺います。村山さんは一九五一年四月の統一地方選挙で大分市議会議員選挙に出て落選し、四年後の五五年の四月に再び市議選に出て、今度は当選しました。三一歳の時です。

村山　最初の市議選の時は、大分支部の支部長が木下郁さんだった。木下さんは後に衆院議員や大分県知事もやった人で、当時は大分市長だった。木下支部長の下で市議候補を決める執行委員会が開かれ、右派の方から三人の候補者が推薦され決定した。左派からも出すべきだという話になって「当選の可能性は厳しい。この際一番若いのにやらせたら」ということになって青年部長だった僕にやれということになった。東京から戻って間がないし、僕の親族のなかで選挙なんかした者はいないからだいぶ反対した。しかし、みんながあんまり熱心に言うしお金も一銭も使わんでいいという話だから「しょうがないやるか」と立候補することになった。

――結構いいところまでいったんですよね。

村山　うん。定数が三六で九〇人以上が立候補した。五〇〇〜六〇〇票を取れば当選したが、三六〇票くらい取ったね。落選した革新系といわれる候補者の中では、僕が一番多かった。それで四年後の統一地方選挙で「前回、惜しいところまでいったのだから、もう一度、立候補したらどうか」ということになった(笑)。今度は六〇人くらいが立候補して、僕は一六〇〇票くらい取って五位で当選した。その次の二回目の当選のときはトップだった。

――周りに推されて政治家になろうと覚悟したんですか。

村山　僕は政治家になったという意識よりもたまたま議員になったという意識だった。

――議員と政治家は違うんですか。

村山　うーん。僕の意識は社会党の議員じゃな。つまり、社会党を代表する議員であり社会党所属の議員。僕は社会党ということ。政治家になったという意識はあまりなかった。

――それは党の政策や主張を実現することを重視するという意味ですか。

村山　そりゃそうじゃわ。社会党の議員じゃけんね。市会議員のときは社会党の市議、国会では社会党の国会議員ということだ。

――市議選の選挙運動はどういうふうにやったのですか。

村山　振り返ってみると僕はあんまり地元意識というのがないんですよ。最初の市議選の時は僕の実家のある町内から保守系の候補者が一人出ていた。隣近所の人はみんなその人を支持していて、僕のことなんか「どうして出たんじゃろうか」という感じで見ていた。だから、一切地元の議員だなんていう意識はない。そういう出発だったから地元に縛られず社会党の議員として全市的な立場で議員活動することができた。結果的にそれが非常によかったと思う。あまり地元に引っ張られることなく全市民のために活動ができた。そういう意味で政治的基盤は全市的に広がった。

労働組合に依存する社会党、衰退した農民運動

――選挙で労働組合は重要でしょう。

村山　組合は大事だ。県庁や市役所の職員は、特定の地域に住んでいるわけじゃあない。だから全市的な票が出るわけだ。

――組合が応援しなかったら大分市議選は難しかったですか。

村山　それは難しいわ。金も看板も地盤もない。

――そうすると地域の代表という意識はなくても、組合の代表という意識は強くなるんですか。

村山　いやいや、そうじゃなくて組合員も党だ。社会党だ。社会党を支持する組合員が中心になって僕を推すわけだから。なかには党に関係なく村山を支持する人がいるかもしれないが、基本は社会党が前提にある。

――社会党は労働組合の集票力に支えられてきた。その結果、総評が社会党を支配したとよく言われます。市議選のときにも社会党が労組依存政党だということを実感しましたか。

村山　そういう政党だったということは否定できない。僕もそう思っていた。しかし党

と労組は支持協力の関係であって支配の関係ではない。社会党を支える基盤は労働者や農民だ。組織でいえば労働組合と農民組合が社会党の支持基盤になっている。それが世の中を変えていく大衆的な力だから、党が指導してその力を結集して社会や政治を変えていくならばそれでいいんじゃないかと思っていた。労働者や農民を解放していくというのが社会党の任務であり役割だと考えていた。この考えはずっと一貫していた。

——その考えは今も変わらないのですか。

村山　基本的にはあまり変わりはない。しかし組合も変わってしまったしね。党本部が労組だけに依拠してきたため、労組の支持政党が民主党に変わった途端に党の支持基盤が崩れてしまい、社民党は小さな政党になってしまったんだ。

——社会党はなぜ労組以外に党員や支持基盤を広げなかったのかと、よく指摘されます。

村山　そう言われるがなかなかそれはできなかったよね。労働組合と農民組合だけに依拠していたのでは国会で三分の一程度の議席しか取れない。当時は衆参国会議員の選挙の目標は改憲阻止の三分の一の議席を確保することにあった。政権を取るなんていうのは夢のまた夢だ。だから、支持を中小企業、さらに一般の人に広げていく活動をすべきだという議論はたびたびしてきた。してきたけど、とても実践はできなかった。

——村山さんが市議になった一九五〇年代に、すでに党内には支持基盤を中小企業や一般のサラリーマンに広げようという議論があったんですか。

村山　あった。議論はしていたけど実践できなかったんだ。一九六四年には当時、社会党書記長だった成田知巳氏が、社会党の組織的欠陥として日常活動の不足や議員党的体質、労組依存の三点を指摘した。いわゆる「成田三原則」だ。こういうことは理屈のうえでは分かっているけれども、実践できたかといったらできなかった。なぜかといったら、それは僕らにも反省があるけども労働組合がしゃんとして支持してくれている限り落選することはないという気持ちがあったからじゃ。だから、自分の支持基盤をもう少し大衆のなかに広げていくという努力もしないわけではないが、保守の壁が厚くなかなか食いこめなかった。

——そういうことは個々の議員だけがやることじゃないですよね。社会党が党組織全体で取り組むべきことでしょう。

村山　党にもそういう力がなかったんだ。だから政党としては伸びなかったわけだ。社会主義政党は、ソ連にしても同じだが、労働者や農民を基盤にして革命勢力をつくり革命を成功させるという考え方が伝統的にある。日本社会党も社会党を支持する主体は労働組合と農民組合であり、このなかにしっかりした基盤をつくって名実ともに一つの勢力になり社会的な影響力を強めていく。これが重要だと考えていた。この勢力を基盤にして文化人やインテリ層など一般大衆を幅広く結集していくという考え方なんだけど、実際の運動としてはそこまで手が回らなかった。僕らも含めてそうだけど選挙に当選するということが大事な目的になってしまい、党組織を拡大するという運動を怠っていたんだね。

――社会党の重要な支持基盤の一つが農民組合であることは繰り返し指摘されますが、今は農民運動は消えてしまっています。一九五〇～六〇年代当時はどんな状況だったのですか。

村山　農民運動というのは農地解放運動だ。小作解放であるとか小作料を引き上げるとか。地主を追放せよとまでは言わないけれどね。ところが戦後、ＧＨＱ最高司令官のマッカーサーの指令で農地解放が行われて、地主が追放されみんな自作農になった。その結果、農民運動はすたれていったんだ。農地解放で自作農が生まれると、農民運動の中心は次第に米価闘争に変わっていった。そういう運動が強力に行われている間はまだまだ勢いがよかった。やがて農協が登場し、農民運動は次第に消えていった。

――農地解放が実現し農民運動が衰退していくと、それに合わせて政治的には社会党に代わって自民党が農村に浸透していったわけですね。

村山　そうそう。完全に自民党支配になっていった。農村には農協とか土地改良組合がどんどんできていく。こうした組織は国の予算や補助金をもらって成り立っているわけだからね。自民党政権の下、農村では国の影響力が強くなってきたんだ。そして社会党が手を出す運動はほとんどなくなってしまった。

――そうした状況の変化を前に、社会党は何も打つ手がなかったのでしょうか。

村山　僕はそれほど農民運動に入り込まなかったのでよくは分からんけど、時代の変化のなかで、食糧は国にとって安全保障問題だから自給力をもっと確保していかなければならないなどという運動はできただろう。しかし、それを社会党が主導できるかというとそうはならない。運動の主体は農協だった。それでも農民運動は中山間地域農業の振興や出稼ぎ労働者対策など幅広い運動に取り組んでいたんだがなあ。

――農村での力を失っていった結果、社会党は総評にどんどん傾斜していったのですね。

村山　農民運動もすたれていくしね。だから、農村に対する基盤がなくなっていった。それでも一九五〇～六〇年当時、農地解放運動なんかやっていた人たちがまだ残っていて社会党を支持していた。だけど高齢化していて、そういう人たちが農村に対する指導力を失っていた。

――それでも大分は農民運動が強い方だったですね。

村山　大分はね。大分と新潟や東北地方は強かった。しかし、大分はやっぱり労働組合運動の方がさらに強かった。特に日教組(日本教職員組合)や自治労の組織率は全国一だったな。今でも大分の教組や自治労は全国的にも組織率が高く衆参両院に国会議員を出している。

県議、そして国政に

――大分市議を二期務めた後の一九六三年四月に県議会議員選挙に立候補し、当選しました。県議は衆院議員になる七二年まで務めました。

村山　県議になった当時は知事は社会党出身無所属の木下郁さんがやっていた。ちょうど大分県は新産業都市の指定を受けて、新日鉄や昭和電工などが進出し、鉄と石油のコンビナートが造成される時期だった。それで公害問題や海の埋立て反対の闘争が盛んに行われており、その支援に走りまわった。そうした問題を取り上げて追及はするが、このころはどちらかといったら党の方の仕事を中心にやっていた。

――県議時代に社会党大分県本部の書記長や副委員長を務めていますね。県本部内でどんどん頭角を現してきたわけですね。

村山　僕は何にもしていない。人がいないんじゃ。県議になるともちろん県職員労働組合の仕事は辞めているから、あとは何の役職もない。議員と党の二つだけ。そういう意味で拘束はなかったね。

――そして、七二年の総選挙に立候補するということになっていくわけですね。

村山　県議三期目の途中の衆議院選挙だった。あのときは大分一区に適当な候補者がいなかったんだ。その前の総選挙で社会党は大分一区に二人擁立して二人とも落選していた。その二人のうち一人はその後の参院選で当選し、残る一人の方は擁立はしにくいということになった。「それなら新人だ。大分市でお前が一番強いんじゃやからやれ」と無理やり担ぎ出された。その時はだいぶ抵抗したよ。僕の周りもみんな反対したんだから。

――周りというのはご家族ですか。

村山　家族はあんまりこうした問題に関与しなかった。反対したのは県議選で僕を支持してくれた人たちだ。「県議三期目に当選したばかりだ。まだ一年も経たんのに、衆議院選挙に立候補するなんてことは有権者に対して申し訳ない。任期をまっとうすべきだ」と言うんだ。僕もその通りだと思った。相当抵抗したけど選挙がだんだん近付く。にもかかわらず候補者が決まらない。そうなると反対していた支持者のみんなが「もうしようがない。村山がやらんとしようがない」ということになった。

――初めての国政選挙はいかがでしたか。

村山　それは選挙区がずいぶん広いもんだなあと思った。大分一区は県内で一番広かった。候補者になるまではみんないろいろ言ってくれていたが、決まった後は何にもしてくれない。「お前やれ」というだけの話だった。僕に対してあれほど「出ろ出ろ」と言っていて、候補者になることが決まったらみんなそっぽ向いて誰も協力しない。こんなおかしい話があるかと何度も思ったな。だけど決まった以上、選挙戦を戦わないわけにはいかない。選挙の公示までは自分で車を運転してあっちこっち回った。今は立候補予定者になったら党がちゃんと車も運転手も用意してくれる。しかし、僕の時はそんなものなかったから、自分で運転しなければならなかった。

――やはり労組中心の選挙運動ですか。

村山　労働組合の集会に行ったりしたね。日田での集会に出かけたときは「もう遅いから泊まれ」とだいぶ言われたけども、次の日の予定があるから帰ることにした。するとその途中、雪が降ってきて僕は道に迷って山の中に入ってしまった。何とかして方向転換して日田に戻った。しかし、もう大分まで帰れないので途中で泊まったことがある。その時に必死でハンドル握りながら「こりゃあ、何がなんでも勝たなきゃいけない」と思ったね(笑)。

――大変だったですね。事務所はあったのですか。

村山　そんなものはないわ。連絡先は自宅にしたり組合にしたり、党にしたりだった。単独の村山事務所というのはなかった。

――とはいえ、大分一区に社会党公認一人ですから当選できると思っていたでしょう。

村山　まあ、当時の社会党は大分一区なら誰が出ても当選させるだけの力はあったから、当選はできるとは思っていた。それでも初めての総選挙だから一所懸命だった。自分で車のハンドルを握って「選挙に出て行くからは、何がなんでも勝たねばならぬ」と歌の文句を口ずさみ自分を激励しながら回った(笑)。

――村山さんは組合推薦の候補者だったのですか。

村山　そう、自治労県労評の推薦だった。僕自身は自治労の出身であると同時に党人派だ。だから党と組合の両方を踏まえていた。しかし、どっちかというと組合の力の方が強かったな。

――当時、社会党の議員は組合出身者がどんどん増えていました。

村山　そう、どんどん増えていった。例えば大分県で国政選挙やるとなったら、自治労や県教組のような全県的に組織をもった大きな組合から出る候補者は当選しやすい。しかし、そういう組織とはぜんぜん関係のない者がぽっと出たって選挙は難しかった。候補者を選ぶ段階で組合が中心になって動くからで、当然、組合出身の議員が増えてくるわね。

――村山さんの総選挙初当選は一九七二年でした。国政選挙に立候補すると新聞各社はそれぞれ経歴や公約、得票目標などを書類に書いてもらいます。少し先ですが七九年の総選挙の時、村山さんの事務所が朝日新聞に回答した調査票を見ると、選挙の得票目標について労組単位や地域ごとに実に細かく一桁の数字まで書いているんですよ。これには驚きました。例えば自治労と県労評の割り当ては合計で一万八〇四六票。大分市七四四三票。日田市郡が三四九〇票という具合に市郡別に数字をあげていて、全体の得票目標は七万五八五〇票となっていました(笑)。実際の得票は八万六〇〇〇票余りでトップ当選でした。

村山　細かな数字までは知らないが、選挙の方法として各市郡に得票の目標を示して確認し、その目標に向けて各地区が取り組んでやるのはいつの選挙の場合も同じだった。

――村山さん本人ではなく秘書の人が書いているのです。そして「前二回の選挙は社会党候補が一人だったので、県労評におんぶされた選挙だった。今回は二人立候補となったので、初めて後援会を結成した。前二回も後援会はあったが、政治団体の届け出もなく集票活動は実質的にやっていなかった」とも記入されているのです。とても率直に記入されているのですが、逆にいえば当時の組合はここまで細かい数字を割り振ることができたということでしょう。

村山　票の割り振りはしたんだろうが、一桁の数字まで出したのかなあ。それは初めて聞く話だ。

――候補者本人が知らないところで、労組はものすごく緻密な選挙活動をしていたということでしょうね。

村山　そうかもしれない。確かに今と違って昔の選挙は実に細かな読みをしていた。人の動員からビラ配りまで何でも組合が率先してやっていたからねえ。今はそんなことをしていない。

——すごいですね。

村山　それはすごいですよ。選挙で組合員が鍛えられる。それがずっと伝統だった。一方、個人後援会なんていうのは名前だけだった。形式的には党や労組の役員のほか地元で協力してくれる人の名前を書いて格好をつけていたけれど、実際に後援会としての活動というのはないですね。金は一銭も集めることはできないし、後援会主催の集会もやったことがない。

——選挙資金や政治資金はどうやって調達したのですか。

村山　僕は政治資金集めのパーティーはやったことはない。最近は国会議員だけでなく県会議員だって年に一回ぐらい一万円ぐらいの会費を取ってパーティーを開いているなあ。だけど僕はお金を取って集会などをやったことは一度もない。

——金銭的にも労働組合が面倒をみるということですか。

村山　そうだろう。だから金はあまり使ってないんじゃないかな。

——労組はなぜここまで熱心に選挙運動をやるんですか。

村山　総評は労働組合が単に賃上げとか労働条件の改善を実現するだけではなく社会的存在であるということを強調していた。やっぱり平和や民主主義を守る運動であるとか公害反対闘争など社会的運動も労働組合の任務であるという考えだ。だから政治闘争、選挙も労働運動として取り組んでいた。当時はむしろそういう意識の方が先行していたんだ。実際、労組はそういう社会的影響力を持っていた。今はもうぜんぜん駄目だけどね。

――国民の所得が増えて生活が豊かになると労働者は労組に労働条件の改善などを期待する必要がなくなったわけですね。

村山　そう、みんな中流階級になったんだなあ。中流意識だ。マルクスの『経済学批判』という本に「存在が意識を決める」と書いてある。労使関係や労働者を取り巻く環境、つまり社会的条件が変わり、その結果みんなの意識も変わる。すると労働組合も変わり、階級意識を持って活動することから労使協調路線に移っていった。それじゃあいかんわけだ。資本主義社会では貧富の差や身分差が作られ拡大していく。それを是正していくことが労働組合の役割であり、そういうことに忠実になるべきだ。例えば二〇〇八年の年末に日比谷公園で話題になった派遣村のような問題。憲法二五条を盾にして労組中心にそういう運動がもっと起こっていいんじゃないかと思う。今日では格差が拡大し労働者の権利意識もなく一方的に資本に使われるようになった。二〇一〇年に日本記者クラブで講演したとき僕は「労働組合は駄目になった。だからいかんのだ。社会や政治が緊張感を持つという意味で労働組合の役割はあると思う。労働組合運動はそういう役割を果たさないといけない」と話したんだ。

――それにしても高等小学校を卒業後、旋盤工になってから国会議員になるまで次々と道が開いていく劇的な人生ですね。

村山　子どもの時にちょっと勉強して成績が上がった経験から、「僕でもやればできる」という自信がついた。それに不思議な巡り合わせが重なっていった。哲学研究部にいる時は周りに推されて委員長になった。兵隊に行ったときは汽車に乗って都城まで行くときには班長をやらされた。陸軍ではちゃんとした資格がないのに試験を受けて幹部候補生に合格し軍曹にまでなった。幹部候補生になっていなかったら一等兵か上等兵ぐらいで終わっている。自分で考えてみても本当に不思議な巡り合わせが続いた。

ちょっと先の話なんだが一九九三年に僕が社会党の委員長選挙に出ていたころ、大阪での党の会合に出て新幹線で帰るために駅の待合室にいると、入ってきた男性が僕の顔を見て「村山さん、大変ですね」と声をかけてきた。当時は細川政権で社会党は与党の第一党だったから、委員長選のことがよく新聞に出ていた。それで僕のことも知っていたんだろうと思う。僕は「いやあ、委員長選に出るなんてぜんぜん思ってもみないことだった。みんなに無理やり言われてこんなことになってしまった。人生というのは巡り合わせですかね」と話した。その男性は「誰にでも人生に巡り合わせはありますよ。そういう時に避けたり逃げたりしてはいけない。やっぱり乗り越えていかないといかん。そしたら新しい展望が開ける、道が拓ける」と言うんだ。

いいこと言う人だなあと思って話を聞いた。その人の顔はテレビかなんかで見たことあるなあと思ったが名前を思い出せない。それで駅員に「さっきの人は誰でしたっけ」と聞くと「あの方はフランキー堺さんですよ」と教えてくれた。フランキー堺さんは大阪の芸術大学に講義に来た帰りだったそうだ。「巡り合わせ」とは広辞苑によると「自然にまわってくる運命」とある。まさに僕は自然に廻ってくる運命に背中を押されて歩かされてきたのだと思う。

――村山さんが街頭演説している若いころの写真を拝見すると、いかにも論理を振りかざして相手を論破する攻撃的な運動家にみえますが、実際はどうだったのですか。

村山　僕は談論風発なんていうタイプじゃない。どっちかというといつも受け身だったな。誰かの意見に対して僕が反論して議論を闘わせるというようなことはあんまりないな。労働争議をやっているときには情勢分析をしてこれからの対応を議論する時がある。そういうときに「こういうあたりで調整する以外ないんじゃないか」と落としどころを言ったりする。そんな役割をしていたかなあ。どこかに折り合える見通しを持ってないと、ただ力だけで突っ込んでいったって物事は解決しない。だから僕は誰かの意見に反論してやり合うなんてことは、たまにあっても、あんまりなかったな。そういう姿勢は国会議員になってもあまり変わらなかったな。

第二章　派閥全盛時代の社会党

テロに倒れた浅沼稲次郎委員長の社会党葬(1960年,
毎日新聞社提供)

「新しい流れの会」に参加

——国会議員時代のお話を伺います。社会党といえば左派、右派に割れて党内に様々な派閥ができて主導権争いばかりしていた印象が強いです。村山さんは当選後、「新しい流れの会」というグループに入りました。これは派閥ですか。

村山　派閥じゃないな。なんていうか、田英夫さんとか楢崎弥之助さん、横路孝弘さんらが中心のグループで、社会党に活力や新風を吹き込むために新しい流れをつくっていこうという運動だった。党に刺激を与えて活性化していくなら、それなりの役割があると考えて入った。といってもあまり大きなグループじゃあなかったし、僕はそれほど長くはやらなかった。

——「新しい流れの会」は一九七三年の二月に発足しましたが、国会議員が二〇人あまりも参加したため注目されました。設立趣意書は成田元委員長が訴えた社会党の組織的な欠陥である日常活動の不足や議員党的体質、労組依存に言及し、党の体質と発想を変えなければならないことを強調しています。いわゆる「成田三原則」と同じですね。

村山　先程も触れたけど、成田三原則はそのとおりで正しいと思う。

――三原則でいう「日常活動の不足」というのはどういう意味ですか。

村山　これは議員の活動はあるが党として大衆を組織していく活動がないということだ。例えば国会議員や地方議員は各地域で住民からいろんな要望を聞いて、それを政治に反映させる努力をしている。ところが党としてはそういう活動が不足しているということだ。

――当然のことですが、議員活動は選挙を意識せざるを得ませんね。

村山　端的に言えばそうだ。議員は要望を聞いて歩くことのほかに議会や国政についての報告会を開いたり会報を出したりしている。それは市議や県議、国会議員の活動であって、一般の人はそれを社会党の活動とは見ない。だから、もっと党が中心になって様々な活動をやり、各種議員がそれに乗っかってくるようなことをしなければならないというのが「日常活動の不足」ということだ。

つまり党は議員の活動に従っているだけで党独自の活動はなかった。本来は党独自の活動があって、その活動の先頭に議員が立っているというならいいわけだ。だけど議員が中心で議員個人の選挙につながる運動をやり党が前面に出なかった。

労働組合運動も同じで、社会党がもっと各労組の運動の中に入っていき、時には指導するくらいの役割を果たしていかなければならない。ところがそういう日常活動が全く不足していたんじゃ。そういう活動を通じて大衆や労組の中に党員を増やし、党の組織を拡大するという運動が欠けていた。

——なぜそんな分かり切ったことが不足していたんですか。

村山　一つは議員も労組も選挙が中心だったためだ。反省を込めて言えば僕だって自治労があったから選挙もできたし運動もできた。自治労がなければ何もできなかった。そういう構造から抜け出せなかったね。それに党の方には専従の役員や職員、党員が少なくてそれぞれが仕事を持っているから、思うように活動できないわけだ。

僕が青年部時代のころ、大分県本部など地方組織の活動家というのはだいたい派閥の活動家だった(笑)。みんな中央の派閥につながっていた。そういう派閥の縛りが党全体の発展を阻害したんだ。

——確かに「新しい流れの会」は「マルクスレーニン主義や社民主義という路線論争はもう意味がない」、「議論ばかりしていて、市民運動との連帯が全くできていない」などと主張し既成の派閥を批判していました。

村山　そう、党と市民運動の関係は弱かった。やはり教条主義はだめなんだ。

——その結果、「新しい流れの会」はどちらかというと右派に見られていましたね。

村山　右左どちらでもなく、弾力性をもって柔軟に大衆運動をやっていくという姿勢だったんだけどなあ。そもそも僕は右派、左派ということにあんまり関心がなかったね。

「新しい流れの会」には確か土井たか子さんも入っていたと思う。分かりにくいかもしれないが、どちらかといったら田さんや楢崎さんのように元気のよかった人たちが中心になって旗を振り、それにみんなが集まったという感じのグループだった。だから何か心棒があったわけじゃあない。

派閥全盛

――社会党は五五年に左右両派が一緒になりましたが、その後も党内は決して一枚岩ではなかった。村山さんが議員になったころもそれぞれのグループが活発な活動をしていました。

村山　当時、党内にはまず佐々木更三さんの派閥の流れをくむ左派の社会主義研究会があった。僕らは社研って呼んでいたなあ。それから中間派と言われていた勝間田清一さんの政策研究会、八〇年代に入って右派が中心の政権構想研究会(政構研)もできた。それに最左派の社会主義協会もあった。右派だとか左派だとかいうことを意識して活動するなんてことはいつ頃まであったかなあ。党本部の書記だって、あれは政構研だとか、あれは社研だとか、色分けがはっきりしていた。というか書記の方が国会議員よりもむしろ派閥の運動に一所懸命という時期もあった。その頃、僕はあまり党本部に行かなかなかったんだ。派閥活動に熱心に足を突っ込むようなこともしなかった。もっぱら衆院の社会労働委員会を中心に議会活動をやっていたね。

――社会党の国会議員は日常的にはあまり派閥活動をしていなかったのですか。

村山　まあ党の役員人事の時には熱心に動いていたなあ。しかし、日常活動のなかではよほど派閥の中心になっている連中は別にして、一般の国会議員なんていうのはそんなに派閥活動を一所懸命やっていたわけじゃあない。

――振り返ると村山さんが国会議員になった七〇年代から八〇年代は、社会党の派閥が全盛時代でしたね。

村山　うーん、ある意味でそうだな。僕の中にはそういうものに対して若干抵抗があったのかもしれない。そう言うちゃ悪いけど、党の書記局なんか派閥に凝り固まっていて、書記が派閥以外のことは何もしないという状況だった。

――党本部の書記は本来、党全体の事務を担当しているはずなのに、自分の属する党内派閥のためだけに活動するのですか。

村山　そうそう。派閥に生きがいを感じているような人ばかりだったなあ(笑)。僕なんかそういうことに無縁じゃ。避けたわけでもない。用がないから行かなかった。しかし、派閥が大きな存在だったことが社会党の発展に災いしたんだと思う。党大会なんて開くと、文字通り派閥間の争いばかりだったからね。それでも僕が予算委員会の理事をやるようになった八〇年代後半になると、書記局の空気はだいぶ変わってきて派閥の色が次第に薄くなっていた。

――国会議員になって村山さんが熱心に取り組んだのは、党内の派閥活動ではなく社会労働委員会だったわけですね。

村山　僕は何事につけても背中を押されて、それを受け入れてやってきたのだが、国会議員に当選した時は初めて自分で何をすべきかということを判断して決めた。市議、県議を経てきたのだから国会議員というのは最後だ。だからこれから自分で何をすべきか考えなければいけないと思った。それはやはり生きることが大事だということだ。生きるためには仕事をする、結婚したら家庭生活を維持する、そしてみんな歳を取る。ならば社会保障政策が大事だから、それを中心にした仕事をしたい。それは社会労働委員会以外にはないと考え、自分で希望して社労委員会に入れてもらった。

国会では毎年、毎年、どの委員会に属したいか希望を出す。僕は第一希望が社会労働委員会、第二希望も社会労働委員会と、社労以外は行かないという意思表示をしていた。これは僕のわがままでとにかく無理やり社労に入れてもらった。社会党では当然だけど社労委員会の希望者は多かったが要望を受け入れてもらい、結局十数年やった。僕はどこにも脇目をふらないで社労委員を続け、理事も何回かやった。

――社会労働委員会一筋でしたが、一九八七年に国会では花形の予算委員会の理事に就任しました。

村山　あれは党の社労部会長もやっていたときだった。社会党は当時、予算委員会に二人の理事がいた。上田哲さんと川俣健二郎さんがやっていた。ところが何かの理由で川俣さんが辞めて理事一人が欠員になった。国対委員長は大出俊さんだったが、党の副委員長や国対副委員長らと相談して予算委員会理事を村山にやってもらおうということになったらしい。僕は「とんでもない話だ。これまで一度も予算委員会の委員になったことがないし、希望も出したことがない。最後まで社労でやるつもりだから受けられない」と拒否した。社労部会も部会を開いて、村山を予算委員会の理事に回すことには反対という決議をした。ところが予算委員会が迫ってくる。党内には予算委員会に理事が上田氏一人では心配だという声が出ていた。上田さんという人は口八丁手八丁の人だが何をするか分からないようなところがあったからね。予算委員会は国会の要の委員会だけにこのままでは党全体の問題になってしまいかねないため社労部会も「村山さん、ここまできたら受ける以外ない」という話になって、引き受けざるを得なくなった。ところが一年後にリクルート事件が起こり予算委員会は大変なことになったわけだ。

浅沼稲次郎氏、佐々木更三氏ら大物を語る

――リクルート事件については後に伺います。その前に少しさかのぼって一九六〇～七〇年代の社会党幹部にはどういう印象を持っていたのか話してください。

村山　党幹部で最も心の中に残っているのは、委員長をやった浅沼稲次郎さんだね。六〇年に日比谷公会堂で右翼の少年に刺殺された。最後は残念だった。浅沼さんは清貧に甘んじてずっとアパート暮らしだった。人間機関車と言われるくらい社会党の運動に打ち込んだ。お金にも汚れていない人だ。ああいう一貫した姿は尊敬に値する。だけどあの人の考え方に全面的に賛成かといったら、それはいろいろ批判したいところもあったし僕とは違うところもある。しかし、尊敬する政治家はと聞かれたら僕は「浅沼稲次郎」と書く。

――浅沼さんは五九年に中国を訪問したとき「米帝国主義は日中共同の敵である」と発言して話題になりました。

村山　浅沼さんの中国での発言は僕もいいと思っていたわけじゃあない。とにかく貧乏に耐えて、耐えて運動に打ち込んでいる姿に感銘を覚えたのだ。

――何度かお会いになったことはあるんですか。

村山　大分に来たとき一緒に演説会に行ったことがある。あれほどの大衆的人気というのは、やはり人柄なんだろうねえ。いちばん記憶に残っているのは、参院選の応援のために大分県の天ヶ瀬という温泉場に来てくれた時のことだ。ホテルの広間に、様々な人が浅沼さんの顔が見たい、声が聞きたいと集まっていた。浅沼さんは開口一番「皆さんの顔を見たら、もうお話をする必要もないような気がする。ちゃんと皆さんの額に候補者の名前が書いてある」と言うんだ(笑)。人を食ったような何でもない話だが、他の人が同じことを言っても誰も反応しなかっただろう。しかし、浅沼さんが例のガラガラ声で言うと「そうじゃ、そうじゃ」となぜかみんな頷くんだな(笑)。浅沼さんにはそういう何か人を引きつける力が身についていたように思う。

――少し古いですが、やはり社会党委員長をなさった左派の鈴木茂三郎さんはいかがでしたか。

村山　僕が青年部の頃、鈴木茂三郎さんは何度か大分に来ていたな。あの人もやっぱり力んで絶叫して演説する人だった。背が低いためか背伸びするような格好で演説していたのを覚えている。この道一貫して歩んできた政治家として僕は尊敬し信頼しとったね。やっぱり戦争中からずっと、あの厳しい状況のなかで主義主張を守り通してきたというのは大変なことだと思う。こんなに自由な生活をしている僕なんかには、とても真似できない事だと思う。

――佐々木更三さんはどうでしたか。

村山　僕は佐々木更三さんとはあまり接点がなかった。佐々木さんらの派閥である社会主義研究会に入ったことがないからね。そういうセクト的な活動にあんまり共鳴しなかった。

——佐々木さんがセクト的に見えたんですね。

村山　やっぱり社研を中心に活動していたからなあ。北国の人らしい、ひどい東北弁でしたがあの人の演説や主張に、共鳴する点は多かったように思う。

——佐々木さんらの次の時代の中心人物となった勝間田清一氏や成田知巳氏らはいかがでしたか。

村山　成田さんや勝間田さんは、どっちかというと派閥の色をもった人じゃなかった。右じゃないけどそれほど左の色をもっていたわけでもない。勝間田さんは、片山内閣で経済安定本部総務長官を務めた和田博雄さんの秘書をやった人だ。和田さんも勝間田さんもいわゆる党人派ではない。つまりは党の長い歴史のなかで育った人ではなくて、途中から入ってきた役人の経験もある人で、派閥を超えた存在として迎えられたということだ。演説も政策を中心に理論的にまとまった話をされていた。

——勝間田氏が委員長だったのは一九六七年八月から六八年一〇月までの一年余りと短かったですが、続く成田氏は六八年一〇月から七七年一二月までの九年余りも委員長を務めました。

村山　成田さんも派閥活動を熱心にやるタイプではなかった。むしろ派閥を超えていた。党を何とか再生しなければならないと考えて、有名な「成田三原則」を打ち出し一所懸命やっていた。あの人は、全く党を思う気持ちだけでやってきた人じゃないかな。どっちかといったら成田さんは学者タイプの人でした。

――なぜ長く委員長を務めることができたのですか。

村山 やっぱり政策だろう。常に中立的立場で派閥を超えなきゃいかんという気持ちをもっていた。それで協会派も成田さんを支持せざるを得なかったのではないか。

――単に利用しやすいからということではないのですか。

村山 利用しやすいという面もあったかもしれないが、協会派には理論的指導者の中に委員長候補に適当な人がいなかったので、比較的考え方の近い成田さんを擁立したという面もあったのかもしれない。

――成田さんのあとは横浜市長をしていた飛鳥田一雄さんが委員長に担ぎ出されました。一九七七年一二月から八三年九月まで委員長を務めました。

村山 行政の実績をもって評価されている人、そういう人を委員長に引っ張り出して党のイメージを変えて党の低落傾向に歯止めをかけたいという期待があった。他に委員長にふさわしい人がいなかったため、飛鳥田さんという地方自治体の首長としてすでに実績もあり、革新首長会を組織して住民自治を推進するなど社会的に評価されている新しい顔を委員長に持ってくるしかなかった。それが党のためにいいんじゃないかということで担ぎ出したわけだな。だから「新しい流れの会」もみんな飛鳥田さんを推した。

江田三郎氏の構造改革論

――委員長にはなれませんでしたが、書記長を務め「構造改革論」を打ち出した江田三郎さんも印象に残る方です。資本主義の漸進的改革を主張する江田さんは書記長だった一九六二年に「江田ビジョン」を打ち出しました。「米国の平均した生活水準の高さ、ソ連の社会保障制度、英国の議会制民主主義、日本の平和憲法」を日本の未来像としてあげたのです。これに対し社会主義協会派ら左派が「米国礼賛だ」と批判し、江田さんは書記長を辞任しました。以後、七七年に離党するまで江田さんに対する左派の激しい攻撃が続きました。

村山　あれは党内抗争だよ。僕はこの党内抗争に積極的に参加して旗を振ったわけじゃないけども、江田さんについては全体としてこれは改良主義だとして反対の立場だった。構造改革という考え方はそれなりに理解していたんだが、改良主義になってはいかんと思っていた。社会主義というのはそれなりに筋書きがあるわけで、江田さんの考えは党を誤らせるんじゃないかと思っていた。

それと社会党と総評との関係を考えた場合、これまでずっと一貫して話しているように、社会党の支持基盤は労働組合と農村であり、その一つの大きな柱である総評から離れるような方針はまだまだ取るべきじゃないという気持ちもあった。そういう立場から社会党が改良主義を取り入れるのはまだ無理だと考えていた。

――改良主義は駄目だという理念的な理由と、総評が反対するからよくないという現実主義的な理由が並行していたんですか。

村山　今思い出せば、やっぱり労働組合のことが最大の理由だったな。社会党はあくまでも労働者が基盤の政党だ。総評が反対するからというのではなく総評から支持されないことは、つまりは労働組合の支持を失ってしまうことになる。そんな方針は取るべきじゃないというのが構造改革論に反対した一つの大きな理由だったな。

――一方で、江田さんはあのころ国民的に人気が高かったですよね。

村山　高かった。「アメリカの平均した生活水準の高さ、ソ連の徹底した社会保障制度」などとうまいこと言うけど現実にそんなことはできないわ。いいとこばっかり取り上げているから、観念的にはそう思うことはできても具体的に実践するとなるとそんなことは想定できない。またあの頃は社会主義協会が強かった。党大会の代議員数なんかでも協会派が多かった。江田さんはそれに押し切られたという面もあったね。

――当時、左右の対立は本当に激しかったようですね。国会議員が自動的に党大会の代議員になれるわけではなくて、代議員は各地方で選んでいた。その結果、社会主義協会派の活動家が過半数を占めて、江田さんが壇上に上がると会場から吊るしあげをくらったりしていた。そんな状況に村山さんは一歩距離を置いていたのですか。

村山　距離を置いてというか、どちらか一方に足を踏み込んで燃えてやるなんていうことはしなかった。社会党内には伝統的に右の流れと左の流れがずっとあった。それによって社会党は作られてきている。右の言い分にも左の言い分にもいいところがあるのだから、両方をうまく生かすことがなぜできないのかとは思っていた。

――そういう人は多かったんですか。

村山　いたと思うけど、やっぱりなんというか派閥が先行するんだよね。やっぱり組織的に準備して運動する方が強いからね。権力闘争というのは、組織的な集団をつくらんと力にならないね。

――政権戦略でいえば、江田さんは「社公民路線」を主張していました。しかし、党内の左派は共産党も含む「全野党共闘」でした。こうした路線問題をどう見ていたのですか。

村山　「社公民路線」というけど、僕は三つの政党が一つに収斂されていくということはあり得ないと思っていた。公明党は宗教政党であって社会主義なんてものに反対だから一緒になんかなれない。だけども自民党に対抗するための国会対策として野党共闘はやっぱり必要で、そうなると「社公民共闘」以外にはないと思っていた。だから予算委員会の理事をやっている時やその後に国対委員長をやっている時、社公民の枠を非常に大事にしてきた。

——村山さんは全野党共闘の立場じゃなかったわけですね。

村山 そう。社公民だった。だから特に公明党とは絶えず連携を取ってやっていこうとした。といっても三党が組んで自民党と向き合っても、土壇場になって崩れる時もあった。もちろん自民党もあの手この手で激しく抵抗してくる。そうすると三党連携を維持するために、こっちも自ずと弱い主張に傾いていくんだ。民社党が落ちてきたり、次に公明党が引きずられたりと。そういうときに社会党が孤立するようなことは避けなければならない。そのためにはこちらもいくらか妥協せざるを得ないというので苦労してきた。すると党内から「そこまで妥協しなくてもいいんじゃないか」とか、「そこまで降りるとおしまいだ」という批判が出てきた。なかなか難しいもんだった。

——共産党と組むというのは駄目だったんですか。

村山 共産党は駄目じゃ。共産党は我々とは違うんじゃ。共産党を入れると今度は民社党も公明党も抜けていく。だから共産党は入れられんわ。

——国会対策や対自民戦略としては、江田さんの主張の方がまっとうだったということですね。

村山 これはあくまでも国会の中での闘いの話だ。便法として野党共闘を組んでいくよりない。だから、もしも公明党や民社党がいいと言えば、共産党とも一緒に組んだかもしれない。しかし、共産党を入れることについては公明党も民社党も反対したからできなかった。これは政党のあり方、路線とは別の話だな。

――江田さんは一九七六年の総選挙で落選し、七七年三月に社会党を離党しました。離党する時の記者会見で「自分は外から社会党をよくしようと思う。今どきマルクスレーニン主義、プロレタリアート独裁でなければならないというのは時代が違う。党大会でこれはもう一緒にやっていけないと思った。あの諸君とやっていくには、大変なエネルギーと時間が必要だ。その間に国民と関係のないところで争っていかなければいけない。だから、これから自分たちは無党派、市民層を集める」と言って協会派を批判しました。

村山　確かに無党派層や市民層を引き入れていかないと党は広がらない。でも、やっぱり党を離れたら駄目だと思った。いっぺん自分がその道に踏み込んだなら、しがみついてでも党に残って頑張ってほしかった。江田さんの場合はことごとく自分の主張が否定されて、もういる場がなくなったのかもしれない。

しかし、選挙をするということは国民に対して自分の所属する政党はこれであり、こういう信条でこういう政策をやるということを宣言することであり、有権者に約束することだ。途中でその約束を破って党を出るというのは、僕は反対だ。だれでもいい時もあり悪い時もあるが、悪い時もやっぱり踏みとどまって頑張るところに、有権者の政治家に対する信頼があるんだと思う。どんなことがあっても党を出るとか替えるということに、僕は抵抗を感じる。そういう人は保守革新を問わず信頼しない、信頼できないね。

——離党後、江田さんは菅直人さんらと一緒に新党を作ろうとしていた矢先に亡くなられました。国民的に人気のあった江田さんが離党することに、党内には危機感はなかったのですか。

村山　江田さんの離党は単独で、江田派の議員が一緒に出るというような党の分裂ではなかった。もちろんあれだけ人気のあった江田さんが出たというので、党にとってはマイナスになったかもしれないが、それほど大きな打撃じゃなかったと思う。だからあまり危機感はなかった。僕らも「あそこまでなると、もう仕方ないな」というぐらいの割り切った気持ちで見ていた。

——江田さんの離党騒動などがあって七八年の党大会で社会主義協会派は政治活動を停止させられました。これでよかったんですか。

村山　それはもうしようがないわね。地方の活動家も静かになった。そんなもんだったのだろう。とにかく教条主義というのは一本筋だから折れるのも早いんだよ。やはり柳に風ではないけど柔軟な姿勢があった方がいいよ。

先のことだが一九九六年に社会党の後身の社民党が分裂した時、もともと社会主義協会にいた連中はほとんどみんな民主党に行ってしまった。北海道なんか典型だが、協会派が頑張っていたところや強かったところが全部、民主党に行ってしまった。僕に言わせると「なんだ、お前らは」という気持ちだね。

社会主義協会派

――村山さんは江田さんについては批判的だったわけですが、社会主義協会についても厳しいですね。

村山　僕はああいう教条主義はいかんと思っていた。だから協会派の立場に立ったことはなかった。協会派はマルクスレーニン主義とかプロレタリアート独裁を掲げていたが、僕はプロ独裁なんていうのには反対だった。そもそも「独裁」という言葉が嫌いじゃ。やはり民主主義じゃ。

――マルクスレーニン主義というのはどう思っていましたか。

村山　あまり勉強をしていないのでそれほど真髄を極めてない。僕は現実の自分の行動の中からいろんなことを学んできたから、正直言って社会主義理論をきちんと筋だって勉強してきたことはないですよ。そういうことが必要だともあまり感じなかった。現実の仕事の中でどうしていくかということだけに追われていたからね。

――社会主義協会代表で九州大学教授の向坂逸郎さんは、同じ九州人です。

村山　向坂逸郎さんは大分に来たこともあるし、その勉強会に呼ばれて行ったこともある。僕はあの人を学者だと見ていたが、あの人の理論に賛同するところまで学んだわけでもなかった。心酔したわけじゃない。僕はやはり社会党左派の理論的指導者だった山川均さんの『社会主義への道』なんかにはだいぶ共鳴した。彼の考え方は暴力革命の否定だ。荒畑寒村さんらと一緒に行動していたが、プロレタリアート独裁や暴力革命に反対していた。だから、『社会主義への道』を読んで一番いいと思った。

――社会主義協会は七〇年代に徐々に力をつけてきました。資料を見ると五万人の社会党員のうち二万人が社会主義協会に入っていた時期もあります。当然、党大会に多くの代議員を送り込んだりして、書記局で力を持ってくるわけですね。

村山　大分では社会主義協会の力はそれほどでもなかったが、福岡、佐賀、宮崎など九州を中心に活動家が多い組織だった。しかし、これらの県では逆に国会議員が少なかった。とにかく活動家が多い組織だったから、党大会になると代議員の過半数を占めたりするんだ。そして江田さんをはじめ右派の政策や主張を、ことごとく否定する役割を果たしていた。その結果、江田さんは社公民に走っていったが、佐々木更三さんも協会派に対抗するため一時、江田さんと仲直りしたこともあったなあ。そして協会派の運動を牽制する必要もあって党内に「新しい流れの会」ができた。だから僕は「新しい流れの会」に入ったんだ。

――これだけ多くの党員が社会主義協会に集まったのはなぜですか。

村山　やっぱり向坂理論の影響だろう。若い活動家を集めて熱心に勉強会なんかをやっていったからね。

――村山さんは派閥間の対立が激しい党内状況を見て、社会党の将来に不安は持たなかったのですか。

村山　社会主義協会のやっていることはあくまでも派閥活動であり、向坂さんのやっていることは一つの学説の運動であって党全体の運動じゃない。党は党できちんと存在しており別だと思っていた。僕の場合、国会議員になるまではできるだけ党活動をやろうと考えて、党の役員や市会議員、県会議員になった。もちろん大分県本部内にも右派と左派があった。右派はさっき言った木下一家が中心だった。僕は大分では左派と言われるグループにいたわけじゃ。そして、一九七二年に衆院選で初めて当選した時、党内は本当に派閥活動がひどくて、党本部の書記には派閥に生きがいを感じて派閥のために働いている人間が大勢いた。だけど国会活動に派閥的な運動を持ち込むことなんかできないからね。国会はあくまでも国会だと考えてやっていた。

――党役員になるとそうはいかないでしょう。

村山　僕が党役員になったのは九一年の国会対策委員長のときがはじめてだった。国会対策委員長というのは党大会で選出される中央執行委員だったからな。それまでは中央執行委員になったことはない。衆院予算委員会の理事になった時も、党の役員にはならなかった。だから党内の派閥争いに巻き込まれないで済んできた。

今振り返ると、それがよかったかどうか考えてしまう。もう少し党のために役に立った方がよかったかもしれんけどね(笑)。七〇年代や八〇年代の党大会というのは、まったく派閥の大会だった。無責任かもしれないが、僕はそれをどうこうしようとは考えなかったね。というのも僕の手の届かないところの話だったからだ。ただ党のことについては、労働組合がちゃんと基盤を作っていれば心配ないと思っていた。

——村山さんがその頃はまだ若くて当選回数が少なかったから党内では動きにくかったのですか。

村山　それもあるかもしれん。とにかく僕は国会活動の方に一所懸命だった。あの頃僕が党大会で何か発言したり目立ったりしたら「国会に出たばっかりのやつが、そんな要らんことをするな」「もっと勉強しろ」と言われただろうな。ただし、若手議員がみんなそういうわけじゃあなくて、若い議員でも岩垂寿喜男氏なんかこういうことに長けていたから、いろいろやっていたようだ。

——とにかく村山さんは派閥活動ではなく議員活動に専念していたわけですね。

村山　もちろん党がどうなるかという問題に関心を持つのは当然だから党大会には出席するけれども、運動方針や役員選挙などに積極的に取り組んで運動したことはない。僕だって一票持っているんだが、僕のところにはあんまり働きかけもなかったなあ。とにかく党活動より国会議員としての活動に専念することを考えていたから、あのころはよほど重要な会議でもない限り、党本部にも出入りしなかった。

——鈴木茂三郎さんは社会党内の派閥抗争について、一九六八(昭和四三)年の雑誌『中央公論』に、「派閥は社会主義にとって有害無益である」と書いています。「いろんな理論を振りかざし理論のうえに立っている集団であるかのような装いをしていても、出世主義をむき出しにした排他主義。それが本体だ」と批判しています。

村山　それはそうだ。僕でもそう思う。鈴木さんも挑戦していたんだねえ。鈴木さんは戦前からの政治家で、労農系だった。その流れを汲んだのが佐々木更三さんであり、江田三郎さんだったが、江田さんは途中で分かれた。それから委員長をやった成田知巳さんも同じ流れに近かった。

——江田さんが離党まで追い込まれたため、逆に党内では社会主義協会に対する批判が強まりました。

村山　そう、江田さんの離党についての反動が出た。そして協会派は影響力をだんだん失っていったんだ。

政権構想研究会

――社会主義協会に対抗する中心が一九八〇年にできた「政権構想研究会」でした。

村山　政構研は協会派に反発するグループを総結集して作られた。旧江田派の議員や「新しい流れの会」の議員らが参加した。僕も加わった。当時、党内は協会派が多数を占めて強かったので、党大会で綱領などを変えることもできず、江田さんも追い出されるような格好になった。それで協会派に対抗するために結集したんじゃ。だから、集まった人たちが政策的に一致していたわけではなかったな。

――政構研は左派の主張していた共産党を含む「全野党共闘路線」ではなく、江田さんと同じように「社公民路線」を打ち出しました。現実の国会運営は九〇年代初めまで「社公民路線」が続きましたが、村山さんが国対委員長だった一九九二年六月のＰＫＯ協力法案採決の時に終わったと言われています。社会党は牛歩戦術で徹底的に反対しましたが、公明党と民社党は賛成に回りました。

村山　あのころの国対委員長は自民党が梶山静六さん、公明党が神崎武法さん、民社党が神田厚さんだった。確かに社公民路線はあの時初めて崩れたな。公明党と民社党が自民党についたからな。だけどこれはＰＫＯ協力法案に対する闘いで崩れただけであって全体として崩れたわけじゃない。

「五五年体制」というのは、僕が国対委員長になる前の時代のことを言うんだと思っている。この時代は自民党と社会党だけで国会を動かしていた。しかし、だんだんと公明党や民社党の議席が増えて強くなってきて、自社両党だけで国会を動かすことはできなくなった。そればかりか「自社なれ合いだ」と「五五年体制」への批判が強まってきた。そういう批判が出たから、僕が国対委員長になったんだと思う。当時、国対は悪の権化のように言われていた。それを是正するために僕が担ぎ出されたわけじゃ。

――なぜ、村山さんなんですか。

村山　なぜじゃろうなあ。とにかく「五五年体制」で国対は自社間である意味で「取引」をしてきた。政治は妥協が必要だが、妥協点を見いだすときに納得してもらえるものを作ることが重要だ。ところが「五五年体制」の取引は経緯が不明朗で、多くの議員が納得できるものではなかった。だから、僕は労使関係もそうだが現実を考えて力関係も考慮しながら妥協をしてきた。それは取引とは違う。そしてきちんとした手続きを踏んでやってきた。話し合いの経過、プロセスを常に明らかにすることが大事だ。僕は党内から批判を受けることはなかったなあ。

――政権構想研究会は山口鶴男さんが代表世話人で発足しました。山口さんの名前が広く知られるようになった最初の出来事ですね。

村山　山口さんは議院運営委員会の理事が長い人で、国会対策や国会運営上の決まり事などについてとても詳しく、生き字引のような人だった。分からないことがあればみんな山口さんに聞いていた。群馬県の選挙区出身で同じ群馬では田辺誠さんもいた。二人は全くタイプの違う政治家で、また同じ県ということもあってかあまり仲がよくなかったようだ。田辺さんは全逓出身で、山口さんは日教組出身だった。僕自身は山口さんとは議運や国対のことで接点がなかったわけじゃないけど、個人的にそれほど親しくなったわけではない。あまりウエットなタイプじゃなかったから、私生活のことも含めて親交を持つということはなかった。

田辺さんは社労委員会で一緒になったり党の社労部会長も務めていたので、僕が社労委員会に入ったばかりのころは先輩、先輩と言って面倒を見てもらった。田辺さんとは飲みに行ったことも何度かある。

――そういう人間付き合いをするから、田辺さんは自民党の実力者だった金丸信氏と深い関係ができたわけですね。

村山　そうそう。そういうことは山口さんにはできなかったのではないか。

ポスト協会派の時代

――一九八〇年代に入って協会派の力がなくなりましたが、社会党内は変わりましたか。

村山　変わってきた。派閥抗争というのはだんだん影が薄くなったね。党大会も派閥の勢力争いという空気が次第になくなってきた。激しく議論を闘わせるということが減った。その反動として党の活力がなくなっていったという面があったかもしれんね。少なからぬ党員が派閥に生きがいを感じて頑張っていたのだから、それがなくなると全体として党の活力が一時的に低下するというようなこともあったと思う。

――協会派の力が落ちたからといって、成田三原則で指摘されたような「日常活動の不足、議員党的体質、労組依存」という社会党の欠点が克服されていく方向に変わったわけではなさそうですね。

村山　「成田三原則」は理屈としては分かっていたが実際に実践してきたかと言えば、今日にいたるまでやってきていないなあ。こういう問題を克服するというのはなかなか難しい。

それとやっぱり冷戦が崩壊し世界がグローバル化していったことをうけて、日本国内でも階級闘争のような主張に勢いがなくなっていった。社会党だとか社会主義というものがだんだん孤立していった。こうした変化は社会党にとって大きかったと思う。

――冷戦の崩壊に加えて、高度経済成長の結果、多くの国民が豊かになり労働組合運動だとか階級闘争だと言っても理解されにくくなってきました。つまり、社会党を取り巻く外的環境が大きく変わったわけですね。

村山　一九八九年には日本労働組合総評議会(総評)が解体して日本労働組合総連合会(連合)が結成された。総評時代の労働組合は官公労や公労協が主導権を握ってぐいぐい引っ張っていった。ところが連合になると民間労組が中心になった。民間労組は企業内組合だし労使協調路線だから労働組合運動はどんどん後退していった。それと並行して社会党の存在はだんだん薄くなっていった。社会党の長期低落傾向はとまらず、もう駄目だということになってやがて新党問題がでてきたんだ。

——つまり、社会党は八〇年代に協会派と反協会派の党内対立が続き、それをやっと克服して、イデオロギーや理論ばかりではない現実主義的な政党に変化してきた。ところが気がついてみると、世界も日本国内も社会党よりずっと先に、そしてもっと大きく変化していたということですね。

村山　そうそう。そして結局、社会党はそういう変化に追いついていくことができなかったんだな。

——時が過ぎて、後から分析すると社会党が時代についていっていなかったということは言えます。しかし、村山さんはじめ多くの社会党議員は、国会議員として様々な活動をしたり、選挙区で有権者に会ったりしていたわけですから、時代の変化を感じて何かしなければと考えていたのではないですか。

村山　選挙ということで言えば、総評がなくなって連合に代わっても労働組合はまだまだ健在で、大分でいえば村山支持ということも変わらないのだから大して心配もしていなかった。だけど冷戦が終わりソ連が解体して、ベルリンの壁が崩れて東欧が解放されて、資本主義と社会主義の対立構造がなくなって資本主義が世界中に広がった。社会主義が全体的に後退すれば当然、社会主義政党である日本社会党も影響を受け次第に孤立していくだろうということは分かっていた。しかし、ではこういう状況の変化に対して党がどうすべきかというような議論は、党内ではなかったねえ。

――なかったのですか。

村山　そうなんだ。僕自身を反省してみると、社会がいくら変化しても自分の選挙にはそれほど影響はないと考えていたから、成田三原則であげているような党の改革にそれほど積極的に取り組んでいなかった。党の体制もそうはなっていなかった。「党改革が必要だ」と積極的に自分からしゃしゃり出て旗振っていこうという活力や機運というのがあまりなかったねえ。

――若い人は時代の変化に敏感だと思うんですが、どうだったのですか。

村山　いやあ、党員のなかに若い人たちがいないんだよ。少ないんだよ。それが社会党のもう一つの欠陥なんじゃね。だから改革についての党内の活力がみえなかった。まあそういうことも僕らの責任だけどね。僕らが旗振ってやらなきゃいけなかったことだと思う。

　こういうことは今だから言えるんだ。あのころ僕はとにかく国会活動に埋没していた。国会議員には国会活動を通じて党の支持基盤、つまりは党勢を拡大する役割があることはもちろんで、みんな口では言うけどもそれほど行動的に積極的に取り組んだということはない。こういうことは社会党に限ったことではないんじゃあないかな。自民党だって同じだ。政権を取っていたから、冷戦崩壊やグローバリズムの進展の中でいろんなことをやらざるを得なかった。しかし、党の体質は基本的に変わらなかった。やっぱり政党が変わるというのは難しいんですよ。

――何度も選挙に当選している人は自分の地位が安泰だから動かないわけですね。

村山　そう、選挙基盤が安定している人間は党改革する意欲は起こらんね。あぐらをかいてしまう。選挙で落ちそうだといろいろ一所懸命するけれど、そうでなきゃあしない。僕も「お前は選挙区が安定しているんだから国会のことをやれ」と言われてそれだけをやった。党改革に関連することをやろうと思えばできないこともなかったと思うけど、意欲が起こらないんだな。

――当時、労働組合の組織率はどんどん下がっていました。特定の政党を支持する人の率も下がり、無党派層が増えていました。しかし、社会党だけでなく自民党も無党派層に支持を広げる努力を怠っていました。結局、社会党は労組、自民党は業界団体など手堅い支持組織にしがみついていたわけですね。

村山　今はもう労働運動がないといってもいい。総評時代には平和運動や公害反対闘争など政治的な課題にも労働組合の役割として一所懸命取り組んでいた。今はぜんぜんないわね。企業内組合中心で企業が第一だから、企業の枠を超えた運動、企業の損になるような運動は一切やらない。僕に言わせると労働組合は企業内に埋没してしまい社会的存在意義がなくなってしまった。

例えば菅内閣が法人税を引き下げると言ったら、最初に賛成するのは連合ですよ。また一九八六年に施行された労働者派遣法もしかり。あの法律は景気の安全弁みたいなものであり、正社員の身分を守るために安全弁をつくっているようなものだ。景気がよくて労働力が必要な時は、企業は派遣労働者を抱え込むが、悪くなったら辞めてもらう。そのためにつくったようなものだから、労使一体でつくったに等しい法律だ。こういうことを言うから僕は連合から嫌われるんだな(笑)。

とにかく今は、労働運動はないに等しいんだ。だけど資本主義社会における労働運動の役割はやっぱり大事ですよ。いろんな民間団体の中で、労働組合は組織的にしっかりしていて社会的に大きな発言力をもっている最大の組織なんだから。ところが、その役割を果たさないで自らを守ることに一所懸命だ。

――労組が政治闘争をできた時代は、労組にも余裕があったんじゃあないですか。今は企業がつぶれたら組合もなくなってしまいます。

村山　そりゃあ企業内組合だから企業がつぶれたら組合はなくなる。しかし、政治闘争は企業には直接は関係ない。もう労組にそういう意欲がなくなったんだ。そういうことをやろうという指導者もいなくなった。企業の中に閉じこもって労働条件を改善すればいいというだけの運動になってきたわけだ。決して日本社会が豊かになったわけじゃない。生活保護受給者以下の条件で働いている労働者が大勢いますよ。労働者の生活と権利を守る、という基本的な立場を踏まえて頑張る労働運動が必要です。

第三章　国会のひのき舞台で

PKO 協力法案をめぐって牛歩戦術の続く参院本会議(1992 年，毎日新聞社提供)

予算委員会理事とリクルート事件

――次に予算委員会理事時代のお話を伺います。理事になったのは一九八七年一二月で、国対委員長になるまでの約三年半の間、務めました。この間はいろんな事件が集中しましたね。

村山　リクルート事件、佐川急便事件、それに天皇崩御もあったたねえ。

――当時は竹下内閣でした。八八年六月にリクルート事件が表面化しました。自民党幹部を中心に政界、官界、財界の多くの要人がリクルートコスモス社の未公開株を譲り受けて巨額の売却益を得ていたというのが事件の内容でした。竹下登首相をはじめ宮沢喜一、安倍晋太郎氏ら自民党の実力者が軒並み絡んでいて、戦後政界の最大のスキャンダルになりました。国会では予算委員会のほか衆院にリクルート事件調査特別委員会が設置され、村山さんはこの特別委員会でも理事になりました。

村山　リクルート事件は、リクルート社がやっている就職情報誌の発行について規制する職業安定法が絡んでいた。だから当時、労働省の職業安定局長で後に事務次官になった加藤孝氏も未公開株を受け取っていて逮捕された。労働省とか職業安定法ということになると国会では社労委員会だ。だから党内では社労委員会のメンバーが事件に関与していないかということになって、僕はだいぶ調べたことがある。そしたらリクルートの人が挨拶に来た時に、手土産に菓子折りを持って来たのでもらったというような話はあったがそれ以上の問題はなかったな。「まあ、菓子折り程度ならしようがないだろう」ということになったのを覚えている。社労の関係者はだれも問題にならなかったのでよかったよかったということだった。

――予算委員会ではどうだったのですか。

村山　リクルート事件がだんだん広がっていって、当然、予算委員会で取り上げられて集中審議をやったりもした。社会党内では予算委員会などで質問をしたいという希望者が多かったので、党内に調査特別委員会を作っていろいろ調べた。委員会の様子がテレビで放送されるということもあって、とにかく質問の希望者が多かったんだ。僕は理事だったが自分がしゃしゃり出てまっさきに質問する必要はないと考えた。委員会で質問したいという人がうんといたので、彼らのために調査したり質問する場を作ったりするのも僕の仕事だと思い、舞台回しに専念する役割を積極的にやった。

当時、予算委員会の社会党理事は僕と上田哲氏の二人だった。ところが上田哲さんが途中から体の調子が悪いと言って出席しなくなったんだ。

――委員会に出席しないのですか。

村山　何があったかよくわからなかった。上田さんから時々、電話がかかってきたが「大事なときに体を壊して申し訳ない」と言っていた。僕は「もういいですよ。あなたの空席は僕が一所懸命やる。自分のことを大事にしなさい」と話した。

――上田さんについては、のちにリクルート事件の裁判の過程で、リクルートから現金を受け取っていたと検事が証言しましたね。社会党は独自に調査し「事実無根だ」という結論を出しています。

村山　事実関係は僕にもわからないが、そういうこともあったから出てこなくなったのだろうか。しばらく理事は辞めなかったが、途中で別の議員に交代した。とにかく僕は理事として舞台設定に専念した。野党の追及が効果的にできるよう舞台回しをするのも理事の大事な役割だ。

むなしかった中曽根元総理の証人喚問

――リクルート事件に関して国会ではリクルート会長の江副浩正さんや中曽根元総理らの証人喚問まで進みました。野党の要求は激しかったですね。

村山　野党が一致して要求したからね。中曽根さんはみずから記者会見をやって説明したつもりになったが、逆にぼろが出たわけだ。それで最後は証人喚問になった。社会党は「金に関わる問題は政策以前の問題であり、政治家の信を問われ国会の信が問われる問題なのだから、必要があれば証人喚問をやるべきだ」と主張していた。それを通すためには社公民三党が連携しなければならない。社会党単独で要求しても何も実現しない。ところが社公民三党が欠席ということになったら簡単にはいかない。自民党だっていろいろ考える。それで証人喚問などに応じてきたんだ。だから国会対策としては社公民の連携を大事にしなければならなかった。

――事件の捜査は検察庁がやるわけで、いくら「国会で真相解明を」と言ったところで、証人喚問などは政治的パフォーマンスの域を出ないでしょう。村山さんは当時、予算委員会の理事としてこの事件をどうしようと考えていたのですか。

村山　この事件を政治的にどう使うとか、どうするなんていう展望はなかった。確かに事件は警察や検察が捜査を進めていたので「何も国会で踏み込んで喚問なんかする必要はないじゃないか。司法に任せるべきだ」という意見もあった。だけど司法は法律に触れるか触れないかということを調べて裁くのが仕事。一方で国会は政治家の政治的道義的責任を追及するのが役割だと考えた。だから事件は政策以前の問題であり政治に対する信頼の問題で政策を審議する前に糺すべきものは糺すというのが僕らの主張で、この姿勢は終始一貫、変わらなかった。

――確かに国会議員の不祥事があると政治的責任、道義的責任という言葉をよく使いますね。

村山　国会議員は選挙によって有権者から選ばれている立場だ。何か問題を起こせば、それを有権者に問われるのは当たり前だ。だから政治的に責任を問われるのは当然だと思う。道義的責任というのも同じことだ。国民から不信を買った人間に政策を議論する資格があるのかということだ。だから政策を議論する以前の問題として事実を糺さなければならないという理屈じゃな。

——もちろん自民党はあれこれ理由をつけて証人喚問などには反対しますね。

村山　自民党は予算委員会の理事会の場などで、「司法が捜査をしているのだからそれに任せればいいじゃないか。何も国会がそのために予算審議を遅らせたりすることはない。予算は国民にとって大事じゃないか」とさかんに抗弁する。だけど社公民三党が野党連合で頑張っているから抗しきれない(笑)。

——江副さんを政府税調の特別委員にした問題について、大蔵省は泥をかぶりたくないから「江副さんを選んだのは自分たちじゃあない」と言い、中曽根氏は「いや、大蔵省が選んだんだ」と言っていましたね。一方でリクルート事件はどんどん発展して事務次官経験者も複数、逮捕されました。

村山　労働省の加藤孝次官は職安局長の時に職安法改正でリクルートと関係があった。それで後に未公開株をもらっていたんだろう。加藤さんなんていい男だったけどね。未公開株は現金ではないから、それをもらうことが罪になるというのはよほど株を知っている者でないと分からないだろう。加藤さんも悪いことをしているという意識がなかったんだろうな。

――リクルート事件の時の党内や野党の空気はどうだったのですか。

村山　それはもう、みんな張り切っていたなあ。鬼の首でも取るようなつもりでやっていた。毎日のように新しい情報が入ってきた。党内にも調査特別委員会を作った。そこで情報集めてそれを質問に反映させていくということにしたんだ。だから、予算委員会の関係者だけでなく、特別委員のメンバーも質問に立った。社会党の場合、リクルート事件のような大きな問題が起こった場合にはいつも党内に調査特別委員会を作ってあたってきた。

――党の方針は政権打倒ですか。

村山　まず事件に関する事実関係の徹底糾明だろうな。それとやっぱり内閣の道義的責任を明らかにすることにあった。そのため委員会では事件に関係したと思われる政治家らを徹底的に追及することに焦点を絞っていた。

――リクルート事件は自民党議員や官僚が利権やお金にまみれていることを証明しました。

村山　自民党単独政権時代に、こういう政治の体質がずっと続いてきていたんだね。県議会議員時代にも似たようなことはあったと思う。ただし、それは国会ほど悪質でもないしスケールが違う。選挙の時に少し資金をもらったとかいうぐらいの話で、大きな利権が絡んでいるというようなことはあまり目にしなかった。国会議員になるとそこが違う。とにかく体質的に、そして伝統的にそういうものが昔からあったんじゃないかな。それは糺す必要があるし、不正を徹底的に糺し政治の信頼を回復するのが野党の役割だと思う。

——この事件は最後に竹下総理にまで波及しました。竹下氏の秘書名義で江副会長から借金していたのです。竹下総理は記者会見してリクルートからの資金提供の総額は一億五一〇〇万円だと説明し、道義的責任を痛感すると言いました。ところがその後、公表内容とは別にさらに五〇〇〇万円借金していたことがわかったりしました。その結果、八九年四月二五日の退陣表明に追い込まれました。

村山　竹下政権は政権基盤が盤石で強い内閣だと言われていたんだが、わずか一年半で駄目になってしまった。このあたりから自民党がガタガタになっていく。当時の竹下派には橋本龍太郎、小渕恵三、梶山静六、羽田孜、渡部恒三、小沢一郎、奥田敬和氏ら七奉行と呼ばれる幹部がいて、とにかく国会対策が得意だったね。この七人の中で人間的に最も信頼されていたのは、小渕さんだったという話だ。

——一九八九年の国会は、竹下総理が四月に辞任表明、野党側はさらに中曽根元総理の証人喚問を要求して予算委員会の審議を拒否。結局、自民党は野党抜きで衆議院で予算を単独採決します。野党が態度を硬化したため、自民党は中曽根元総理の証人喚問を受け入れて、国会が動きだすという経緯をたどりました。

村山　まあ、中曽根さんの証人喚問が実現したころは事件も一応ヤマを越したタイミングだったから、喚問での野党の追及に迫力はなかったな。僕はあの時、個人的には「中曽根氏の証人喚問なんか意味はなかったなあ」という印象を持っていたんじゃ。別に新しい事実が出るわけじゃないしね。それにしても中曽根さんの答弁はうまかったな。証人喚問がむしろ逆に中曽根さんの株を上げたような感じだった。

――そもそも真相究明というのは国会がやる仕事じゃあないですからね。

村山　そりゃそうだわな。真相究明というけれども、国会という場は政治的道義的責任を追及するんであって、法的に裁く場じゃあないからな。

予算委員会――審議拒否、そしてお金のやり取り

――自民党と社会党が中心となっていた「五五年体制」時代の予算委員会は、毎年、年中行事のように与野党が対立を演じていたように思います。通常国会に政府が来年度予算案を出す。一月末あたりに衆院予算委員会が始まる。与野党の質問は最初の

一巡目だけがNHKで生放送されます。そこでしばしば社会党の書記長らやり手議員が質問して、「答弁がおかしい」「納得できない」などと言って審議がストップします。数日間の与野党協議があって、何らかの合意ができて審議が再開される。そして委員会で可決されるというパターンです。

村山　あのころの社会党は予算案について何らかの要求を出して、それを通すために時間をかけて予算審議し、時には年度内成立を難しくしようと審議の引き延ばしを図っていた。やはり野党にとっては、審議ができないというのが最大のカードだから「審議拒否」というのは毎年のことだった。そうでもしなきゃあ自民党は野党の言い分なんか聞かなかったからね。

リクルート事件の時は「予算審議の前に政治に対する国民の信頼回復が大事だ。それを解決しないで予算も何もあるものか」と主張していた。そこは駆け引きだ。あの時は社会党と公明党、民社党はまとまっていた。特に国民が強い関心を持って見ていたリクルート事件のような問題があるとき、野党は中途半端な対応ができないからね。

――海部俊樹元首相が二〇一〇年に出した『政治とカネ　海部俊樹回顧録』(新潮新書)という本で、国会での野党対策について「政界には〝寝起こし賃〟という隠語がある。寝るというのは野党の審議拒否のことだ。寝ている野党を起こすためには〝寝起こし賃〟というお金が必要だ」と書いています。海部さん自身が野党に寝起こし賃を渡しに行くように命じられたこともあるというのです。そして、「これは嫌な仕事だった。こういうことをやっていることが表になったら、ちゃんとした法律まで正当性を疑われてしまうから表に出せなかった」と書いてあります。

村山　へぇ。「寝起こし賃」か(笑)。海部さんが国会対策をやっていたのは僕らよりずっと前の時代だろう。僕らのころにはそういうものはなかったなあ。僕のころの社会党はとにかく何らかの方法で時間を稼ぐということをしていた。リクルート事件ならば関係者に対する証人喚問をやれと要求する。それが実現すれば一応その問題はクリアする。だから我々の方に審議を止める材料があれば徹底的に抵抗できるが、そういう材料がなくなればそれで終わりだ。審議が二、三日ぐらい延びても結局、最後は数で押し切られる。

そうそう、浜田幸一氏が衆院予算委員会の委員長をしていた一九八八年ころ、野党各党の理事らに商品券を配ったことがあったなあ。金額は一〇万円くらいだったかなあ。僕ら社会党議員はまとめて返した。いっぺん新聞に出たんじゃないかな。

——その浜田さんは一九九一年二月の衆院予算委員会で質問に立って「社会党の国対委員長は自民党から一年間に五〇万円ずつ二〇回金をもらっている」と発言し、委員会審議が混乱するという事件がありました。もちろん社会党は反発します。自民党の梶山静六国対委員長が陳謝して、この発言は議事録から削除されました。

村山　僕が予算委員会の理事のときでよく覚えている。「けしからん、発言を取り消せ」とやったんだ。浜田氏がなんであんな発言をしたのかわからないままだ。

——委員会での激しい与野党対決とは別に、夜、自民党側が野党議員を食事に誘って懐柔するということもあったようですね。

村山　まあ僕も自民党理事と食事を一緒にしたことはある。しかし、それはお互いの顔合わせが目的で、社会党だけじゃなくて全理事が集まった。社会党だけが自民党の理事と会食したなんてことは予算委員会理事のときにはなかった。

——お金を受け取るか取らないかで、与野党関係は変わってくるでしょうね。

村山　いやいや、それは関係ない。お金が動いたなどという話はあまり聞かない。仮にあったとしても、そりゃあもらった人はいくらか心にひっかかるものがあるかもしれないが、委員会の審議にはぜんぜん関係ない。自民党だってそんなことで国会が動かせるとは思ってないのではないか。基本的に国会は力関係だ。こっちが優位で押せば向こうが折れてくる可能性があるときは、徹底して押してこっちはテコでも動かない。しかし、こちらが少し危なくなってくればどこかで妥協しなければならない。そういう意味の駆け引きはしょっちゅうあった。

審議拒否は勘が必要

――予算委員会で野党は次の年度の予算を三月三一日までに成立させないように頑張るというのが最も重要な国会対応ですが、仮に三月三一日に成立しない場合でも、四月早々に成立することがほとんどでした。わずか数日引き延ばすことにどういう意味があるのですか。

村山　そりゃあ、あんまり変わらんわねぇ（笑）。ただ、社会党は予算について修正要求を出したり、施行にあたっての注文をつけたりして、それを実現するために自民党をいろんな方法で追い込もうとしてきた。だから何の要求もなくただ成立を遅らせるだけだと何の意味もないね。

――いろんな方法でといっても、いちばんよく使っていたのは審議拒否でした。国会審議を止めるには上手なやり方があるわけですか。

村山　委員会審議は質問している人は止められない。止めるのは我々野党の理事の仕事なんだ。首相や閣僚の答弁を聞いていて「ここだっ！」と思ったところでぱっと立ち上がって委員長席に詰め寄るんだ。そこは勘のようなものが必要で、理事がぼやっとしていて肝心なところを聞き逃したら問題にならない。だけどあのころはよく審議が止まっていたなあ。

——村山さんが予算委員会の理事だった時は、リクルート事件があったために予算審議は大混乱しましたね。

村山　そうそう、さっきも話したリクルート事件でいえば一九八九年の予算委員会、僕と一緒に予算委員会理事をやっていた秋田の選挙区選出だった佐藤敬治さんが、いきなり中曽根内閣時代の政府税制調査会の特別委員にリクルート会長の江副浩正氏が任命された経緯を追及した。どういう経緯で江副さんが任命されたのかって聞いたんだが、当時の竹下総理も大蔵省主税局長の尾崎護さんもきちんと答えない。それで委員会が始まってわずか五分ぐらい経ったところで僕が立ち上がって審議を止めたことがある。このときはそのまま一週間ぐらい止まったかなあ(笑)。

とにかく予算委員会の審議を止めるというのは理事の裁量だった。まあそうはいっても委員会質疑を四六時中、真剣に聞いていたわけではないが、あのときの佐藤さんの質問は佐藤さんが予算委員会理事になって最初の質問でもあったので集中して聞いていたなあ。

——質問者との間であらかじめ「このあたりで止めよう」というようなシナリオを作るということはないのですか。

村山　そういうことはあった。あらかじめ打ち合わせをして、「ここで止めよう。だからそのつもりで厳しく質問しろ」というような打ち合わせをやったことはある。だけど、佐藤さんの時はそういうことはしていなかった。だから止めるかどうかは理事次第ですよ。質問者がそこまで考えていない時だってある。しかし、答弁を聞いていた理事が質問者に「ちょっと質問ストップ」と言ってまず質問を止める。そして、委員長席に行き「こんな答弁で質疑なんか続けられない」というわけだ。これはもう野党理事の裁量だからね。リクルート事件の時は質問したい人がいっぱいいたから、僕は審議の状況を見ながら止める役。そういう立場の人間が質問に立ったら、審議ストップができなくなるからね。

――そうなると自民党側はどうするのですか。

村山　「もう一度きちんと答弁させるから、質問を続けてくれ」というわけだ。それで答弁のやり直しで済むこともあるし全く駄目な時もある。あの時は後者だったからいきなり予算審議が一週間ぐらい止まったんだ。そして、委員会が止まると、理事会で与野党議員が協議することになる。しかし、まともな答弁がないのだからどうにもならないわなあ。

まあ、予算委員会で議論することがいつも天下国家をどうするというような大きな問題ばかりじゃあない。それでも政治のあり方を糺すとか行政の姿勢を追及するとか、いろいろな目的がある。それが予算委員会の仕事だと思う。

——予算委員会を止めた時、社会党の委員長や書記長ら執行部との関係、あるいは国会対策委員会との関係はどうするのですか。どこまでやるかというのはその都度相談するのですか。

村山　社会党の場合は毎朝八時とか八時半からそれぞれの常任委員会理事が参加する国対委員会を開いている。特に予算委員会は重要なので、毎回「どうだった」と委員会質疑などの内容を報告する。さらに今後の見通しについてもこういうことが議題になるなどと説明する。出席者から質問があれば答えて、一応、みんなが納得した形で終わる。他の常任委員会の理事も日程や議題などについて報告する。そういうことを毎朝やっていた。

——委員会対応は国会対策委員長の指示などを受けて行うということですか。

村山　いや、いちいち国対に報告して了解を得て対応する、というようなことはない。大体、政府や自民党の出方も分からないのだから、そこは理事に任せてもらわなけりゃあだめだ。

僕が重視したことは社公民だ。理事会で公明党や民社党が自民党についてしまい社会党が孤立するということになると困るから、公明党と民社党の感触を絶えず注視して、大体の落としどころはここらあたりだなと見極めながら対処していた。落としどころの目途は立ててるけど、本当にそこで折り合っていいかどうかというのは難しかった。結局は自分の判断でやるしかないからね。でも僕は自分の判断について国対から「そんな対応じゃあだめだ」などと異論がでて承認されないようなことになったら、理事を辞めさせてもらう覚悟だった。理事会で一度約束したことは、絶対に守らないといかんと考えていたからね。

——予算委員会の筆頭理事は強い権限を持っていたのですね。

村山　そりゃそうだ。時には僕だけで結論を出すわけにはいかんというので、党の方に持ち帰って検討するというようなこともある。しかし、すべてをいちいち国対に持ち帰ってお伺いを立てるようなことはしない。

——公明党や民社党の理事とはどういう付き合い方をしたのですか。

村山　そりゃあ社会党単独の言い分は通らないから、しょっちゅう両党の部屋を訪ねたり電話したりしていた。

——自民党の理事とはそういうことはできないでしょうね。

村山　向こうの意向を聞くために電話をすることはある。公明、民社党と話をするときに情報を持ってないといけないからね。

——予算委員会の理事をやったのは三年半ぐらいですが、いい経験になったのですか。

村山　そりゃあそうだ。僕は社会労働委員会が長かったからね。予算委員会はやはり舞台が広いな。

「山が動いた」

――リクルート事件では盤石だった「社公民路線」ですが、一九八九年の参院選で社会党が圧勝したあたりからおかしくなってきましたね。

村山　あの参院選は社会党がひとり勝ちした。

――当選者数は選挙区、比例区合わせて自民党三六に対し社会党は四六、さらに「社民勢力の結集」を訴えた「連合の会」が一一、そして公明党一〇、民社党三でした。

村山　参議院選挙の結果を見れば、リクルート事件などで自民党政権を追及してきたことは社会党の点数をあげただけだったという印象が公明・民社にあった。つまり「社公民路線」は社会党が得するだけだという判断が少しあった。だからその後の社公民三党の関係は、なかなかしっくりいかなくなったな。

――参院選のとき、首相はすでに宇野宗佑氏に代わっていましたが、消費税導入、リクルート事件に加えて首相に就任したばかりの宇野氏の女性スキャンダルまで加わって自民党は全く駄目でした。自民党は強いとされていた一人区で三勝二六敗でした。一人区で自民党が三つしか勝てないなんて、信じられないような出来事でしたね。

村山　いやあ、あの時の選挙はすごかった。とにかく社会党委員長の土井たか子さんの人気はすごかった。土井さんが大分市の一番の繁華街に応援演説に来た時は、動員をしたわけでもなんでもないんだけどもういっぱい集まった。そこでの集会は最初に僕が五分か一〇分くらい宣伝カーの上でマイクを握ったんだが、みんな僕の話なんて聞こうなんて思っていない。とにかく土井さんの顔を見たい、話を聞きたいと思ってきているんだ。だから僕が話をしたって意味がないと思って「皆さん暑いなかこれだけ多くの人に集まっていただいてありがとう。ただ皆さんは土井さんの顔を見たい、土井さんの声を聞きたいと思って来たんでしょう。僕は地元の人間だからいつでも話ができる。ここはただちに土井さんにバトンタッチします」と言って、すぐ代わったんだ(笑)。後で関係者に「今日の挨拶はよかった」と褒められた(笑)。繁華街の次に土井さんが大分県庁に行くと、県庁のベランダに職員がワーッと出てきて声援したんだ。あの時は日本中がそういう空気だった。こんなことはめったにないな。

――県庁の職員がでてくるのですか。

村山　そうさ。だからそりゃもう社会党がどうこうというのじゃあなかった。土井さんが国民的な人気を得ていたんだ。

――土井さんはどういう人ですか。

村山　僕が土井さんと出会ったのは国会議員になってからだった。でも、個人的にはそれほど親しくなるということはなかったな。石橋政嗣さんが社会党委員長のときに土井さんは副委員長だった。八六年の総選挙で社会党が敗北した責任を取って石橋さんが辞めると、土井さんが後継の委員長に就任した。そして、消費税導入反対やリクルート事件もあって土井ブームになった。

――なぜブームになったんでしょうか。

村山　やっぱり消費税に反対したというのが大きいだろう。それから「やるっきゃない」というようなはっきりした言葉だな。あれが広まった。だいぶ宣伝された。そうそう、三木武夫元首相が亡くなった時の衆院本会議での追悼演説は記憶に残っている。三木さんの経歴や思想などを詳しく紹介したうえで「日本の政治が汚れ、世界の平和が核の脅威にさらされ続けていることにいつも立ち上がり、激しい怒りを燃やしておられた」などと語ったんだ。あれは聞かせたなあ。

――土井さんの魅力は何ですか。

村山　今の社民党も福島瑞穂さんで女性だが、土井さんとはタイプが違うねえ。土井さんにはとにかくカリスマ性があった。それにやっぱり話がうまいんですよ。何を言わなきゃいかんかとか、何を言うべきかということを、あらかじめきちんと調べて整理して原稿を準備していた。演説を粗末にしない人でなかなかうまいこと言うなとよく感心した。そういう点ではとても几帳面な人だ。

――委員長としての党の運営はどうだったんですか。

村山　土井さんが委員長のころは山口鶴男さんが書記長だった。例えば常任幹事会とか中央執行委員会では、土井さんが挨拶してあとは山口書記長が仕切っていた。だから委員長がどうのこうのということはない。土井さんが委員長のころは、かつてのように党内がゴタゴタするような問題はなかった。そればかりか世の中の空気は社会党に追い風で押せ押せムードだったから、委員長のリーダーシップがどうこうというようなこともなかった。

――八九年の参院選の結果、自民党は参議院で過半数を割ってしまい、いわゆる「ねじれ国会」となってしまいました。

村山　うん。確かに「山が動いた」な。

湾岸戦争と自衛隊派遣問題

――そして、翌一九九〇年の八月にイラクがクウェートに侵攻する「湾岸危機」が起きて、九一年一月にはそれが「湾岸戦争」に発展しました。村山さんはこのころ引き続き予算委員会の理事でした。

村山　社会党はとにかく軍事行動には反対だった。九〇年秋、海部内閣は湾岸戦争に備えて自衛隊を海外に派遣するための国連平和協力法案を国会に出してきた。しかし、湾岸戦争に自衛隊を派遣することについて社会党は絶対反対だった。民生部門に協力することはいいが、軍事活動に参加することは絶対に反対だ。このことについて社会党内で賛成か反対かというような議論はなかった。そんなこと話し合わなくても、そりゃもう反対じゃわ。

——当時の社会党が自衛隊の海外派遣に反対するのはまあ当たり前でしょうね。しかし、国連をはじめとする国際社会の湾岸危機への対応について党内ではどういう議論があったのですか。

村山　国連の安全保障理事会が各国に協力を求めたり、軍隊の派遣を求める決議をした。しかし、国連で何を決めようと日本には平和憲法があるんじゃから自衛隊派遣はできない。社会党はそういう立場に立って反対した。そして日本政府は憲法の範囲内でできることをすればいいじゃないかと主張した。

——九〇年は冷戦終結直後でした。社会党は社会主義、あるいは社会民主主義を掲げている政党です。ところが目の前でベルリンの壁が崩れ、ソ連や東欧の共産主義政権が次々と消えていきました。こういう世界の現実を、当時の社会党の人たちはどう受け止めていたんですか。

村山　そういう世界全体の激動に対して社会党というのはあまり敏感に反応できなかっ

た。それが社会党低迷の原因の一つだろう。冷戦構造が終わり世界情勢は大きく変わった。ある意味では米国の一国支配という形になってきたわけだ。社会党は冷戦時代には社会主義に依拠していた。その社会主義が崩れていったわけだから「社会党はこれでいいのか」「今後どうすべきか」ということについての議論はすべきだったな。しかしそういう議論はなかったなぁ。

僕自身も当時は予算委員会の理事だ。予算委員会の理事というのは予算委員会のことをやるわけで、党全体の仕事にはあまり関与しない。今振り返ると国会議員として社会党が問われていたことについて、もう少し敏感に反応して議論をしておくべきだったなあと思う。

――社会党の地方組織はどうだったのですか。

村山　そりゃあ地方組織も同じだ。中央も地方も一緒で、党全体で問題意識が希薄だった。だから当時の社会党は党大会でも国際社会の変動に対する徹底した分析や党としての方針など今後のあり方等に対する議論はあまりなかったように思う。

――社会党にとって国連は国際社会の平和を実現してくれる組織という位置づけだったと思います。その国連が軍事行動を容認したわけですから、党内は大変だったのではないですか。

村山　いや、そんなことはなかったなあ。とにかく国連の決定については「日本政府は憲法に基づいて協力できる分野だけ協力すればいい。それを踏み越えて軍事行動にまで参加するようなことは反対だ」というだけの議論だったな。

僕は総理になった時に日米安保や自衛隊に関する社会党の政策を変えた。予算委員会などでなぜ日米安保条約を認めるのか、なぜ自衛隊を認めるのかという議論をする時に「冷戦が崩壊するなど国際情勢が大きく変わった。グローバル化した国際社会の中で日本も協力していくことが求められている」と答えている。しかし、それは湾岸戦争より後になってからの話だな。

――党内議論が現実を踏まえないまま原理原則にとどまっていた。そうなると具体的な政策議論はできませんね。それで公明党と民社党が次第に社会党から離れていき、国連平和維持活動(PKO)協力法をめぐって「社公民路線」が壊れていったのでしょうね。

村山 まあ自衛隊が現地に生活物資を送るとかいうことくらいはあってもいいんじゃないかなと思っていた。社公民路線については、社会党があくまでも自分の立場でできるだけ抵抗するという話であって、それならば公明党と民社党は一緒にやるのが無理だなということになるわね。だからといって公民と喧嘩するわけじゃないからね。

――せっかくリクルート事件での対応で結束し竹下政権を退陣させた三党でしたが、冷戦崩壊と湾岸戦争で崩れてしまったのですね。

村山　それはしようがない話だ。多国籍軍による軍事力行使を認めた国連の方針を受けて日本政府も協力すべきだという意見がでてきた。公明党と民社党はそれに賛成した。社会党はいくら「社公民路線」が大事だからといってもここは譲るわけにはいかなかった。やっぱり越えられない一線というものがあるわけだから。僕はこのとき国対委員長だったが、こういう対応は仕方なかったと割り切っている。

――社公民の関係を維持するために社会党はいろいろ譲歩してきたと話されましたが、自衛隊派遣が絡む問題は駄目なんですね。

村山　憲法に反することは駄目だ。社会党内も中には違った考えを持っていた人もいたかもしれないが、大勢としては反対だった。それはやはり護憲政党としてこの一線はゆずれないのは当然だ。

訪朝団実現のための国会質問

――社会党では一九九一年の七月に委員長選挙が行われ、田辺誠さんが上田哲さんを破って当選しました。土井委員長が四月の統一地方選挙での敗北の責任を取って辞任したことを受けての委員長選挙でした。

村山　委員長選挙は全党員の投票で、田辺さんは四万六〇〇〇票を取って上田さんに一万票以上の差をつけて勝った。

——予想以上の接戦という評価になっています。その理由は田辺さんが選挙前に打ち出した党改革案だと言われています。日米安保条約や自衛隊についてその存在を直視するなどと現実路線を打ち出していました。

村山　委員長選挙後の党大会で田辺さんの打ち出した改革案は「現在の自衛隊の実態は違憲」という表現の「現在の」が削除されて肝心の部分が消えたりした。僕はそういう論戦には関わってない。だからといって自衛隊を認めることに賛成だったわけではない。そうは思わなかったが積極的に反対するということもしなかった。

——党改革案の中の「自衛隊の実態は違憲であるとの認識に立って、世界の軍縮潮流に対応して防衛計画を改め、防衛費の増大を抑え、計画的に削減していく」という部分ですね。田辺さんは冷戦終結や湾岸戦争を受けて、社会党も路線を少し修正しなければならないと考えて、こういう改革案を作ったのですか。

村山　そうじゃあないか。それとやはり統一地方選挙で負けているから、そのことへの反省もあったのだと思う。

——村山さんは田辺さんをどう見ていたのですか。

村山　田辺さんはね、衆院の社会労働委員会が長かったので僕に手ほどきをしてくれたりした大先輩だ。懇切丁寧にいろいろ教えてくれる人だ。国会対策委員長もやっていて、自民党の金丸信議員と親しかった。一時、金丸さんと田辺さんで新党をつくる構想なんかも噂になったことがある。

——田辺さんは副委員長時代の一九九〇年九月に金丸さんらと北朝鮮を訪問しました。

村山　この訪朝に関してはおもしろい話があるんじゃ。田辺さんらが金丸さんと北朝鮮に行く前の八九年三月三〇日、僕は衆院予算委員会で竹下登総理に、日朝関係の関係改善について政府の姿勢を質問したことがある。この時の答弁で竹下総理は日本政府として初めて北朝鮮の国名を「朝鮮民主主義人民共和国」と正式に発言したんだ。僕の質問は総理に正式名称を言わせるためのものだった。この答弁を受けて北朝鮮は金丸氏らの訪朝団受け入れを決めたんだ。

——竹下総理のこの答弁のあった同じ日、田辺さんを団長とする社会党訪朝団が平壌に向けて出発し、朝鮮労働党書記と会談しています。田辺氏は金丸さんの書簡を持っていったとも言われています。金丸訪朝実現に向けた伏線がいろいろあったわけですね。

村山　そう、よく覚えている。あの時は山花貞夫書記長から「田辺さんらが訪朝するにあたって、政府の答弁が必要だから質問してほしい」と言われた。書記長や国対委員長らとあらかじめ質問の中身を相談して決めて原稿に書いて、委員会では原稿を読み上げた。竹下総理の方も外務省なんかが入って答弁を用意したんだろう。社会党の誰かが自民党と連絡を取って、訪朝団を実現するための前提条件を整えるということでこの質疑の場面が作られたのだ。僕も訪朝には賛成だから質問してほしいという要請を受け入れた。もちろん北朝鮮側が何を要求してきているかというような細かい説明はなかった。しかし、今まで日本政府が北朝鮮に対して敵視政策をとっていたので、それを転換して話し合う姿勢を見せることが必要で、そのためにどういう答弁が必要かということは僕にでも分かる。

僕は「日本政府は今日までの対朝鮮政策を根本的に是正し、改善に向けての基本姿勢を明示すべきだ」と聞いた。竹下総理は「朝鮮民主主義人民共和国との間においても、朝鮮半島をめぐる新たな情勢に配慮しつつ関係改善を進めていきたい」と答弁した。北朝鮮にとっては、これで十分だったのだろう。僕はこの答弁は金丸訪朝団実現のためのものだったと思っている。

予想を覆して国対委員長に

——金丸氏らの訪朝の一年半前ですね。裏の事情を伺ったうえで答弁を聞くと、実に計算しつくされたやりとりですね。外交の奥深さが垣間見えます。ところで田辺さんは金丸さんとなぜそれほど仲良くなったんですか。

村山　そりゃよく分からないが全く私的な関係だと思う。人付き合いはよくて先輩後輩関係を大事にする人だからね。

――田辺さんが委員長に当選した直後の党大会で、村山さんは国対委員長に選出されました。事前の報道では「田辺氏は国対委員長に清水勇・国対委員長代理を起用する」という記事が一斉に掲載されていました。ところがふたを開けてみると当選したのは村山氏だった。何があったのですか。

村山　清水氏起用ということを田辺さんが記者に話したかどうかは知らない。実は国対委員長選挙を翌日に控えた日に党内で僕を国対委員長にしようという署名活動が始まったんだ。僕は「困る、立候補する意志はない」と断ったんだけど、運動していた人たちは「あなたの意志に関係なく、我々は勝手に推しているんだ」と言う。それで僕は政権構想研究会の役員が陣取っていた部屋に行って「僕を国対委員長にしようという署名活動が始まっている。田辺さんは上田さんと激しい選挙をやって委員長に当選したばかりだ。田辺さんにとってはせっかくの船出だから人事問題で党内があまりガタガタするのはよくないと思う。だから署名活動のようなことは止めてくれ。僕は国対委員長選挙には出る意志はないと断ったが署名活動は続けられている。どうすべきか、みなさんの考えを聞かせてほしい」と話した。するとその場にいた人たちが「それならば田辺さんに会って話をしてきてくれ」という。それで田辺さんのところに行って話をした。

「僕を国対委員長に担ぎ出す動きがあるが、あなたが困るからやめてくれというなら立候補はやめます。僕は新しい執行部が円滑にできた方がいいと思っている。あなたの意見を聞かせてほしい」と言うと、田辺さんは「明日のことでまだ時間があるからもう少し様子を見たらどうか」という話だった。僕は「それなら何かあったら連絡をください」と言って別れた。

僕は「どうしようかなあ」と迷っていた。すると夜の一〇時半か一一時ごろ、政構研の幹部から電話がかかってきた。「君の言うとおり人事で混乱するのはよくないから、立候補をやめてほしい」と言うんだ。「先程、話しに行ったときに言えばいいものを、なぜこんな遅くなって言ってくるのか。こんな夜中に言われても誰にも相談できない」などとかなり不満を言った。するとその幹部は「田辺委員長もそういう意向だ」と言う。おかしな話だと思って「田辺さんからは何の電話もないですよ。せっかくの話だから僕なりに判断させてもらいます」と言って電話を切った。

そして次の朝、新聞を見たら国対委員長は「清水氏で決まり」と出ていた。それを見て、「僕の意志をあまりにも無視しすぎだ。こうなったら意地でも立候補してやる」という気持ちになった。両院議員総会に行くと、清水さんと僕と両方の推薦が出た。いよいよ投票というときになって参院議員の及川一夫さんが議事進行の動議を出して「候補者がどんな考えを持っているか聞かないで選挙というのはおかしい。候補者の意見を聞くべきだ」という動議を出したんだ。及川さんの党内の立場を考えると、彼が動議を出したのは僕が「出る意志がない」と言うだろうと思ってのことだというのがすぐに分かった。

しかし、そのときはすでに僕は国対委員長をやらざるを得ないという気持ちになっていた。清水氏は当選するつもりだから自信をもって挨拶していた。僕は「図らずもこんなことになって戸惑っているし、皆さんに迷惑かける。しかし、せっかくだから当選すれば皆さんの意を体してやらせてもらいます」と話した(笑)。簡単な挨拶だ。そして投票になり一三二票対五六票で僕が勝った。

当時、国会対策委員会は「悪の権化」のように言われていた。不透明なことが多くていろんな噂が出ていた。それで「同じ人間が同じポストに長くいることはよくない」「代えなければいけない」「国対を改革しなければならない」という声が党内から出ていた。僕はそういう空気に押されて担ぎ出されて当選したわけだ。

──数字を見ると圧勝ですね。党内でそれまでの国対に対する悪い印象が強かったということですね。

村山　そう、国対は自民党と馴れ合いで取り引きしているといわれ、そういうことへの批判が非常に強く出ていた。国対を変えようというムードだったな。だから僕はああいうポストは三年以上やらん方がいいと主張していた。

――リクルート事件で中曽根元総理の証人喚問などを実現したりしてきたのに、馴れ合いですか。やっぱり浜田幸一さんの暴露質問などが影響しているんですか。

村山　ときどきマスコミにも国対批判の記事が出ていたしね。やはり国会対策委員長だけでなく、与野党関係を担当する議院運営委員会の理事や予算委員会の理事のようなポストはあまり長くやらない方がいい。どうしても自民党側と人間関係ができるから、適当な時期に交代した方がいいんだ。

――村山さんも予算委員会の理事をやっていろいろ知っていたわけですね。

村山　いや、知っていたというか、やっぱり議運や予算委員会のやり方を見ていると、政治というのは妥協が必要だからそのための自民党との激しい交渉だってあった。僕はそういうことがあっていいと思うんだけども、党内では多くの議員がちょっと度が過ぎるという不信の念をもっていたんじゃあないかな。だからこの際、代えるべきだという雰囲気が強くなって僕が担ぎ出されたわけだ。

――予算委員会理事の村山さんは、昔ながらのやり方をしないという評価だったわけですね。

村山　それもあるだろうな。約三年半、予算委員会理事を真剣にやってきた。やり過ぎるぐらいやった。すでに話したように、委員会で質問したい人にはできるだけやってもらった。そういう姿勢を見て村山が国対委員長にいいんじゃないかということになったのかもしれん。清水さんは議運の人で理事が長かった。国対委員長代理もした人だった。

牛歩で戦ったＰＫＯ協力法案

――国対委員長として臨んだ九一年と九二年の国会は、ＰＫＯ協力法案の扱いが最大のテーマになりました。自民党と公明党、民社党が一緒になって法案をつくったわけで、最初から「自公民路線」でした。海部政権の九一年九月末に審議入りしますが、その国会では継続審議になりました。一一月に宮沢政権に移り、一一月に国際平和協力特別委員会で強行採決したり委員会に差し戻ししたりと混乱しながら衆院を通過しました。参院の審議は翌九二年の通常国会になりましたが、最後は社会党が合計五泊六日間に及ぶ牛歩戦術で徹底的に抵抗したにもかかわらず六月九日未明、参院本会議を通過しました。その際法案が一部修正されたので衆院の特別委員会で再び審議し、最後は六月一五日、衆院本会議で可決し成立しました。

村山　衆院の国際平和協力特別委員会での強行採決は、質疑をしている時に緊急動議を出してやるのだから、こちらは「あの採決は無効だ」と主張した。まだ野党議員が質問している途中に緊急動議を出して強行採決やるなんていうのは審議無視だからね。「このままでは衆院本会議の採決で徹底的に抵抗するぞ」ということで臨むことになった。

そうなると衆院議長としてもそのまま本会議で審議するというわけにはいかない。結局、自民党が折れて委員会に差し戻してもういっぺん質疑をやり直すことになった。

――本当は法案をつぶしたいわけですよね。

村山 そう、つぶしたい。しかし、数でかなわないから仕方ない。

――自民党が法案を委員会に差し戻ししたとき「社会党は一転 柔軟姿勢」と報じられています。

村山 まあ差し戻しまでやったら向こうはこっちの言い分を聞いたわけだから、それ以上の抵抗手段はない。とにかく反対は社共だけだから抵抗しようがないわけだ。それで法案は参議院に送られた。すると参議院でまた抵抗するんだ。

――衆院段階での強行採決批判や法案の差し戻し要求は、国対委員長が仕切って対応するのですか。

村山 衆院本会議が絡んだので議院運営委員会で協議した。しかし、もちろん議運だけで決めるんではなく国対委員長も加わって一緒に対応する。

――そして九二年の通常国会に舞台が移り、六月に参議院本会議で連日深夜から未明にかけての牛歩が続きました。社会党はＰＫＯ協力法案の採決の前に井上孝・参院議院運営委員長や宮沢総理らに対する解任決議案や問責決議案を次々と提出し、それぞれの採決に牛歩で臨みました。その結果、一議案で最長一一時間半かかっています。

村山　抗戦姿勢じゃな。

――社会党の参院議員が牛歩をやっている間、衆院の国会対策委員会は何をしていたんですか。

村山　そりゃあ党所属参院議員の激励だ。

――いろんなものを用意したりはしないのですか。

村山　それは議院運営委員会の仕事だ。投票が始まると議場は閉鎖されてだれも外に出ることができなくなる。何時間もずっと本会議場に閉じ込められるわけだから、トイレに行けないので用を足せるような袋を買ってきて配ったりするんだ。これはもう持久戦だからね。トイレだけじゃあない、水もないんだから。だからいろんなものを準備することになる。

――投票が終わるまで長時間座っているわけですから時間をもてあますでしょうね。本を持ち込んで読んでいてもいいんですか。

村山　それはよくないんだろうな。別の時だが、僕は本会議場で新聞を読んでいて衛視に注意されたこともある。だけどPKO協力法案の採決時に、のんびりと本なんか読んだりはできないよ。

――牛歩の舞台は参院本会議でしたから、衆院議員の村山さんはもちろん議場の中にはいないわけですよね。

村山　議場には入れないからときどき様子を見に参院本会議場の傍聴席にいった。そこで社会党議員に激励の声をかけた。

――参院本会議が徹夜になった時、衆院議員の村山さんも国対委員長として一晩中ずっと起きて事態の進展を見ていたんですか。

村山　そりゃあ参議院でみんなが頑張っているのに寝るわけにはいかないので起きていた。

――寝てはいけないのですか。

村山　衆院ではなく参院の本会議場が舞台となっているのだから、寝てはだめだというわけではないが、国対委員長としては責任がある。寝るわけにはいかんな。

――起きたままどこにいたのですか。

村山　社会党の国会対策委員会の部屋だ。この部屋は開けっぱなしにしていた。

――そこにずっと座っていたのですか。

村山　じっと座っているだけではない。ときどき牛歩を続けている参議院の本会議場にも行った。四、五人の仲間の議員と「応援に行こう」と連れだって参院本会議場の傍聴席に座って様子を見た。本会議場では上の方から「おーい、頑張れ、負けるなよ」とか大きな声をかけたんだ(笑)。

――本会議に出席した参院議員は大変だったでしょう。高齢の人もいました。まさかこの年になって何日も徹夜するとは思っていなかったでしょうね。

村山　採決の時は本会議場が閉鎖されるのだが、投票が済んだら事務局に断って裏から出ることも可能だった。しかし、ＰＫＯ協力法案の時はできなかった。

――牛歩のやり方というのがあるのですか。

村山　投票するときは名前を呼ばれる。すると議席から立つのだがなかなか立たない。そして、立っても前の人にくっついて歩かない。間を置いて前に進む。その距離はそれぞれ自由だ。立ち止まってはいけないのでとにかく足を動かしている。後ろに下がってもいけない。そして階段を上るとき木札を用意して投票するのだが、ポケットにはいっている木札を探すふりをしたり、出したりしまったりするんじゃ(笑)。

――立っている時間がとても長いですね。

村山　自民党議員らから「歩け、歩け」ってヤジを飛ばされるけど、こっちは「何い！」という顔をしてにらみ返す。参院が終わり衆議院本会議で牛歩をやったとき、東京都の選挙区選出の外口玉子さんは徹底した牛歩をやって桜内義雄議長の前で止まった。すると桜内議長が「外口さん外口さん、急いでください。あんたがそこで止まったら戸口がつかえてしまい、あとが動けない」(笑)と駄じゃれを言ったりしていた。

――社会党の国対は各議員にどういう指示を出すのですか。

村山　あらかじめ「牛歩をします」という方針を伝える。一人一人がどのくらい時間をかけて投票するかまでは指示しない。だから投票が終わるまで何時間かかるかは見当がつかない。とにかく可能な限り延ばすということだった。結局、最後は数で押し切られることは分かっているわけだから、牛歩は自分たちはこれだけ抵抗したんだという実績をつくるためのものだ。だからすべてが終わったあとは虚しい気持ちになるわな。

本当に提出した社会党全代議士の辞職願

――参院本会議での可決後、再び舞台が衆院に戻ってくると、田辺委員長は最後になって窮余の一策を打ち出しました。それが「社会党全代議士辞職願提出」でした。社民連の議員も同調したので田辺さんは一四一人分の議員辞職願を桜内義雄衆院議長に提出しました。その結果、最後は社会党議員らが欠席した衆院本会議でＰＫＯ協力法が可決・成立したんですね。

村山　うーん、虚しいな。ＰＫＯ協力法案が参院を通過した後の六月一二日から、ブラジルのリオデジャネイロで一〇〇か国以上の首脳が集まって「環境と開発に関する国連会議」(地球サミット)の首脳会議が開かれた。タイミングが衆院での審議と重なったため、宮沢首相が出席すべきかどうかで国会はもめた。僕は自民党の梶山国対委員長に「重要な国連の会議だから宮沢さんは行くべきだ。外遊を理由に国会審議を遅延させたりするということは考えてない。だから行ったらいいじゃないか」とだいぶ話した。だけど梶山さんは「そんなことはあてにならん」といって宮沢首相をブラジルに行かせなかった。地球サミットに欠席することになった宮沢総理は「ビデオによる参加」を申し出ていったんは認められた。ところが、国連のガリ事務総長が「特別扱いできない」といって反対したため、ビデオ演説もだめになってしまった。

——全代議士の辞職願提出というのは、誰が見ても本気だとは思えませんでした。

村山　国対委員長だった僕が辞表を集めて回ったんだ。もちろん党内には反対もあった。栃木県選出の武藤山治さんや兵庫県から出た年配の堀昌雄さんらが反対していた。僕が議員会館の武藤さんの部屋に行くと堀さんも一緒にいた。二人は「国会議員は選挙で有権者に選ばれて国会に出てきているのだ。有権者を無視して辞表を出すようなことは軽々にできない。だから辞表提出は反対だ」と言うんだ。僕は「ＰＫＯ協力法案に反対するという歴史的な闘いをしている時だ。辞表というのは、この問題について社会党の衆参国会議員は一枚岩だという姿勢を国民に示すことが目的であって、本当に辞表を議長に提出するわけじゃないんだから協力してください」と説得した。最後は「お前が言うんならしようがない」と書いてもらったんだ。僕でさえそう考えていたんだから、まさか田辺委員長が本当に議長に提出するとは思っていなかったなあ。

——そうなんですか。やはりポーズだったんですね。

村山　田辺さんが議長に提出した後、僕は山花貞夫書記長らに「議長提出について田辺委員長から事前に相談があったのか」と聞いたら、彼らも「ぜんぜん知らない」と言っていた。だから田辺さんの一存でやったんだろうな。だけど辞職願を本当に提出してしまったらおしまいだ。田辺さんにどういう考えがあったのかはいまだに分からん。党内では辞職願を議長に出した後、どう対応すべきかということが大きな問題になってもめたんだ。上田哲氏は出した以上は潔く辞めるべきだと言っていた。僕はそれに反対した。「辞職願はまだ受理されているわけじゃない。だから簡単に敵に背中を見せることはない。最後まで闘うべきだ。第一、本当に辞めたら議員会館の事務所を空けなければならない。各議員の秘書はどうするのか。全く見当もつかない。だから最後まで頑張るしかない」と言ったんだ。そりゃまあ当然、僕の意見が通るわな(笑)。

——そりゃ通りますね。

村山　ところが上田哲氏は議員会館の自分の事務所のドアに「事務所は閉鎖しました」と書いた張り紙を貼っていたらしい。もちろんそんなもの単なる見せかけだけどね。

——党内の議員も最初から辞職願がはったりだということは分かっていたんでしょ。

村山　はったりではなく党の決意を示すためだ。この話は社会党の代議士会で田辺委員長が突然言い出したんだ。事前に党幹部の間でどういう話があったか知らない。田辺委員員長が山花書記長あたりと相談したのかもしれない。とにかく僕らは代議士会で辞職願を出すという党の方針を聞いただけだ。ＰＫＯ協力法案反対でこれだけの闘いをしている時だから、この法案に反対だという社会党の強い意志を対外的に示す点で、それなりに意味があると考えて、僕はみんなを説得して歩いたんだ。

――村山さんが衆院議員全員を説得して回るわけではないのでしょう。

村山　国会対策委員長だから仕方がない。しかし、全員を回る必要はない。最初から田辺さんの方針に無条件で賛成だという議員もかなりいたから、辞職願を出していない議員を回ればよかった。

――説得して回ったものの、村山さんは委員長が辞職願を衆院議長に本当に出すとは思ってなかったわけですね。

村山　社会党がＰＫＯ協力法案に反対だという意志を固め、それを対外的に表明するためのものだと思っていた。だからこそみんなで一致結束しているんだという姿を見せなければならないと思っていた。

――田辺さんに直接、「議長に提出はしないでしょうね」と確認はしていないのですか。

村山　していない。もしも「出さない」なんてことを確認するとすぐマスコミに報道されるに決まっている(笑)。そんなことが表に出れば、辞職願は何の意味もなくなってしまう。

――桜内議長にしても辞職願を受理するわけにはいかないですよね。そんなことをしたら議会制民主主義の否定になってしまいますからね。

村山　辞職願が受理されれば総選挙ではなく補欠選挙になってしまう。社会党の議席のところだけ補欠選挙だ。そんなことになれば自民党の議席が増えるだけだ。だから、田辺さんが辞職願を議長に出すとは思っていなかった。当時は田辺委員長が自民党の金丸さんとうまく話をつけることになっていたから辞職願を議長に出したのではないかというような話も流れたな。しかし、そんなことが本当なら国会全体の信義の問題になる。

佐川急便事件

――一九九二年六月にＰＫＯ協力法が成立してから、政治が大きく動く季節に入りました。自民党では金丸信副総裁が佐川急便から五億円のヤミ献金を受け取っていたことが判明、金丸氏の議員辞職から竹下派の分裂に発展していきました。さらに竹下登元総理と暴力団との関係も問題になりました。当時、村山さんは国対委員長を続けていましたが、自民党はスキャンダルだらけということで、社会党は次々と証人喚問などを要求し実現していきました。激しい時期でしたね。

村山　佐川急便問題では、金丸副総裁が八月二七日に記者会見して献金を認めて副総裁を辞任した。この時ちょうど国会が終わっていたので、僕をはじめ各党の国対委員長は一緒にヨーロッパからカナダに回る海外旅行をしていた。こういうことをしたのは後にも先にもこの時だけだった。旅行している時に東京から自民党国対委員長の梶山静六さんに何度か電話がかかってきた。梶山さんが電話口で「そりゃあクーデターだ。俺が帰るまで会見をさせるな」「もうじたばた騒ぐな」などと言っていた。梶山さんに「東京で何かあったのか」と聞いたら「金丸さんが記者会見で金を受け取ったことを認めた。これはクーデターだ」と言うんだ。こういうことがあったので、金丸さんの問題はよく覚えている。

——与野党の国対委員長が集まって旅行するというのは、今はとてもできそうにありませんが、その頃はよくやっていたのですか。

村山　やっていたんじゃないかな。僕は二年間国対委員長をやったけど、この時が初めてだった。自民党、公明党、民社党と僕の四人で行った。当時はこういう旅行をしても、あまり批判もされなかったな。

——訪問先でどういうことをするのですか。

村山　各国の要人と会ったり、いろんな所を視察した。

——あまり国対と関係ないですね。

村山　全然ないとは言えないが、あまり関係ないね。

――そして帰国後、佐川急便問題が国会で大きな焦点になります。

村山　そうそう、あのとき社会党は関係者の証人喚問を強く要求して、竹下元総理の証人喚問と金丸氏の臨床尋問を実現させた。

――この事件の後、竹下派は金丸氏の後継の会長を誰にするかでもめて、結局分裂してしまいました。自民党内のことですが、どう見ていましたか。

村山　小沢一郎氏のグループが派閥から飛び出したね。翌九三年には小沢さんらが今度は自民党から飛び出したため党が分裂した。まあ「なるべくしてなったのかな」と受け止めていた。

田辺委員長の交代

――佐川急便事件で荒れた臨時国会が終わると、一二月に田辺委員長が辞任を表明し、一月に山花貞夫書記長が委員長に就任しました。山花さんが委員長に選出されたのは九三年一月六日。ところが翌日の朝刊のトップニュースは山花委員長選出ではなく、皇太子妃に小和田雅子さんが決まったという話でした。社会党の話は隅っこに追いやられていました(笑)。

村山　そりゃしようがないでしょう。残念ながら雅子さんには勝てないからね。そもそも山花さんというのは不幸な人だね。仲間と一緒に社会党を離党しようとした時も、阪神・淡路大震災が起きてつぶれた。そういう運命にある人だったんだろうね。

——田辺さんですが、一二月の社会党中央委員会で参加者から「われわれが支持者に金丸信との関係の言いわけをする必要のない執行部体制が必要だ」などという批判が相次ぎました。すると田辺さんは中央委員会が終わった二日後に、委員長の辞任を表明しました。

村山　田辺さんが辞めた理由は九二年七月の参院選での敗北もあったが、自民党の金丸副総裁との緊密な関係を批判されたためだったんだな。それが大きかった。

——田辺さんは「アメリカのクリントン次期政権、ドイツのエングホルム社民党党首に象徴される世界的な世代交代の流れ」をあげて「いかにして社会党の前進を図るかということを考えて辞める」と言っています。誰もこういう理由じゃ納得しませんね(笑)。

村山　まあ、そんな理由は誰も納得しないわなあ。こじつけじゃな(笑)。

——自民党の実力者である金丸さんと親しいというのは社会党内では珍しい人ですが、田辺さんに対する党内の批判はやむを得ない面があったのですか。

村山　田辺さんと金丸さんがどういう関係か詳しくは知らないけど、あのころ金丸さんは社会党の右派も入れた形で新しい政党をつくろうとしていたという話を聞いたことがある。そういう話が関係していたのかもしれないがよくは分からない。党内から田辺さんへの批判が出てきたから、僕も辞めるのはしようがないなという考えだった。まあ、党の委員長が絶対に田辺さんじゃなきゃならないとは思っていなかったからな。もちろん田辺さんは金丸さんとの問題がなければ委員長は十分に務まっていたと思うよ。

僕との関係で言えば、すでに話したように国対委員長選挙の時に田辺さんが僕ではなく清水さんを推していたという経緯があった。田辺さんは党内を丸く収めるためには清水さんの方がいいと思っていたのかもしれない。僕と対立していたわけじゃあないからな。

——じゃあ、村山さんの田辺さんについての評価はそんなに低くないわけですね。

村山　当時はね。

——今は違うのですか。

村山　今はぜんぜん違うなあ。僕が総理になって組閣をする時に、田辺さんと同世代の大出俊氏を郵政大臣、山口鶴男さんを総務庁長官などに起用した。しかし、田辺さんはもう党の委員長経験者だったので、後輩の僕が総理になったからといって閣僚になってもらうのは失礼だと思って、田辺さんを閣僚から外したんだ。また組閣についての相談もしなかった。さらに田辺さんと山口さんはともに群馬県の出身議員だが、あまり仲がよくなかった。そんなことがあったので田辺さんは僕をあまりよく思わなくなったのじゃあないかな。その後は疎遠になったね。そして、田辺さんは新党運動に参加し、九六年に民主党ができたとき、そっちに行ってしまった。僕は党の委員長まで務めた人が離党するようなことはすべきじゃないと思っている。そういうこともあって僕自身も田辺さんから遠ざかった感じだ。しかし、個人的には良き先輩として指導いただき、お世話になったと思っている。

――組閣について田辺さんが直接何か不満を言ってきたのですか。

村山　いや、言ってはこない。けれどもやっぱり面白くなかったんじゃあないかな。

――人間って難しいですね。

村山　特に政治の世界はそうじゃな(笑)。

山花委員長誕生と細川連立政権参加

――田辺さんの後の委員長は山花貞夫さんになりました。それはなぜだったのですか。

村山　それは分からない。

――田辺さんが党内では右派だった。それで左派の山花さんがバランスを取るために選ばれたということではないですか。

村山　それはどうかな。

――村山さんは山花さんを左派だとは思ってないんですね。

村山　そりゃそうだ。左派だとは思ってない。山花委員長のときの九三年七月に総選挙があった。自民党が分裂して、結局単独政権時代が終わった総選挙だ。この選挙中に山花氏は自民党を離党した小沢一郎氏らと、選挙後の政権のあり方なんかについて話し合いをしていた。僕らは「社会党は独自で闘うという立場を貫いて頑張るべきだ。選挙後の話し合いをするのはやめてほしい」とかなり強く批判したことがある。政局の話は選挙が終わりその結果を見て判断してからのことだ。僕らは山花氏のやり方は選挙にマイナスだと思っていた。今思うと、その時から僕らと山花氏との路線には少し亀裂があったんだな。

　あのときの総選挙結果は、自民党が過半数を割ったけどやっぱり第一党だった。だから本来であれば自民党が他の党を巻き込んで多数派を形成すれば、連立政権ができた。ところが小沢氏は、自民党が動く前に野党各党にさっと手を回して自民党を除いた連立政権を作ってしまった。小沢氏の対応は早かったなあ。おそらく小沢氏は、総理は誰でもよかったんじゃないかと思う。自民党の次に議席が多かったのは社会党だった。あとから考えれば小沢氏は社会党だけは敬遠していたんだと思う。だから日本新党の細川護熙さんを総理に担ぎ上げたんじゃな。

――つまり山花さんは早々と非自民連立政権に走っていたわけですね。

村山　小沢氏は細川さんを総理にして七党一会派で連立内閣を作る時に、社会党にはまず土井たか子さんのことを話してきた。土井さんを衆院議長にどうかと言ってきたんだ。党内の事情を考えると委員長までやって苦労した一番古い田辺さんを議長にすべきじゃないかという意見も出た。しかし、小沢氏が「土井さんを是非、議長に」と言ってきたらしい。小沢氏は社会党を分析して左派を敵に回したくないという計算があったのだろう。社会党全体をうまく扱うためには土井さんを議長にした方がいいという判断じゃないかな。それで執拗に土井さんの議長就任を要請したらしい。こっちは山花氏が委員長だから小沢氏の要求を受け入れて「土井さん、議長を受けてくれ」と口説いたわけだ。

　このときは細川政権を作ることも小沢氏が土井さんを議長にしたいと要請してきていることも、山花氏から僕には一切相談はなかった。ところがしばらくして山花氏が「土井さんをいくら口説いても一向に受けてくれない。一緒に行って説得してもらえないだろうか」と言ってきた。僕は「そりゃ、あの人が断るのは仕方ない」と応じたんだけど、山花氏があんまり言うから付き合うだけ付き合った。それで東京の全日空ホテルで土井さんと会った。山花氏が一所懸命説得した。そのわきで僕は黙って聞いていた。土井さんはやはり社会党が連立政権に加わること自体にあまり賛成じゃなくて、社会党独自の立場を堅持して頑張った方がいいという考えだった。しかし、最後は山花氏に「党が大変な時だから受けてほしい」と口説かれた。

このあと土井さんは「山花さん、あなたは委員長だから社会党が仮に細川連立政権に参画しても閣僚にだけはならないでください。ならないと約束してくれるなら、私も考えます」と言ったらしい。だけど山花氏はそんなことは上の空だったんだろう、連立政権ができると喜んであっさりと政治改革担当相として入閣したな(笑)。まあ土井さんも政局がここまで来たらしようがないから、最後に受けたんだと思う。

土井さんの言うことは筋が通っている。山花氏は社会党委員長だから日本新党代表の細川氏とは対等の立場だ。ところが閣僚になるというのは細川総理の配下に入ることだから、委員長がそんなことはすべきじゃない。土井さんは「あなたには党の拡大のために、党の仕事に専念して頑張ってほしい。そうするのなら議長の件は考えてもいい」と言っていたそうだ。やっぱり土井さんはたいしたもんじゃなと思った。筋が通っている。

――山花さんの対応に問題があるというわけですね。

村山　そうじゃないかな。彼は大臣になりたかったんじゃないかな。選挙中に山花氏が小沢氏と接触しているというのは、新聞記事を見て知ったんだ。この問題について山花氏と直接話をしたことはなかった。なにせみんな選挙応援などで地方に出かけていて、僕だって大分に帰って選挙運動していたからな。

若い赤松書記長を叱る

――山花委員長の下で当選一回、四四歳の赤松広隆さんが書記長に就任しました。赤松さんをどう評価していましたか。

村山　僕は中央執行委員会で彼に対して二、三回、忠告したことがある。

――忠告というのは？

村山　批判したんだ。赤松氏が書記長になって間もなくだったが、彼が確かコメの関税化を容認するような発言をしたんだ。

――そうですね。赤松氏は書記長に就任してまもなく、コメの関税化について「必要な補償措置を講ずれば理解されるのではないか」と認める趣旨の発言をし、さらに原発についても既存の原発の更新を認める発言をして党内から強い反発を浴びました。いずれも社会党が長年、反対してきた重要な政策でしたから、若い書記長の発言に火が噴いたのです。

村山　「書記長たる者、農業問題で発言する時は農民がどう考えているか、社会党はどういう立場で何をすべきかをきちんと踏まえて発言してもらわないといけない」「コメの関税化反対という党の方針には、いささかも変更はない」と言った。赤松氏もその後、民主党結党に参加した側だ。当時からもう僕に対して対抗心をもっているという印象だったな。

——山花氏、赤松氏、ともに村山さんとは路線が違うわけですね。

村山　違う、全く違う。例えば少し先のことだが九五年一月、山花氏が仲間の議員と一緒に社会党の院内会派の離脱届を出そうとした。当時、僕は総理だったが、これはいかんと思って本人を官邸に呼んで二人だけで話した。僕は「あなたのお父さんは労働運動に身を投じて戦前から社会党の旗を守って頑張った方だ。あなたのお父さんが書いた本も僕は読ませてもらった。先輩方が苦労して今日の社会党を守ってきた。目標は同じなんだから、一緒に頑張ろうじゃないですか」と話をした。ところが山花氏は「目標は一緒でも登る道が違う」と言うんだ(笑)。だから僕は「どこが違うのか。それこそ党内で議論して合意を見出せばいいではないか」と説得したんだが、その時は本人は聞く耳持たずだったな。なんと言われようと最後は離党するというつもりだったんじゃないかな。

——九三年の総選挙中に山花さんは小沢さんと呼応して動いていた。山花さんや赤松さんは政権獲得が目的だったのでしょうか。

村山　そうじゃないかなあ。それに小沢氏に説得されていたのかもしれない。小沢氏らと気持ちの上でも一体になっていたんじゃないかな。

——つまり、九三年の総選挙のころ、社会党内にはかつての左派や右派の対立とは違ってはいるものの、またもや二つのグループが生まれていたわけですね。

村山　いくらか違うけどできていたね。山花氏が委員長になってからそういうことを感じるようになった。田辺委員長が辞めて、九三年初めに山花委員長と赤松書記長が対立候補もなく選ばれた。僕はあんまりいいとは思わなかった。彼らにはやっぱり批判的だった。僕は山花氏が委員長になっても国対委員長を続けていたが、党の執行部にはほとんど関与していなかった。彼らも僕には何も相談してこなかったな。

――社会党の場合、国対委員長は委員長、書記長に次ぐ重要なポストではないのですか。

村山　国対委員長は国会対策だけだからね。余程のことがない限り党の組織や運営などの問題にはあまり関与しない。

――社会党はみんな、自民党政権を批判し自民党に取って代わる政権を目指していました。それがどういう路線の違いで、かつての左派、右派のようにグループが分かれてしまったのですか。

村山　僕自身、党内では左派や中間派のグループに属していたが、派閥のことはあんまり関心がなかった。かつて山川均さんの『社会主義への道』という本をだいぶ読んで、「この路線だ」と心酔したことはあるが、基本的に現実主義的だ。とはいえ僕らは党内では左の方で、資本に対抗するという意識を根底にもっていた。それに対して右の方はどっちかといったら改良主義、妥協主義とでもいうのかなあ、労働組合でいえば労使協調路線を追求していたなあ。そういう違いはあったと思う。

――それはかつての「左派・右派」と基本があまり変わっていないということですか。

村山　そういう面もあるかなあ。僕らはとにかく社会党の路線をしっかり踏まえた自分たちの主張を鮮明にして、社会党が政権を目指す運動を徹底すべきだという意識が強かったな。後に九五、九六年頃になって社会党内に新党問題が起きてきた。その頃から僕もやっぱり今までのような社会党の運動を続けていたのでは限界があるし、政権を取れないと思うようになった。このままでは社会党はいつまでも「三分の一政党」で終わってしまい政権を取れない。政権を取るためにはもっと右の層を党に引き寄せる必要があると考えた。だけどこっちが向こうに動いていくんじゃなくて、こっちはしゃんとしていて右の方を包容していくんだ。そうしないと社会党の基盤が弱まっていく。つまりあくまでも社会党の路線をしっかり踏まえたうえで右の方を包容していくという考え方だ。そのうえで新党問題もやむを得ないと思っていた。だけど山花氏なんかのやり方はそうじゃあなかった。小沢氏に引きずられて行ったんだ。そうでしょ。

――そういう違いがあったわけですね。

村山　社会党に土井議長の話を持って来たとき小沢氏は知恵があると思ったな。議長は最長老の田辺さんではなくて土井さんでなければ駄目だと言ってきたのは、社会党内の力関係を見て土井議長の方が社会党を抑えられると計算したのだろう。また社会党は衆院に小選挙区制度を導入することにもともと反対だった。にもかかわらずその小選挙区制導入を担当する大臣を引き受けさせられた。そういう点で小沢氏は本当に頭がいいと思う。

――しかし、これほど分かりやすい話はないですよ。すんなりと受ける方も受ける方でしょう。

村山　まあ、そうだな。一九九三年の総選挙で社会党はわずか七〇議席と大敗した。六六議席も減らした。山花氏は総選挙の敗北の責任を取って委員長を辞めるということになった。ところが、彼は本気で辞めるつもりなんかなかった。だけど辞表は出さんとけじめがつかない。僕は「引き続き委員長をやる気があるのなら辞表なんか出さない方がいい」と言った。しかし、彼は僕の言うことなんか聞かない。結局、辞表を出した。辞表を出しても委員長ポストは自分のところに戻ってくると思っていたんだろうな。それは誤算だった。いったん辞表を出したら誰も山花氏がもう一度やるべきだとは言わなかった。それは彼の読み違い、誤算だったのではないか。

九三年宣言案と現実路線

――山花委員長、赤松書記長の下で社会党は一九九三年五月、「九三年宣言」の案を決定しました。「安全保障が確立できるまでは、最小限の自衛力と日米安保条約を許容する」という現実的な路線転換が盛り込まれていました。原発についても、過渡的エネルギーとして認めるとしています。後に村山さんが総理として国会答弁で自衛隊容認などを打ち出して話題になりましたが、突然出た話ではないわけですね。

村山　党内にはずっとそういう意見はあった。僕が突然変異で急に言い出したわけではないんだ。もちろん、社会党はずっと安保反対闘争をやってきた政党だ。一方で安保条約に全く効用がないわけではないという現実がある。日本が防衛費に多くの予算を使わずに今日のような経済大国に発展したというのは、やっぱり安保条約があったためという面がある。それからいわゆる「ビンの蓋」論ではないが、安保条約があるため日本の軍事力増強が抑えられてきたという面を、中国をはじめアジア諸国も評価していた。アジア諸国は日本が再び軍事大国になるのではないかという懸念を持っていた。しかし、安保条約があって在日米軍があるから抑えられているという安心感を持っていた。そういう意味でも効用があったんじゃあないかと思う。

もちろん、平和憲法をもっている日本にずっと米軍基地があって、半分アメリカに占領されているみたいな格好になっていることは日本の進路を考えた場合によろしくないというので、安保条約反対という主張も当然のことだ。しかし、単純に安保破棄だと言ってみたところで国民は了解しないだろうし、現実に無理があるんじゃないかという立場からの議論は、社会党内にもずっとあった。

――九三年宣言づくりだけでなく、その前の田辺委員長の政策転換の試みもその流れですね。村山さんはどういう立場で臨んだのですか。

村山　安保条約を今ただちに破棄できるなんていうことは思ってなかった。しかし、平和憲法をもっている日本が、安保条約に基づいて集団的自衛権に踏み込むことは絶対にさせてはいかんという意見はいつも言っていた。また、議員総会なんかでは「自衛隊は違憲か合憲か」という議論をやったこともある。

――村山さんはいつ頃から日米安保条約の破棄は現実的でないと考えていたのですか。

村山　国会議員になった七二年頃から、一方的に破棄するなんてことができるとは思ってなかった。だけど社会党は軍事基地反対であり非武装中立を掲げていた。当時は米ソ対立の冷戦構造の中だから、日本は武装しないで世界的には中立の立場を堅持するという「非武装中立」というスローガンは生きていた。僕もそういう立場だった。しかし、現実には今ここで安保条約を破棄させるなんていうことの可能性はなかった。

また、自衛隊について出発点は「違憲」だった。ところが世論調査の結果を見ると七〇パーセント以上の国民が、今程度の自衛隊ならいいといって支持している。そういう状況を踏まえると、自衛隊は違憲だということを議論してみても始まらないんじゃないかなという気持ちだった。一九八〇年代に社会党委員長の石橋政嗣さんが自衛隊について「違憲合法論」を打ち出した。自衛隊は違憲だが、法律もあり国民の一定の支持もあるから合法だという理屈だ。僕は「憲法に反して合法なんてことがあるもんか、理論的におかしい。そんなことは通らない」と反対した。自衛隊は違憲だという議論をしてもしようがないじゃないかという気持ちはあったが、それ以上に「違憲合法論」というのは法理論的にも成り立たないから反対したんだ。そもそも憲法学者でもない政治家が、違憲か合憲かと議論しても不毛だ。もし憲法を本当に守ろうとするならば、今ある自衛隊はどこが違憲なのかいうことを検討して、具体的に違憲の分野を除外していくことが政党の仕事じゃないかと考えていた。違憲合法論は結局つぶれたな。

――石橋さんより村山さんの方がはるかに現実的ですね。

村山　現実派だな。こういうことを考えるようになったのは国会議員になってからで、国会議員になる前にはそんなことを議論する場はなかったからね。しかし、議員になってからもこういう主張の声は小さかったなあ。昔はやはり協会派とかが党を牛耳っていたからな。

――社会党は具体的に自衛隊の装備とか人員とか基地の様子、日常の活動などを調べて議論していたのですか。

村山　そんなことは調べてないわな。自衛隊の具体的な中身について調べて分析してどうのこうのという議論はない。ある時期まではもっぱら「違憲だ」という議論だけだから、自衛隊を詳しく分析する対象とは考えてないわけだ。とにかく「違憲だ」というひと言で片付けていたんだ。例えば自衛隊の役割として、災害救助とか国土保全などを認めるというのも一つの理屈だ。しかし、現実に日米安保条約がある。ならばアメリカに一方的に日本を守ってもらうだけではなく、いろんな分野で日本が協力できることがあるのではないか。それはどこまでやるのか、ということを具体的に議論したことはあるよ。あるけれど、党の正式のテーマにはならなかったな。「党の方針は自衛隊は違憲」というひと言で片付けられてきた。

――村山さんは新聞記事では左派と書かれていますが……。

村山　まあ党全体のなかで色分けをすれば、現実路線だから左派というか中間派ということでいいだろうな。だけど労働運動については同盟系の運動に反対し労使協調に反対という立場をとっていたから、やはり左派ととらえられたかもしれんね。

――自衛隊の問題にしても、党内でもっと現実的な議論をしていたら社会党は違っていただろうという気持ちですか。

村山　そういう問題を観念論的にひと言で片付けていたのだから、やっぱり本当の意味での議論がなかったんだ。党大会なんかでもう少し現実を踏まえた立場で政策的な議論をすればよかったが、そうはならなかった。党大会は左と右が論争しあうだけで、しかもその論争は具体的な政策を議論し判断するのならいいけど観念論だけだ。一方は教条主義。それではもうどうにもならんね。僕らがもう少し勇気をもって多数派工作でもして動けばよかったかもしれないが、僕にはそんな意欲もなかった。もともと派閥の活動にあまりかかわってこなかったからな。ただ、この問題は派閥次元の話じゃあない。党が一致して議論し対応していくべきだという気持ちの方が強かった。

——社会党が連立政権に参加し権力の一翼を担うことになった九三年以降、長年にわたって具体的な政策論を詰めてこなかった社会党の弱点が、表に出てしまいましたね。

村山　そうかもしれんね。

第四章　非自民政権の挫折

社会党委員長に就任し，挨拶のため細川総理を訪ねた村山氏
（1993 年，毎日新聞社提供）

細川連立政権誕生

――次に一九九三年の総選挙と細川政権時代について伺います。総選挙は、宮沢内閣に対する不信任案が議決されたことがきっかけでした。国対委員長だった村山さんは、内閣不信任案が議決されるとみていましたか。

村山　自民党内がガタガタしている状況の中だったから、議決される可能性が高いとみていた。後に自民党を離党した新党さきがけの議員はみんな不信任案には反対して、自民党議員としての責任を果たしたうえで離党した。きちんとけじめをつけて離党した。ところが小沢一派は自民党にいながら不信任案に賛成した。そこが違うんじゃ。

――議決されれば当然、解散総選挙とみていましたか。

村山　解散総選挙になるわな。ただし社会党が総選挙の準備をしていたかどうかは知らない。国対委員長の僕はそういう役割じゃないからな(笑)。総選挙準備は書記長の役割だ。あの時は山花委員長と赤松書記長だから、僕はそのラインから疎外されていたからな(笑)。こっちもあんまり積極的に何かしようという気はなかったな。

――結局、選挙制度は変わっていないのに、社会党は議席を半分近くに減らしてしまう歴史的大敗を喫しました。

村山　執行部にきちんとした指導力が欠けていたんだろう。とにかくひどい結果だった。

――総選挙後、細川政権が誕生し、政治改革、特に選挙制度改革に取り組みました。選挙制度について社会党は中選挙区制が限界にきているという認識はしていましたが、小選挙区制は最も得票の多い候補者が当選する並立制ではなくて、純粋比例代表制に近い小選挙区比例代表併用制を主張していました。ところが細川政権ができる時になぜか突然、並立制を認めました。

村山　選挙制度改革が話題になった原因は、八〇年代末から九〇年代初めにかけて選挙にお金がかかりすぎて、リクルート事件などお金の絡む政治家のスキャンダルが相次いだためだった。だから選挙制度改革の目的はいかにしてきれいな政治や選挙を実現するかということだった。

自民党からしてみれば、中選挙区制では同じ選挙区に自民党公認候補が三人も四人も出てくる。これじゃあ政策の争いではなく地元へのサービス合戦になってしまう。政策を中心に選挙するのなら一対一で争うべきだという考えから小選挙区制導入が浮上してきた。それも一つの理屈だけど、国民が求めたのは汚れた選挙をきれいにするということであり、だから僕らは腐敗防止が重要だと盛んに言ったんだ。それに小選挙区制は社会党には不利だということも分かっていたから党内は反対が強かった。

ところが九三年五月の連休明けになると、小選挙区制導入を柱とした選挙制度改悪がどんどん先行していった。当時はマスコミも小選挙区制導入の太鼓を叩いていて、小選挙区制に反対する人間は「守旧派」だと批判された。僕らも「守旧派」のレッテルを貼られたクチだった。

そして、七月の総選挙後、社会党は細川政権に参画する前提として「小選挙区」を呑まされた。そういうこともあって僕らは連立政権に入ることに反対したんだ。

――連立政権の前提となった政治改革は「新党さきがけ」と「日本新党」が各党に提案し、その案に乗った政党で政権をつくることになりました。社会党も加わったわけですが、どういう経緯があったのですか。

村山　連立政権ができるまでのいきさつに僕はタッチしていないので分からん。しかし、社会党は細川政権に参画するとともに小選挙区制を受け入れた。党の全国書記長会議で認めたわけだ。新しい制度は小選挙区と比例代表の並立制だから、問題はそれぞれの定数をいくらにするかということになった。社会党にとっては、できるだけ比例代表の定数を増やすことが目標となった。

――受け入れを決めた全国書記長会議は七月二七日に開かれています。山花委員長は「自民党の亜流政権を許さないために並立制を受け入れる決断が必要だ」と訴えていました。

村山　そりゃ、政権に入るための口実だ。それまで自民党政権がずっと続いていたが国民の声で自民党が過半数を割った。政権交代のチャンスがきたわけだ。だから反自民というのは政権に入るための口実に過ぎない。小選挙区制度は社会党にとって圧倒的に不利だとわかっていたから、ずっと反対できていたんだ。ところがこのときは反自民の政権をつくるということが大義になってしまい、社会党も政権に入る流れができてしまった。そうなると譲歩できることは譲歩しなければならない。それで次から次に譲っていったんだ。今から考えるとまずい対応だったが、政治を変えたいという国民の期待に応える働きができるなら政権入りもやむを得ないかなという気持ちであきらめた。だから僕はあまり抵抗しなかった。

――蓋を開けると、山花さんが政治改革担当相で佐藤観樹さんが自治相に起用されました。

村山　この人事は小沢氏に「やられた」と思ったな。あの時、社会党は総選挙で議席が一三六から七〇に減ったショックが大きかったから、元気もなかったしね。

――非自民連立政権に社会党が反対すれば、何らかの形で自民党政権ができたかもしれませんからね。

村山　そうなると大義が立たないから、連立参加もやむを得ないかなと思った。当時、社会党は「踏まれても、踏まれてもついていきます下駄の雪」なんて揶揄された。僕は

「社会党はそういう政党だ。踏まれても蹴られても、国民のためになるならばしがみついても頑張る政党だ。それで何が悪いか」と反論したことがある(笑)。

しかし、細川連立政権の中では社会党が一番大きい政党だったにもかかわらず、最初から連立政権内で社会党の存在感は薄くリーダーシップもぜんぜん発揮できなかった。やっぱり政権に入りたいという気持ちの方が強かったからそういうことになったんだろう。もう少し細川政権の中で社会党の主体的な立場を堅持して、言うべきことは言った方がよかった。それができなかったから、最初は細川政権の中で社会党の影が薄かった。

社会党委員長就任

——一九九三年の総選挙の大敗を受けて山花委員長は当然、責任をとって委員長を辞任となるところですが、表明は細川内閣が発足してから二日たった八月一一日でした。この時すでに山花さんは入閣していました。そして、副委員長だった久保亘さんが委員長代行になりました。ただちに後継の委員長をだれにするかで党内が動き出し、一部の議員が村山さん擁立で走りだしましたね。

村山　そうそう。八月二九日に山下八洲夫さんとか秋葉忠利さんら一部の有志が、大分の僕の自宅にまでやって来た。「こうなったら村山さんを担いで出す以外ないじゃないか」と言うんだ。僕は「それは駄目だ」と断った。ところが山口鶴男さんやら中西績介さんらも集まって、僕を出そうという集団がどんどん大きくなっていった。僕は「絶対に駄目だ。そんなことは絶対に受けられん」と断り続けた。そして九月六日、そのグループが最終的に結論を出すという時に、僕は大分から後援会の人たちに上京してもらった。山口さんらが国会裏のキャピトル東急ホテルに集まって会合を開いていた。そこに後援会のみんなに来てもらって「村山を委員長にすることは絶対に反対だ。そんなことは無理だ」と言ってもらった。

――後援会の人も反対したのですか。

村山　そりゃ反対だ。反対してもらうために東京に出てきてもらったんだ。ほかにもいろいろあって、やっぱり村山を委員長にするのは無理かなあという雰囲気になってきた。僕はその場にこれ以上長居をしていると話が蒸し返されるかもしれないから「もういいだろう。潮時だから帰る」と会合の場を出て行った。後援会の人たち二、三人と食事をしてから九段の議員宿舎に帰った。みんなが僕のことはあきらめて他の人を探すと思っていたんだ。

ところが議員宿舎の部屋に帰ってゆっくりしていたら「みんなが集まっているから来てほしい」と、議員宿舎の二階にあった部屋に呼び出された。僕は「別の候補者が決まったから協力してくれ」というくらいの話だろうと思って軽い気持ちで行った。そしたら話が全然違った。みんな深刻な顔して座っていた。渡辺嘉蔵さんらが膝づめで僕の前に座りこんで涙流して「あんた、このまま社会党がどうなってもいいのか」と言うんだ。結局、僕はその涙に負けたんじゃ。とうとう僕は「もう、しようがない。私は器でないが、皆さんの熱意に応える」と委員長選に立候補することを受け入れた。

――最後は押し切られたわけですね。

村山　そうじゃ。それから久保さんを担ぎ出した連中との対立が始まるわけだ。僕の方は野坂浩賢さんや渡辺嘉蔵さんらが中心で、やはり委員長選に立候補しようとしていた久保さんのグループに接触して調整していた。僕は担がれていた人間だから、こうした水面下の動きには全くノータッチだった。決着するまでには段階がいろいろあったけどね。

――村山さん自身、委員長選挙を前に久保さんと何回か会っていますね。

村山　会って話したな。僕は積極的に委員長になろうと思っていたわけではないが、いったんやると決めた以上はしようがないからやるべきことをやる。そういうことを話した。具体的な内容はあまり覚えていないなあ。久保さんとは細川連立政権との距離に違いがあった。僕は連立政権には距離を置いていたわけだ。しかし、そういう話はあんまりしなかった。僕ら二人の話というよりも、むしろ周りの人たちが一所懸命動いていたんだ。

僕のグループの中心は野坂浩賢さんだった。彼とはずっと一緒だった。本会議場も隣だし、議員宿舎も九段で一緒だった。僕の出身が自治労で野坂さんの出身は全日通だったが、歳も僕と同じだし県議会議員から衆議院議員に上がってきたという経歴も似ている。基本的に肌が合ったんじゃろうね。議員会館の部屋もすぐ近くだったしな。

――この時の委員長選挙は九月二〇日に行われ、結局、久保さんが立候補を見送ったので、村山さんと翫《いとう》正敏参院議員が立候補して村山さんが圧勝しました。村山さんは委員長選挙では「連立政権維持」と「並立制賛成」を掲げました。しかし、村山さんはもともと小選挙区制と比例代表制の並立制には否定的だったはずですよね。

村山　そりゃあ小選挙区制には反対だった。だけどもう山花氏が細川政権に入った時から流れはできてしまっていた。それに社会党は全国書記長会議で小選挙区と比例代表の定数を二五〇ずつにすることを決めている。僕はそれには反対だけども、党の会議で決まったことだからしようがない。あまりその後は議論にはならなかった。あとはいかにして比例の定数を増やして被害を最小限に留めるかということが僕にとっては精一杯のことだった。

――そうは言っても対立候補の翫さんは並立制反対を主張していました。選挙制度について党内は完全に割れていましたね。

村山　そう。割れていた。

――そもそも、久保さんと村山さんのグループは考え方が違っていたはずでした。にもかかわらず久保さんは委員長選立候補を取りやめた。なぜですか。

村山 ウーン。やっぱり僕を推す左の方が多かったからじゃないかな。だから久保さんら右の方が候補者を立てても勝つ目途がなかったんじゃあないかな。

――当時の朝日新聞の記事を見ると、村山さんが『社会新報』用に用意した文章に久保さんから注文がついたとあります。最初の文面は「並立制による選挙で党が消滅してしまうのではないかという危惧が多くの党員から寄せられている」と書いてありましたが、久保さんがこの部分を削るように要求してきた。村山さんは反発したが最後は「選挙制度改革に全力を尽くす。この考えに同調しない党内勢力に支援を求めない。細川連立政権を維持する」という条件で、久保さんは降りて村山さんに一本化したとあります。事前調整で村山さんと久保さんとの間で激しいやり取りがあったのですか。

村山 ないない。

――では、それぞれの周りの人が調整したということですか。

村山 そうじゃ。僕の方は野坂浩賢さんらが動いていたなあ。久保さんの方は誰だったかよく分からんが、みんながやってくれているんだから、仕方ないから文書は修正したんじゃ。

――委員長に当選すると党役員人事に移ります。焦点は久保さんを書記長にするかどうかでした。

村山　そりゃあ書記長にすることが前提で委員長選挙を降りたんじゃからな。久保さんを起用するかしないかではなく、そうせざるを得ないと思っていた。

――しかし、本音は書記長に使いたくなかったのでしょう。

村山　野に放って徹底的に反対されるよりも、書記長にしておいた方がいい。一緒に力を合わせてできれば、それが一番いいわけだから。

――確かに、委員長選の二日後に、村山さんが久保さんに書記長就任を要請しました。久保さんはその場では回答せず三日後の党大会で書記長が決まりました。表向きはすんなり決まった感じはしませんね。

村山　そりゃ、久保さんだってもったいぶるわな(笑)。そういうもんだろう。書記長になってくれと言われたからといって、待っていましたとばかりに簡単には受けないだろう。それぐらいのことはこっちも見越して対応した。

委員長になってはみたものの

――委員長になった村山さんは自分のことを「裸の王様」って言ってました。

村山 党の委員長になったが僕は細川連立政権に対する影響力を持っていなかった。そして、党内の実権は書記長が握った。政権に影響力がないうえに党内は書記長に握られているのだから、委員長は祭り上げられた格好でしかない。僕を擁立したグループが党内でしっかり対応してくれなければ何もできないわけだ。そういう意味では野坂浩賢氏を国対委員長にしたのは失敗だったなあ(笑)。国対委員長にしないで総務局長のような党の中枢のポストにつけておけばよかった。そうすれば久保氏に十分対抗できた。野坂さんはそういう力は持っている人物だった。しかし、彼が国対委員長になって国会対策に専念したため、党の方は久保書記長らに任せきりになってしまった。だから「裸の王様」だったかもしれんな(笑)。

――大分の自宅まで説得に来た議員たちはどうしていたのですか。

村山 そりゃあ僕に協力はしてくれた。党の役員人事が終わってホッとした気持ちと、これからは党の統一と団結を守るというのが大義ですから、書記長も立てていかなければならなくなってしまう。

――連立政権内ではどうだったのですか。村山さんが委員長に就任した後も社会党の存在感は増しませんでした。

村山 当時、細川政権の内閣に入っているメンバーや党内で連立政権を支持しているメンバーから僕は完全に外されていたんだ。それは僕が委員長になっても同じだった。僕を支持する議員もいたが閣僚として政権に入っている議員の方が中心になって政権に関与していくから委員長の立場は難しかった。

細川内閣では内閣に入っている各党の党首と内閣には入っていない書記長クラスがメンバーとなっていた「政府与党首脳会議」が時々開かれていた。ところが僕は委員長に代わってから二か月間ほど、この会議に出席できなかったんだ。小沢一郎氏らがその必要はないといって反対したらしい。だけど、いくらなんでも与党第一党の社会党委員長を除外するわけにはいかんというので、一一月になって彼らはしぶしぶ受け入れた。しかし、会議に出席しても記憶に残っているのは九四年になってからの国民福祉税騒動や内閣改造騒動ぐらいで、あとは大したことはなかった。

――よほど小沢さんとの関係が悪かったのですね。

村山　そうそう、僕は一度だけ小沢氏と口をきいたことがある。僕が政府与党首脳会議に出席するようになってからの九四年三月、小沢氏がロンドンに行くという話が出ていたので「ロンドンにはいつお発ちですか」と聞いた。すると小沢氏は「まだ決まってません」。ところが翌日、出発したわけじゃ。そんな関係だったんだ。

――書記長の久保亘さんはどういう方だったのですか。

村山　久保氏について僕は親しい参院議員に「こんな男は絶対に信頼してはいかん」と言われたことがある。なぜそんなことを言うのか詳しく聞かなかったが、僕もおかしいなあと思ったことはある。総理をやるようになったとき僕は書記長だった久保さんに「初めてのことで余裕がないから、総理の仕事に打ち込んでやらざるを得ない。だから党のことはよろしく頼む」と言って全権を任せた。ところが僕が総理在職中に新党問題が起こって党内が絶えず動揺していた。そのたびに久保さんに官邸に来てもらって話をした。いろいろ議論して打ち合わせして大体こんな方向でやろうとなる。久保さんは会談後に記者会見する。ところがその記者会見で、久保さんが僕と合意した内容と違うことを言ったことが何度かあった。それで官房長官の五十嵐広三さんが心配して「これからは私も会談に立ち会わせてください」と言ってきたことがある。まあ、久保さんは少し知恵が回りすぎるのかな。

——少し前ですが一九八九年の国会で消費税廃止法案を審議した時、法案の提出者として久保さんが自民党議員らの質問に答弁したことがありますが、あの答弁能力の高さに驚いた記憶があります。

村山　確かに久保さんは話もうまいし優れた面のある人だ。能力もある。久保氏がまともにやったら本当に立派な書記長だったろうな。

——まともにやったら立派って、まともではなかったのですか。

村山　策を弄《ろう》しすぎたんじゃないかな。「策士、策に溺れる」というじゃあないか。久保さんは当時、新生党の小沢氏と近かった。しかし、久保さんは用心深いところがあるから、そういうふうに受け取られないようにもしていた。

――久保さんは日教組出身でした。

村山　日教組だ。しかし、彼は思想性の強い議員というよりも策士的なところがあったな。参院議員に上山和人さんという久保さんと同じ鹿児島選出の議員がいた。上山さんは鹿児島県の高教組の委員長をした人だ。参議院選挙の責任者もやり、久保さんの選挙の面倒も見た。ところが上山さんが選挙の時には久保さんがあまり協力しなかったらしい。それで上山さんが僕に不満を言ってきたことがある。そういう面がある人だろうな。僕は委員長と書記長というように公的な立場で久保さんと会ったことは多かったけど、個人的には一緒にお酒を飲んだこともないね。

――そういう気持ちになれなかったのですか。

村山　そういうことはいっぺんもないな。胸襟を開いてとことん話をするなんてことは一度もなかった。とはいえ僕は総理となって党は久保書記長にまかせたということもあり、ことさら気を遣ったなあ。

――社会党が厳しい環境に置かれていたときに、肝心の委員長と書記長の人間関係がそうだとしんどいですね。

村山　しんどいね。そういう意味ではやっぱり出発から無理だったんだな。本当に党の団結を守って党を一本にしてやるか、あるいは徹底的に対立してやるか、どっちかしかなかったんだろうな。にもかかわらず安易な妥協をしたところに、やっぱり無理があったんだな。

——村山さんが首相を辞めた九六年一月、続く橋本龍太郎政権で久保さんが副総理・蔵相として入閣しました。そして久保さんの後任で社会民主党の初代幹事長には佐藤観樹さんが起用されました。佐藤さんとは親しかったのですか。

村山　いや、彼ともあんまり親しくないな。

——社会党の委員長と書記長は党内の異なるグループ出身者で構成されるためギスギスしていることが多いのですか。

村山　土井委員長のときは山口鶴男さんが書記長で、山口さんが土井さんに尽くすような格好だったのでうまくいっていた。田辺誠さんが委員長の時は山花さんが書記長だ。年齢も違うし先輩後輩の関係だから書記長が委員長に尽くす格好だな。そして山花委員長のときは赤松書記長だ。この時は人間関係がしっくりいったかどうか知らない。こっちはあまり深入りしなかったし、そもそも僕らは当時の執行部からあまり受け入れられていなかった。とにかく壁があったからね。そして僕の時は「社会党の統一を守るためにはお前しかない」と言われて口説かれたんだけど書記長とはうまくいかなかったな。しかし佐藤幹事長はあっけらかんというか、人がよさそうで策を弄して裏をかくような人ではなかった。

政策決定に加われない社会党委員長

――当時の社会党の委員長の一週間っていうのはどんなスケジュールでしたか。

村山　当時は東京都千代田区の九段の議員宿舎に住んでいたから、毎日そこから社会党本部に出かけていた。決まった会議は毎週木曜日の午前中に中央執行委員会があった。この会議ではその時々の課題について議論していた。そのほかには組合の会合があれば出かけるし、地方組織などから要請があれば地方の会合にも出かけていた。しかし、だいたい議員会館の自分の部屋にいることが多かったな。

――党本部に委員長室があるのに議員会館にいらしたのですか。

村山　書記局の人が委員長に決裁なんか取りに来ることはあんまりなかったし、日常業務はだいたい幹事長がこなしていた。幹事長室は委員長室と廊下をはさんで向かい側にあった。しかし、僕のところに久保幹事長が来ることはあまりない。だから議員会館にいることの方が多いんだ。議員会館にいて何か必要なことができたら党本部に行っていた。

――自民党とずいぶん違いますね。政権をとっているときの自民党総裁は総理に就任しますから党本部ではなく首相官邸に詰めていますが、野党時代の総裁は党本部に詰めていました。来客も報告も党本部で対応していました。国会開会中は幹事長が職員とともに国会内の自民党幹事長室に移っていました。社会党の場合はそうじゃないわけですね。

村山　国会の中には国会対策委員会の事務局はあったが、幹事長室なんて部屋はない(笑)。もちろん委員長の部屋もない。だから議員会館に詰めていることの方が多いね。議員会館に地元からの来客だけではなく、官僚が法案の説明に来たりしていた。だから委員長の時は特別の用事がない限りは議員会館にいた方が多いんじゃないかな。

――社会党の場合、村山さんに限らず歴代委員長がそうだったんですか。

村山　前のことはあまり知らないが、そうじゃないかな。

――与党第一党の党首ですから官僚の説明は多かったでしょうね。

村山　多かったな。大蔵省なんかは特にね。

――細川政権では政府与党首脳会議のほかに各党の幹事長書記長クラスが集まる代表者会議があり、主要政策について議論していました。そういう場を通じて社会党は政策にいろいろ注文つけたりできたのですか。

村山　そんな注文をつけられるような場に僕は出たことはない。予算や主要政策の決定過程に僕はコミットできなかったというかそういう機会がなかった。そもそもお呼びがなかった。僕は細川連立政権ができた後、途中で山花委員長から交代した格好だから、さっきも言ったように最初は政府与党首脳会議のメンバーにもなれなかった。だいたい予算編成だとか重要な政策について議論する場に出たことないわ。あるのはGATT(関税及び貿易に関する一般協定)のウルグアイ・ラウンド(多角的貿易交渉)でコメの市場開放について議論した時とか、国民福祉税の時だけだった。あのとき僕は細川総理のことを「夜、会合開くのが好きな男じゃのう」と言ったんだ。

――なぜそうなったんですかね。

村山　それはやっぱり、代表者会議に久保書記長が出ていたからじゃないかな。それから僕は途中で交代したからその必要はなかったからかもしれん。

――社会党委員長が関与しないまま政策がどんどん決まっていくのはおかしいでしょう。

村山　そりゃ、中央執行委員会で幹事長から報告があるからな。だから、ウルグアイ・ラウンドと国民福祉税以外に、僕が細川政権にアタックしたというのはあまり記憶にないね。そうそう、あと九四年三月ころ内閣改造をすると騒いでいた、あのとき反対したな。その三つだな。

とにかく細川政権はどこでだれが議論して決めたか知らんが、代表者会議で了解して承認したといって案を出す。僕のところにはそういう案を説明に来る。なんか物事を決める前にあらかじめ説明に来るということはあんまりなかった。

――終わってから説明に来るんですか。

村山　報告に来るんだ。

――それじゃあ順番が逆ですね。自分で自分のことを「裸の王様」と言ってましたが、細川政権の主要な政策決定過程は、社会党委員長の村山さんが関与できないメカニズムになっていたわけですね。

村山　うーん。よほどなんか強硬に反対するようなことがない限りはそういうことかな。まあ、社会党の場合、中央執行委員会があるからそこで今どういう議論になっているかという報告はある。党としてはその場で議論するから、委員長に特別に報告に来るとかそんなことはあんまり記憶にないね。

――そういう対応に不満を持たなかったのですか。

村山　説明に来ないときは何も問題がないのだろう、無難に済んでいるのだろうと思っていたな。

苦闘したウルグアイ・ラウンド

――細川政権の政策決定から外されていた村山さんが積極的に関与したいくつかの例外の一つがウルグアイ・ラウンドです。政府は九三年一二月に一定量のコメを低い関税で輸入するミニマムアクセスの受け入れを決めました。農業団体が反対していますから社会党は強く反対していました。一二月一〇日の中央執行委員会(中執)では「ウルグアイ・ラウンドでの再交渉を求める」という方針を決めました。ただし、連立政権にどう対応するかは結論を出さなかった。村山さんは反対なんだけど連立からは離脱しないという対応でした。

村山　この問題は最後に決断したわけだ。党本部で三日三晩、徹夜で議論したのを覚えている。反対していた農民が党本部前に押し掛けて、ハチマキ締めて旗やのぼりを持って「反対、反対」って言っていた。そういう声を聞きながら僕らは党本部の建物の中で議論した。最終的に「ミニマムアクセスは反対」ということになれば政権を離脱しなければならない。当時、社会党から入閣していた閣僚は六人いた。それでその六人に党本部に来てもらって、「いよいよ社会党が反対という決断をすれば、あんた方は閣僚を引き揚げてもらわなければならない。だからあなた方の意見も聞かしてもらいたい」と話した。まあみんなだいたい「最終的に党が決めれば、決めたことに従わざるを得ない。決めれば異議はない」という話だった。僕は「あなた方の意向も聞いた上で判断するから任せてほしい」と言って、最後に決断した。

内閣に入るということはウルグアイ・ラウンドの問題だけをなんとかするということではなく、対応しなければならない政策は広範でいろいろあると考えた。ウルグアイ・ラウンドについては、この機会を生かして今後の農村をどうするか、農業をどうするかというこことについて徹底した議論をして、そして農民が安心できるような政策をきちっと打ち出すことを前提にミニマムアクセスを認めることにした。もちろん党内には随分反対もあった。農水政務次官をしていた参院議員の村沢牧氏は、ミニマムアクセスに反対して政務次官を辞任した。「そういう決定をしたら、僕は次官としての仕事をできない」と言ってきたので「そんなことはないよ」と説得したのを覚えている。

――村山さんは当初は「三度の国会決議、それから連立政権の合意に従って社会党は反対している。これで頑張ることが大事だ」と主張していました。

村山　まあいくら社会党が反対してもウルグアイ・ラウンドに関する政府間の合意は否定できない。それが一つ。もう一つは、政治の仕事、政権与党の仕事というのは単にウルグアイ・ラウンドだけじゃなくて、社会保障の問題はじめ広範な問題に対応しなければならない。特定の問題に反対だから連立を離脱するというのはちょっと違うのではないかというようなことを僕は説明したつもりだ。そして、ここは一つ政権内に踏みとどまって、その代わりにいろいろ注文をつけて農民の期待に応えられる政策を作っていこうと言ったんだ。

――確かにミニマムアクセスの見返りとして約六兆円もの予算を付けることになりましたが、結局日本農業はよくなりませんでした。

村山　今でも覚えているけど、あのときは自民党参院議員の山本富雄さんが頑張っていた。彼が激しくやっていたな。しかし、付けた予算の大半が農業土木に使われ日本の農業は強くならなかったな。

――三晩議論したミニマムアクセスですが、党内には反対論の方が多かったでしょう。反対の人たちは連立離脱を主張していたのですか。

村山　離脱をすることを前提にして「反対」と言う人もいたかもしれないが、そういう人ばかりではなかった。やっぱりこれからの農業をどうするかという立場に立った時に、今、僕が言ったような意見で「何らかの注文を付けて、農業問題に対する期待にも応えられるようなことをやるべきじゃないか」と言いながら、これはやむを得ないという意見の人もいた。まあいろんな意見があったが、賛成という意見はあまりなかったな。

――賛成はなかった。

村山　ああいう雰囲気の中だからとても言えなかったろうな。まぁ、ミニマムアクセス反対というのは大多数だな。だけど反対ということは反対だけども、いろんな妥協案もある。そういう提案もあった。そしていろいろ議論をした結果、最後は委員長が決断せざるを得ないという段階になって、さっき言ったように、僕は閣僚を呼んで意見を聞いてその意見も踏まえた上で結論を出した。

――確かに最後の日の記録を見ると、午後二時から中執が始まり、五時に両院議員総会をやり、七時にまた中執をやり、九時五〇分に両院議員総会をやり、その後三役会議をやり、翌日の午前一時に中執と両院議員総会と続けて会議を開いています。

村山　最後は委員長に一任されたんじゃないかな。「政治を変えてほしい」という国民の期待があって細川政権が樹立されたのだ。そして社会党にそういう国民の期待に応えられる役割があるのなら、政権に入っておく意味があるのではないかと僕らは自分自身にそういうことを問いかけながら、自分自身を納得させて政府の決定に同調したんだ。

この時は、細川連立政権の中で社会党が一番議員数が多いし、土井さんが議長にもなっているのだから、政権がいろいろ政策を決めていく過程で社会党の意見が反映されていくと考えた。内閣を飛び出して野党になるよりも、閣内に残っていた方が影響力も存在感も維持できると考えた。一応、党としての役割も果たせるだろうという思いだった。そう割り切ったわけだ。

――この問題に限らず村山さんは委員長就任後、細川総理と個別に会って話すことはあったのですか。

村山　ウルグアイ・ラウンドについて細川総理と二人で話をしたということはないんじゃないかな。それ以外にも会ったことはあんまりないね。僕が政府与党首脳会議に出るようになってからは、会議ではしょっちゅう会っていたけど、個別に会うことはなかった。

――政府の対応についての情報は入ってきたのですか。

村山　いろんな動きは新聞に報道されるからね。それに一週間に一度、中央執行委員会があってそこで報告があったからな。それ以上詳しい情報は僕のところには来なかった。

——与党第一党であるにもかかわらず、ウルグアイ・ラウンドについては社会党の手の届かないところで物事が決まるのは仕方ないんだという気持ちだったのですか。

村山　仕方ないというよりも、政権から離脱するということのプラス・マイナスを考えた。連立政権に残っている方がプラスかマイナスかという判断だな。そして、僕の結論はやっぱり政権の中にいた方がプラス面が多いということだ。それはさっき言ったように、単に農業の問題だけじゃなくて社会保障制度の問題はじめいろんな問題について社会党が影響力を発揮できると思ったからだ。

国民福祉税では徹底抗戦

——ウルグアイ・ラウンドでは社会党は連立政権の政策を受け入れましたが、九四年二月の国民福祉税騒動の時は徹底して反対しましたね。深夜の記者会見で細川総理が突然、消費税率を七パーセントに引き上げると発表しました。しかし、政権内ではそれ以前から消費増税についてはずっと議論していました。

村山　そう、いろいろ議論はしていた。この問題についての僕の考え方を言いますとね、消費税率をいくらか上げざるを得ない状況になりつつあることはもう否定しない。だけど引き上げる時期や税率なんかは別だ。もう一つ、僕の意見は消費税を目的税にしてすべて社会保障に使うというようなことは反対だった。

――社会党は消費税導入の時に激しく反対していましたが、一転して容認ですね。その理由は何ですか。

村山　これから日本は社会保障費がどんどん膨らんでいくから、消費税を社会保障の財源とすることに別に反対ではない。しかし、消費税を目的税にして消費税だけを社会保障費の財源に充てるというのは無理がある。憲法第二五条に「すべて国民は、健康で文化的な最低限度の生活を営む権利を有する」と定めている。この条文がある限り、やっぱり税金を国民に再配分するという意味では、他の一般財源からも社会保障にお金をつぎ込むべきだと考える。これは当然の話であって、所得税など他の財源を社会福祉・社会保障に使うのは所得の再配分をきちんとやるためだ。消費税だけで社会保障費を賄おうとしたのでは、税率が際限なく上がっていく。逆進性も強いから反対だった。

――社会党は消費税廃止をずっと要求していたのではないのですか。

村山　まあ消費税を創る時に反対したのだから消費税を引き上げることについても安易に賛成とは言わないな。だけど現実から判断した場合に、日本社会が高齢化していき社会保障にかかる費用はどんどん増えていくわけだから、国民の所得や消費などいろいろ考えて公平な課税によって財源を作っていくことにならざるを得ないと考えていたな。

――党内はどうだったんですか。

村山　党内はまだまだ消費税を上げることに反対というのが強かったな。

――消費税廃止を主張する人はいたのですか。

村山　消費税が導入されてからは「廃止すべきだ」という意見はそれほどなかったな。

――すると、社会党内は細川政権になって以後、社会福祉予算の財源として消費税引き上げはある程度はやむを得ないなという空気だったわけですね。

村山　党内の空気というより、僕自身がそう考えていたということだ。党内も説得すればやむを得ないなということになったと思う。ただし、党内で議論もしたけど結論を求めるような話になっていなかった。党としての結論を出さなければならないというのであれば、反対・賛成をはっきりさせなければいけないが、そうじゃあなかったからね。

――九四年一月末に政治改革問題が決着すると、当然次は予算編成が焦点になります。その時にどうしても財源や税制が議論になりますけど、消費税率引き上げについて社会党としてのスタンスは、その時はまだ固めてなかったんですね。

村山　固めてなかった。消費税や所得税についての議論はしたが、引き上げに賛成か反対かという結論を求めるような議論はしたことがない。

――そういう状況の中で、細川総理が二月二日午後七時、与党代表者らに国民福祉税創設の考えを伝え、三日の未明に記者会見で国民に表明しました。

村山　そうだ。もちろん政権内ではそれまで税制改革についての議論はされていたんだろうが、消費税率を具体的に何パーセント引き上げるというような提案はなかったからな。

――細川総理の記者会見の主な内容は、所得税など総額六兆円の減税、九七年四月の消費税廃止と税率七パーセントの国民福祉税の創設でした。細川総理の提起を受けて社会党は中央執行委員会を開き国民福祉税反対を確認し、村山さん自身が二日の深夜に細川さんに会って再考を求めました。党内は国民福祉税を強行された場合には連立離脱すべきという空気が強かったですね。村山さんも未明に記者会見して「総理の発表した方針は、手続きも内容もわが党の意を汲んでない。極めて不十分だ。この方針で予算編成をするのなら、社会党は閣僚の同意も与党としての協力も極めて困難である。これは社会福祉に名を借りた消費税アップでしかない」と批判しました。そのついでに、「よく、夜騒ぐ男じゃのう」と言ったんですね(笑)。

村山　僕らは国民福祉税についてはノータッチだった。細川総理の記者会見前の政府与党首脳会議は三日午前零時前に開かれた。会議が始まると細川さんが「消費税を解消して国民福祉税を創設したい」と切り出して内容を説明した。僕は「初めて聞く話だ。こんなものいきなり出してきて認めてくれって言ったって認められるわけがない。第一、消費税を廃止して国民福祉税にして税率を七パーセントにするなんて案は、看板を替えるだけで中身は消費税と全く一緒じゃないか。そんなものには賛成できない」と反対したわけだ。

僕の隣に民社党委員長で厚生相だった大内啓伍さんが座っていたので「大内さん、あんた厚生大臣で国民福祉に一番関係あるのだが、この話は事前に知っていたんですか」と聞いたら、「いや、私も知らん」と言うんだ。それで僕は「だったらあんた、立って意見を言いなさいよ」と促した。そしたら大内さんも立って「私も反対だ」と言ったんだ。それから官房長官の武村正義さんも難色を示していた。すると公明党の市川雄一書記長だったと思うが、「ちょっと待て。あんたは官房長官として発言するのか、新党さきがけの代表で発言するのか、どっちか」と詰め寄ったんだ(笑)。武村さんは「そりゃ両方です」って答えたんじゃあないかな(笑)。

――社会党の強硬姿勢の結果、連立与党代表者会議は四日に国民福祉税構想を白紙に戻すことで合意し、細川さんに撤回を促しました。この構想はあっさりとつぶれてしまったわけです。

村山　僕はあとから思ったのだけど、この話は事前にもう少しきちんとした説明があったら違う展開になっていたと思う。例えばその時の財政の状況や予算全体の配分などいろいろな問題点を考えてみると、これから高齢化社会が進展し年金とか介護費とか医療費とかはどんどん増えていく。だから消費税をいくらか上げざるを得ないんだというようなことをきちんと検討して出した結論なら、もっと説得力があったのだと思う。

――村山さんは目的税にすることは問題だが消費税は上げざると得ないと考えていたわけですから、政策の決め方できちんと手順を踏んでいれば、国民福祉税は実現していたかもしれないわけですね。

村山　僕は消費税率を引き上げざるを得ないと思っていたからな。

――ところが細川さんの提案には全面的に反対した。

村山　そりゃあんた、中身も分からんしきちんとした手続きも踏んでないしね。それをいきなり認めてくれって言われたって、そんなこと了解できるわけがない。こういう大事な問題はきちんとしたプロセスが大事なんだ。事前にちゃんと連絡があって、お互いに検討し合って出した結論なら反対を言うことないわね。もう了解したことになるわけじゃから。だけどそんな相談もなければ説明もなくて、検討する期間もなくて、結論だけをいきなり押しつけてきて認めてくれと言ったってそれは無茶だ。

――強い反対姿勢について党内には異論はなかったんですか。

村山　ないない。それは中央執行委員会で決めたことでもあるのだから。

――久保書記長はどうだったのですか。

村山　国民福祉税に賛成という意見はなかった。これはもう満場一致じゃ。

──連立政権維持を重視している人たちの意見は違わなかったのですか。

村山　国民福祉税を法案として提出していたのであれば、それは分からん。だけど提出前の話だから、問題にならんね。

──連立離脱を真剣に考えていたのですか。

村山　いや、この話は細川さんの方が諦めて撤回したんだから連立離脱なんていうことはその時は想定してないわ。とにかくこっちはこんな法案を出すなんてとんでもない話だから事前につぶすんだという考えで対応した。

──つぶせると思っていたのですか。

村山　思っていたな。そりゃあとんでもない無茶な話だからな。社会党以外の各党・会派も反対が強かった。僕はね、細川さんもそんなに自信をもって提案してきていないと思ったな。もしも本気だったら、本人はもっと頑張ったはずだと思うよ。

迷走した政治改革関連法案

──少しさかのぼって、九四年一月末に成立した政治改革関連法案について伺います。最大の焦点の小選挙区比例代表並立制ですが、自民党は小選挙区の定数が三〇〇、比例が二〇〇、政府はともに二五〇という法案を提出しました。九三年一一月に政府案が衆議院本会議で可決されました。ところが九四年一月、この法案は連立与党の社会党から一七人もの大量の造反が出たため参議院本会議で否決されました。結局、否決後の一月末に細川総理と自民党の河野洋平総裁のトップ会談で、定数は小選挙区三〇〇、比例二〇〇とすることなどで合意し、最終的に成立しました。

村山　社会党は細川連立政権に入る時に小選挙区制導入を認め、党の方針も決まっていた。だから大枠が決まっている中で比例と小選挙区の定数配分をどうするかということが最大の焦点で、僕も細川さんとだいぶやり合ったことがある。二人だけで会って僕は「やっぱり比例の定数を増やすべきだ。その方が有権者の意見が公平に反映されることになる」などとだいぶ粘って話をしたことがあるよ。政府が最初に出した案では定数は二五〇ずつだった。僕はもう少し比例を増やせと言ったんだ。まあいろいろ言ったんだが、最終的にはやむを得ないというんで政府案に僕も同意した。しかし党内には異論があって、参議院本会議だけでなく衆議院本会議の採決の時にも造反があったけども、衆院の方はなんとか可決したな。

――党としては政府案を認めざるを得なかったわけですね。

村山　ところが参議院で否決されたわけじゃ。僕は心の中では「しめた！」と思ったな（笑）。

――造反者に感謝ですか。

村山　確かに「しめた」と思ったけど、やっぱり社会党は連立政権に入っているわけだし、党も政府案に同意してきたのだから「党内から造反が出たということは、まったく申し訳なかった」と政府与党首脳会議など謝るべきところでは素直に謝ったな(笑)。ただ、参院で否決した結果、定数配分は小選挙区三〇〇、比例二〇〇と政府案よりも悪くなってしまった。党内には一部議員の造反の結果、新しい選挙制度は余計に悪くなったという意見もあったな。

僕はあの時、細川さんと河野さんの党首会談で決着をつけた手続きに対して、そんなやり方はおかしいと随分反対したんじゃ。参議院での否決を受けて衆院議長の土井さんが斡旋するようなかたちをとって細川さんと河野さんを呼んだ。土井さんの真意はもうここまで来たら急いで結論を出さないでもう少し時間をおいて頭を冷やしてやったらどうかということだった。ところが二人は党首会談で修正を合意した。そして、両院協議会でそれを可決し、さらに衆参両院で可決した。一度、参議院で否決されたものが、修正されたとはいえ再び両院本会議に出てくるというのは、国全体の命運に関わるような問題の時にやるべきで、単に小選挙区制をどうするかというような案件でやるべきではない、おかしいという気持ちが僕にはあった。参院軽視にもなるし、もともと小選挙区制導入に反対だったこともあって一層そう思った。あのとき「こんな不当なことは認められない」と委員長を辞めてやるぐらいの勇気があってもよかったのではないかと、あとから思った。

――政治改革関連法案の成立過程は、憲法や国会法などに定めてある手続きに沿っています。ただ、修正案を合意したのが実質的には両院協議会ではなく党首会談だったわけですね。

村山　参院で否決したのだから、本当は廃案になるべきでしょう。それに土井議長も落ち着いて考えようと斡旋した。

――土井議長の斡旋案は、法案に施行日を入れないでおこうという先送り案でした。それを細川さんと河野さんは法案をつぶすためのものと受け止めていました。

村山　だから聞かなかったわけだ。だけど衆院議長の斡旋を無視して、こんなことをやるのはけしからんね。こんなことがまかり通ったら何でもできる、国会軽視ではないかと思った。しかし、僕が騒いでも法案は成立するのだけどね。

――党首会談の前に、村山さんは細川さんと会っていますね。

村山　細川総理が河野さんと会談する過程で、さすがに連立政権内の第一党である社会党の委員長に何も言わないで話を進めるのはよくないのではないかと考えたのだろう、細川さんから僕に会いたいという連絡があった。河野さんとの会談の前だった。国会内の総理控室で会うと細川さんが「政治改革関連法案の扱いについて、あとのことは任せてくれますか」と言うから、「何をまかせろと言うのか内容も考えも分からないで、ただまかせてくれますかと言うだけでは無理だ。できない」と答えた。細川氏は「ああそうですか、分かりました」と言っただけで帰ってしまった(笑)。一応、会って話をしたと体裁を取り繕うために僕に会ったようなもので、僕が何を言おうと最初から話を聞くつもりはなかったんだろうな。

すでに分裂状態の社会党

――社会党内には、ウルグアイ・ラウンドや国民福祉税と違って、選挙制度改革については賛成派が結構いましたね。

村山　そうだ。彼らは社会党がどうこうというよりも細川政権を守らなければならないという意識が強かった。ウルグアイ・ラウンドや国民福祉税の問題は社会党をどうするかということに関係がないから党内は割れない。しかし選挙制度は別だった。

――党首会談の合意内容について社会党は「これでは話が違う」といって中央執行委員会で「反対」を決めることもできたのではないですか。

村山　いや、もうそれは無理だな。全体の流れは成立に向かっていたからな。やっぱり「細川政権がそれで維持できるなら」という方が強かった。

――社会党内でもそうだったのですか。

村山　そう。あのとき僕が「それは話が違う、反対だ」と言ったら、社会党はあそこで分裂していたかもしれんな。

――同じ党でありながらここまで会話もなくバラバラだったのですから、分裂してはいけなかったんですか。

村山　そりゃ分裂はなかなか簡単にいかんわな。党首会談で細川さんと河野さんが合意した後、社会党内では合意内容について「賛成か、反対か」なんていう議論はしてない。そのまま採決になだれ込んだんだ。もしも中執で賛否を議論したり「執行部は合意案に反対だ」と言ったりしていたら、そりゃ社会党は分裂だったな。

――村山さんは反対だったんでしょ。

村山　党内の大勢はもうそれでいいという空気だった。反対だという意見はあんまり出てなかったね。

――小選挙区三〇〇という案は明らかに社会党にとって不利な内容でした。にもかかわらず社会党議員がこの法案を成立させようというのは、どういう理由だったんでしょうか。

村山　そりゃあ、背景に新党問題がくすぶっていたんだな。だいたい九三年の総選挙に負けた時から、もう社会党じゃあ駄目だ、新しい党を作らなければ持たないというような動きが底流にあったんだ。具体的にはいくつかの地方で社会党議員も参加した「リベラルなんとか」というグループができていただろう。だから僕は地方の集会などに行くと「党員自らがもう社会党じゃ駄目だというような意見を言うなんてのはけしからん、許されんことだ。みんながそんなことを言って党を駄目にしているんだ」と話していた。

とはいえ僕自身も、このままでは社会党は行き詰まる、連合だけに基盤を置いていたのではこれ以上は無理だと考えていた。だから、もう少し右にも支持基盤を拡大していくという構想に立った新党問題を考えざるを得ないと思っていた。

――リベラルグループはどういう人たちですか。

村山　久保書記長とか山花さんらは入っているだろうな。彼らは社会党を解散して名実ともに新しい党をつくろうとしていた。党内の右の方の連中じゃな。彼らは解党して他の政党とも一緒になろうとしていた。それは新党さきがけ以外の細川連立政権を作った党だな。

それに対抗していたのは委員長選挙の時に僕を担いだメンバーじゃな。彼らは社会党を守っていこうとしていた。もちろん今までの社会党のままではもう駄目だということは分かっている。僕はとりあえず社会党とさきがけとが合流して、そこにリベラル勢力を結集すると総選挙で一〇〇前後の議席が取れるんじゃないかと考えていたんだ。

――社会党の限界を感じて新党結成を目指す「新党派」と、社会党を大事にしつつ改革していく「主体性派」に分かれたという感じですね。ですから「新党派」は社会党が新しい選挙制度では議席を減らすことが分かっていても関係ないわけですね。

村山　関係ない。新党を作るのだから。そこは僕らと発想が全く違うんじゃ。党内のこの二つの流れは一九九三年七月の総選挙の結果、出てきた。新党を作ろうというグループは新生党や日本新党、公明党など連立政権の中で動いていた。

——九三年の段階で生まれた社会党内の二つのグループは、かつての「左派右派」とは違っているのですか。

村山　そういうものではなくなったんだ。彼らはもう社会党なんてものに対する未練も何もないんだ。だけど僕はね、歴史と伝統を持っている社会党の旗を簡単に降ろすことなんかできないわけだ。まあ、あのころすでに社会党は分裂したようなもんだった。分裂状態だったけど、委員長としてはやっぱり分裂させるわけにはいかん。

——七〇年代のように党内の左派と右派が分かれて激しく対立し、党大会で罵詈雑言飛び交ったころと、「新党派」「主体性派」に分かれたこの時の分裂状態は違いますか。

村山　それは質が違うね。人間関係も、今までの運動の経過も、それぞれの地元の背景も絡んでいて、それぞれが判断していった。だけども僕は党内で十分議論を尽くして合意点を生み出すような運営をしていれば、それなりにまとまっていくだろうと考えていた。委員長として党の統一を守るためには、そういうやり方で運営する以外にないと考えていた。「統一を守るために」という名目が大事だった。

――いま一つ違いが分かりにくいです。確かに新党についての考え方は違いますが、政策などはどう違うんでしょうか。

村山　自衛隊が違憲か合憲かということでは違うかもしれないが、何が違憲なのか合憲なのかということは詰めて議論していない。労働組合については、労使協調でお互いに助け合うという路線と、労働者の権利を守っていくべきだという路線では違う。しかし、詰めていくと二つのグループに大きな違いはないかもしれないなあ。

――七〇～八〇年代は、自民党が政権を維持し一つにまとまっていたため、社会党も党内に様々な問題を抱えていても簡単に分裂できなかった。ところが自民党が野党になり弱体化したとたん、社会党内の矛盾が顕在化しやすくなったのでしょうね。まして細川連立政権の誕生で一緒になることを考えられる政党が増えたわけですから、「新党派」は格段に動きやすかったでしょうね。

村山　僕はやっぱり党を分裂させるというんじゃあなくて、新しい党に衣替えしていくことが重要だと思った。何も新党を作らなくても党全体が衣替えすればいいんであって、そういう方向にいけば分裂しないで済むと判断していた。右のグループの言うことは右傾化していくという流れだった。僕は党の主体を守りながらリベラル派を結集していくという考えだ。そこには若干の違いはある。山花氏が「目標は一緒でも登る道が違う」と言ったのは、そういうことじゃないかと思うんだ。しかし、党の基盤を右の方に広げていくという考え方はあまり変わらんわけだ。

——本当に目標、つまりは登っている山は同じだったのでしょうか。

村山　本人が「目標は一緒だ」言うんじゃけん、そうだろう(笑)。ただそういうことについて、彼らと議論することはあまりなかったな。とにかく社会党でも社会民主党でも何でもいい、要するに社会民主主義の流れを汲んでいる政党が政権を取るべきだという目標は一緒じゃないかと思っていた。だからその目標に向かって、力を合わせて山登りすればいいじゃないかと山花氏にも言ったんだけどね。

細川連立政権の揺らぎと分裂

——社会党内に二つの流れができてほとんど分裂状態だったころ、連立政権内も割れていました。新生党の小沢一郎氏に近い人たちと、小沢氏の政治手法に反発していた人たちです。村山さんや新党さきがけの武村正義さんはもちろん後者です。この対立が表面化したのが国民福祉税騒動の後の内閣改造騒ぎでした。

村山　そうそう、内閣改造じゃ。九四年の二月一四日、細川総理が訪米から帰ってきた直後、総理秘書官をやっていた成田憲彦さんがやってきて、内閣改造の打診をしてきたんだ。僕は「反対だ」って言った。反対の理由で言うたのは「予算編成をして予算案が国会に提出されてこれから国会審議が始まるという時に内閣改造をすれば、予算編成にタッチしてない閣僚が国会審議に出ることになる。それはおかしいじゃないか。やっぱり予算を編成した責任ある閣僚がそれぞれ審議に応じるというのが当然の話じゃないか」ということが一つだ。

それから成田氏に「内閣改造する目的は何か」と聞いたら「政治改革が一段落したので、これからは経済問題を主体にした内閣にしなければならないと考えている」と言うんだ。それもおかしな理屈だ。僕は「今の閣僚が経済問題に向かないとは必ずしも言えないのではないか」というようなことを言ったな。

いろいろ理由を言っていたが、結局は官房長官の武村正義さんを代える、つまりは更迭することが目的の改造だということは明らかだった。だから僕はそんな改造はするべきではないという考えだった。それで二月二四日に官邸に行って細川さんに直談判して細川さんの考え方を聞いたんじゃ。僕は「武村官房長官は一部の人にとっては煙たい存在かもしれないが、あなたは総選挙の時に「日本新党とさきがけはいずれ結婚する相手だ」とまで言っていた。それで武村さんを官房長官に起用したんじゃあないのか。それならば内閣改造して更迭するなんて考えを持つべきじゃない。煙たい人間がいることも必要だ。だから改造はすべきじゃない。僕は反対だ」と話した。その時、細川さんはあることないこといろいろ話したな。

――「あることないこと」ってどんなことですか。

村山　帰りがけに僕は細川さんに「細川さん、今日あなたがいろいろ言ったことについて僕は聞かなかったことにするから、あんたもあんまりそんなこと言わない方がいいですよ」と言って部屋を出たんだ。だからその話はなかったことにしている。

――武村さんに対する批判でしょう。

村山　まあ官房長官のことじゃわな。私的なことについてどうこういうのではなくて、総理と官房長官という関係のなかでの問題だったかな。

――細川さんは著書の『内訟録　細川護熙総理大臣日記』(二〇一〇年、日本経済新聞出版社)の中で武村さんについて「信用できない」とか、「権力を求めている男だ」などと評していますね。小沢一郎氏についても、「信用していない」「小沢さんというのはやっかいな男だ」とか書いていています。

村山　やっぱり他人を信用できない、人を信用しない人なのかなあ。人を信頼することができないというのは不幸だね。

小沢一郎という政治家

――連立政権誕生から政治改革、国民福祉税構想、内閣改造騒ぎまで経験して、常に政権運営の中心にかかわってきた小沢一郎氏のことが、だいぶ分かってきたのではないですか。

村山　分かってきたな。基本的に小沢氏はやっぱりなんていうか古いタイプの政治家じゃな。

――古いと言いますと。

村山　端的に言えば、政権や政局、権力に対する関心が非常に強くて、それだけで生きているような政治家じゃな。それが一つ。それから「政局を左右するのは政治家の数であり、その数を維持するために必要なのは金」という考え、あるいは執念が強いんじゃないかな。

少し先の話になるが、細川さんの次の総理大臣になった羽田さんが九四年六月二五日に総辞職したが、それを受けて社会党と新党さきがけで新しい政権構想を作って各党に提示した。これから政局をどう収拾するかについてはお互いに責任があるわけだから、この政権構想を中心に次の政権を考えようとした。僕は新生党代表の羽田さんと公明党委員長の石田幸四郎さんに電話して話をしようと呼び掛けた。ふたりとも「それはいいことだ」と言うのだが、全く会談ができない。応じないというのはやっぱり石田さんは書記長の市川雄一氏に、また羽田氏は小沢氏に引っ張られて応じることができなかったんだと思う。それならすべての与党会派の代表に集まってくれと言って、首班指名前日の二八日に集まってもらったことがある。

そこで僕が言ったのは、まず細川政権がなぜ短期間で終わったかというと、七党一会派が政権を構成しているのだから政権運営にかなり神経を使わなければならないのに、それがうまくできなかったことが大きい。だから細川さんは早く辞めざるを得なかったんだ。やはり七党一会派がお互いに信頼し合って協力し合える体制をつくるためには民主的な政権運営をしなければ駄目だ。だから、細川政権の反省をふまえて新しい政権は民主的な運営をすることが重要だということだった。

二つめは、新党さきがけはすでに政権を離脱していたが、新政権誕生で連立与党に復帰したいという場合には歓迎して受け入れようじゃないかということ。

三つめに、すでに国会会期末が迫っていたが会期は延長しないで会期内に新首相を選出することを提起した。

連立与党側からはだいぶ文句がでたなあ。「なぜ反省しなければならないのか」「なぜ新党さきがけを歓迎しなければならないのか」と文句を言う人もいた。しかし、僕の言ったことに誤りはないから、結局、新政権作りに向けて幹事長・書記長による実務者協議をすることで合意した。まあ、彼らがどこまで民主的な政権運営を理解していたか分からんがね。

――民主的な政権運営を最も嫌ったのが小沢氏ですね。

村山　小沢氏は何か問題が起きるとことごとく「社会党が足を引っ張った」と批判していた。何でも「社会党の責任だ」と言っていた。社会党をつぶさにゃいかんと考えていたのではないかな。私は彼と一緒に仕事をしたことがないので論評の限りではないが、政局が動く背景に必ず小沢氏が存在する。ある意味では不思議な力を持った人だな。そんな男になぜついていこうとするのかと思ったね。

――それは社会党内の人に対して思ったということですか。

村山　うん、そうそう。社会党議員に対してだな。「社会党をつぶせ」と言っている男になんでお前たちついていかにゃならんのか。逆じゃあないかと思うね。

――久保さんたちにそういう話はしたのですか。

村山　身内の連中とは話したが、久保さんたちとは話したことはないな。もうお互い考え方が違うことが分かっているから向こうも諦めていたんだろう、僕のところには来ないからね。僕も彼らを説得しようなんて気持ちはなかった。

――小沢氏と近い立場だった公明党書記長の市川雄一氏はどんな人ですか。

村山　どんな人って、あまり接触もなかった。それは小沢氏も同じで、本人をぜんぜん知らんのに好きとか嫌いとかはないんだ。ただ公的な立場でどういうことをしているか言動を見ればいろいろ意見もあるし批判もある。市川さんとは二人で話したことはないが、いろんな会議に同席して意見を聞いていると僕らとはだいぶ肌合いが違うということは分かる。まあ話しているのを聞くと、僕らを無視しているという印象を受けたな。公明党で親しかったのは一緒に国対委員長をやった神崎武法さんだな。付き合いが長かった。やっぱり人間に幅があった。神崎さんには公明党や創価学会という印象はあまり受けなかった。

——市川さんは神崎さんとだいぶ違いますね。

村山　ああ、だいぶ違うのではないかな。タイプが違うわ。市川氏は最初から構えたような対応をしていた印象だ。

細川さんという人

——細川総理はどんな方でしたか。

村山　細川さんはやっぱりお殿様じゃわ(笑)。おっとりしている。こっちの言ったことを聞くか聞かないかは別だが、話がしやすい相手だった。あまり物事を突き詰めて話したことはないが、水俣病問題で覚えていることがある。細川さんが熊本県知事をしていたころ、未認定患者の問題で政府と患者の間の和解を求める声が強まっていた。それで細川さんは「政府が決断すればできることだ」と主張していた。そして細川さんが総理の時、僕は社会党の田中昭一代議士と一緒に水俣病の問題を話しに細川さんに会いに行ったことがある。田中さんはＮＴＴに勤めていたことがあり全電通出身の議員で、選挙区が熊本で水俣問題に一所懸命取り組んでいた人だ。同じ熊本出身の細川さんが総理になったというので、田中さんと一緒に総理に会ったことがある。その時、僕は細川さんに「あなたは熊本の知事をしとる時に政府が決断すれば解決できると言っていた。今、総理大臣なんだから決断したらどうだ。僕らは全面的に協力しますよ」と言った。ところがこの時、細川さんはあまり関心を示さなかった。そんな感じの返事だった。そういうこともあって僕は自分が総理の時にこの問題に取り組んだんだ。

――細川さんは自分の金銭スキャンダルが表に出ると、あっさり総理を辞めました。

村山　まあ予算委員会で政策の問題についていろいろ野党から追及されるのならば「見解が違う」とかなんとか反論できるからあんまり苦にならんけど、個人的なスキャンダルというのは大変だ。これは嫌だろうな。僕にはそういうことがなかったからよかったけどな(笑)。しかし、一回だけ国会で嫌なことを聞かれたことがある。

――奥さんの株の問題ですね。

村山　そう、九四年一〇月の衆院予算委員会で、野党議員がうちの家内が愛知県のパチンコメーカーの株を購入しているがどういう手蔓で株を手に入れたのかというような質問をしてきたんじゃ。そんなことこっちもあまり知らんわ。だけど家内が株を買うといったら、証券会社の職員に勧められて買うしかやっていない。僕はそういう答弁をした。

しかし、それだけではこっちが収まらなかったので「家内の名誉のためにも言わなきゃいかんからちょっと聞いてくれ。何も貧乏を売り物にしているわけではないが、妻は朝早くから市場に買い出しに行くなど三〇年近く一所懸命働いた。そんな妻に私は励まされてきた」と話したんだ。一所懸命働いて貯めたお金で株を買って何が悪いのかという気持ちだ。それでそういう話をしたことがある。質問した議員は「悪いと言っているのではない」と言っていたな。この話には後日談があって、一通の手紙が来て、「一国の総理が奥さんだけの名誉を守ればいいんですか」と書いてあった(笑)。ようテレビを見ているもんだな。

――せっかくできた非自民の細川政権は実に短命でした。

村山　まあ個人的なスキャンダルをいろいろ追及されることは嫌だろうし、まして細川さんは殿様だからね、やっぱり他の人以上に打撃を受けていたんだと思うな。それが一つと、もう一つは政権の基盤の弱さですよ。七党一会派のね。特に社会党が原因だったかもしれないけど政権基盤がガタついていた。細川さんもこれじゃ無理だなと判断した面もあるんじゃないかと思う。だからこそ僕は次の政権はその反省をすべきだと言ったんだけどね。

連立離脱

――九四年四月八日に細川総理が辞意を表明して、次の政権をめぐってまた連立与党内がもめました。各党間で次の政権の基本政策についての協議が行われましたが、朝鮮半島問題や税制改革をめぐって新生党や公明党と社会党が対立しました。最後に何とか合意して新生党代表の羽田孜氏を後継にすることになりました。この過程で小沢氏が例によって自民党に手を突っ込んで、渡辺美智雄氏を擁立しようとして失敗するという動きもありましたね。

村山　渡辺さんは自民党を飛び出して一緒にやろうという小沢さんの話に乗ろうとしたが、周りが反対してできなかったんだ。それはともかく政策の方は連立与党間で何回も何回も協議した。そして最後の段階になって、時間ははっきり覚えんけども休憩して「また何時から再開しよう」ということになった。ところが再開の時間がどんどん延びるわけじゃ。そしてだいぶ時間が経ってやっと再開になると、その席で向こうは社会党が合意できないようなことを持ち出してきた。朝鮮半島問題では社会党は「日米、日韓、日中の連携」を言ったが、向こうは「日中」という表現に反対した。彼らは「日米韓」を主張し「中国」を外そうとしたんだな。また消費税に代わる新税についても「国民の合意を得て」と僕らは主張したが「それを削れ」と言うんだ。最後は四月二二日に、何とか基本政策に合意した。

——合意した文章を見ると朝鮮半島問題については「米韓両国と緊密に協調するとともに、アジアの関係諸国と必要に応じ連携……」となって、これで中国を含めていることになっているのでしょうね。税制改革は「国民の合意を得る」というのを「国民の理解を得る」と修正しています。この合意のために二週間もかけています。この時、党内はどうだったのですか。

村山　非自民の連立政権を作るということについての反対はなかったし、七党一会派で連立政権を継続していくということについても反対はなかった。ただ、政策的にはいろんな意見があったな。朝鮮半島問題で中国についてこだわったのは、社会党が中国との交流を重視し長年取り組んできているからだ。それに北朝鮮問題の解決は中国を無視してはできない。それは当然の話だ。だからやはり中国と連携を取ってやるべきだと主張した。

——向こうが中国という表記を排除したかったのはなぜですか。

村山　この問題は日米韓だけでは解決できない。そんなことは分かっているからやっぱり社会党を牽制する意図があったのかなあと思う。まあ、それ以外の理由はないわねえ。

——新税について「国民の合意」が「国民の理解」となりました。

村山　これは妥協じゃな。交渉にあたったのは久保書記長と政審会長の関山信之氏だ。関山氏は久保派だからな。僕は「合意」と「理解」はかなり意味が違うけれども、中身が問題なのだと考えてあまり細かいことを言わなかった。もう任していたな。

——任す相手は疎遠な「新党派」の久保さんたちでしたが、不安はなかったのですか。

村山　交渉の経過は報告してくるし、議論していたテーマについて互いに言っていることは大同小異でそれほど大きな違いはないんじゃないかと思っていたな。だからあまり神経をとがらせたりしなかった。大事なのは政権の継続だったからな。

——しかし、社会党いじめみたいな案を次々と出してきました。

村山　そういうところはやっぱり抵抗して頑張ってもらわないといかんけども、大筋は連立を維持して羽田政権をどう作るかということだ。だから党内には連立を維持し羽田さんが総理をやるということに異論はなかったな。

——そして、四月二五日の衆参両院本会議で羽田さんが総理に指名されましたが、ここからが大変だった。

村山　そう、例の「改新」じゃ。

——首班指名直後に社会党を排除して新生党、日本新党、民社党などの議員一三〇人で新しい国会内の会派「改新」が結成されたわけです。

村山　首班指名が終わってこれから組閣が始まるというので、僕は委員長だから党本部に待機していた。ところがなかなか始まらないので羽田さんに二回ぐらい電話して「一体、何をしているのか。早く組閣した方がいいんじゃないか」と声をかけた。羽田さんは「もうちょっと待ってください、話がまとまらんようですから」と言うんじゃ。そうこうしているうちに、マスコミの人から連絡があって「なんか新しい会派を作るらしい。今、みんなで相談しているみたいだ」と教えてくれた。社会党を上回る数の議員を集めて新会派を作り社会党を抑え込もうという魂胆だということがすぐ分かったね。

――夜八時になって組閣のための党首会談が開かれるのですが、村山さんは「改新は連立政権の枠組みの変更であり、社会党は納得できない」と言ってわずか三〇分足らずで席を立ちました。

村山　向こうは「結社は自由だ」「社会党には閣僚を五つ渡す」と言ってきた。しかし、こんな行為は信義にもとる。その後、党の三役会議を開いて対応を協議した。両院本会議で首班指名をやって、さあこれから政権を維持して各党が結束してやっていこうという船出の時に、そんな信義にもとるようなことをするのなら、これはもう政権はもたないと僕は思ったな。三役会議では連立離脱しかないと言った。これはもう満場一致じゃわ。それで僕は記者会見をやって「離脱する」と発表した。それから羽田氏にも電話したんじゃ。「社会党は離脱を決めた。信義なき政権はもたん」と言って、ガチャン！と切った。

――連立維持派の議員も反対しなかったのですか。

村山　反論なし。満場一致じゃ。あっさりと認めた。

――久保書記長らはどう考えていたんでしょうか。

村山　そりゃあ反論のしようがなかっただろう。

――小沢氏らは首班指名直後というタイミングでなぜ「改新」を作ったのでしょうか。

村山　彼らは社会党がことあるごとに政権運営の足を引っ張るから細川政権がつぶれたと考えていた。だから社会党が政権内で最も大きな会派であることを抑制しようと考えたのではないかな。それで社会党を上回る数の会派をつくって多数で運営していこうとしたんだと思う。彼らなりの計算だろう。

――そんなことをすれば社会党が離脱する危険性があることは分かるでしょう。

村山　おそらく民社党の大内委員長が「社会党の委員長も了解した」と言ったんだろう。

――それは甘いですね。

村山　甘いというか、とんでもない話じゃ。もともと僕は細川政権の時、官房長官の武村さんが政権内で排除されかかっていたので、彼を守るためには民社党も巻き込まなければいかんと思って大内さんに話したことがある。大内さんも乗ってきて、内密に僕と武村さん、大内さんの三人でよく会って、内閣改造騒動などについてどう対応するか話をした。そのとき大内さんは「民社党の中にもいろいろ意見があるけど、最後は私のひと言ですべて決まります」と言っていたので大したもんだと思って信頼してきたんだ（笑）。

そういうことで大内さんとは他の人にばれないように秘密裏に会っていた。ずっとそんな関係が続いていた。そして三人は安心して打ちとけた感じで話をしていた。

そしたら羽田さんが首班に指名された後の四月二五日午後三時ころ、大内さんがひょっこり議員会館の僕の部屋に来て「今まで民社党は僕の言うことはたいがい聞いてくれていたが、最近は誰も聞いてくれなくなって私は孤立している」と言うんじゃや。僕は「それはあんた、気の毒じゃな」と同情した。すると大内氏は「もう民社党に居づらいから何か考えなければいけないと思っています」という話をした。だから「大変だけど気を落とさんで頑張りなさいよ」と激励して別れた。この時、大内氏が僕に「改新」の話をしたつもりかどうか知らないが、僕には全くそういう認識はない。大内氏が党内で一人ぼっちになったと言うから同情したぐらいだ。ところがあとで聞くと「改新」について村山委員長にはちゃんと話をして了解を取ったということになっている。これはもうとんでもない話だ。それ以後、大内氏は僕の部屋に一切寄りつかんし、国会の中などで会っても目をそむけて歩くようになったな。なんでそんなことをしたのか分からないが、大内さんは連立政権内で自分を売り込むために、自分が社会党の委員長とは話をつけたというようなことを言ったのではないかなあ。まあ、大内さんという人はいろいろまことしやかに言うけど、本当の腹はどこにあるのかいうのは分からん人だ。この件で僕は「この男はもう駄目だな」と思った。

――政権離脱のとき、社会党内は割れませんでした。連立政権に期待をしていた党内の「新党派」の人たちは、小沢氏らの対応に展望がなくなったということでしょうか。

村山　それはよく分からない。しかし、満場一致で離脱を決めたのに後からそれが不満だと言っても大義名分が立たないだろうな。だけど、党内に火種は残っている。火種はこのあともずっと残るわ。

――とはいえ、連立離脱で逆に村山委員長の求心力が強まりますね。

村山　そう、あのころは求心力があったなぁ(笑)。記者会見の場でも党の支持者からも「よかった」「あれは当然だ」って言われた。とはいえ、久保さんたちについては、やっぱり半信半疑だったね。腹の底で何考えとるか分からんから、不信感はずっと持っていた。

第五章　混迷、そして崩壊へ

——社会党新党問題

村山内閣発足（1994年，毎日新聞社提供）

村山政権、誕生はしたものの

――九四年四月に発足した羽田内閣は、六月二五日にわずか二か月で総辞職しました。そして六月二九日、村山さんが首班に指名され、第八一代の内閣総理大臣に就任しました。このインタビューでは社会党史を中心にお伺いしていますので、ここでもまず社会党内の動きを中心に伺います。

党内の亀裂は首班指名でも表面化し、衆参両院で合計二八人の社会党議員が造反して村山さんに投票せず対立候補の海部俊樹元首相に投じたり白票を投票したりしました。当然、これらの議員の処分が問題になるのですが、久保書記長は処分に消極的で、結局、厳重注意という事実上の不問を決めました。政権発足当初から党内はガタガタでした。

村山　造反議員の処分問題について僕がどうしろと言ったことはないね。あまり問題にしてなかった。もともと以前からそういう流れがあって、僕が委員長になったこと自体への抵抗も党内にあったのだから仕方ない。僕に反発していた議員の主なメンバーが何人か造反しただけだ。そんなことをするだろうというのはあらかじめ分かっているから、僕はそのメンバーを処分するとかしないとかは議論しなかった。処分がきっかけになって党の分裂が促進されることになっても困るんでね。そういう配慮もあって僕は処分問題にはぜんぜん触れないで最初から無視したんじゃ。それが正直なところだね。

――政界全体を見ると、野党に転じた小沢氏らは連立政権を構成した公明党や民社党などの政党を一つにまとめる動きを加速していきます。一方で自民党は政権に復帰し元気を取り戻しました。これで政界の大きな流れは自民党と小沢新党という保守二大政党に向かっているように見えました。それに対して社会党内では、生き残りのため幅広い勢力を結集できる新党を作らなくてはならないという動きが出てきます。最初の動きは八月末、山花貞夫さんが会長で社会党議員三〇人余りが参加した「新民主連合」の発足です。中間派と右派の集まりで、山花さんは「保守二大政党の流れの中で、第三極をつくるための母屋が必要だ。そうでないと社会党が流れ解散になってしまう」と言っています。元委員長の田辺誠氏も参加していました。

村山　前にも話したが、僕は組閣の時に社会党から山口鶴男さん、大出俊さん、浜本万三さんらに入閣してもらったが、同世代の田辺さんは委員長経験者だから入閣してもらうのは失礼だと思って入れなかったし、組閣の相談もしなかった。そういうこともあってかどうか分からんけども、田辺さんも向こうに行ってしまったなあ。

とにかく僕が委員長になる時から社会党内には分裂の動きがあったんじゃ。一方に久保亘氏を委員長に担ごうというグループがいて、もう一方にそれに反対するグループがあり僕は彼らに担がれた。ところがなかなか話がつかないので、結局話し合いで一本化し、僕が委員長選に出ることになった。それで僕が委員長になって久保さんが書記長になったわけじゃな。そういう経過がずっとあるので、僕が組閣する時も、党内のそういう状況を配慮しなかったわけじゃない。

だからその流れはずっと続いてきている。おもしろいことに自民党内から僕を首相にしようという動きが出たとき、むしろ僕に反対するグループの若い連中が夜中に僕のところに来て「なんで総理を受けないのか、受けてくれ」と言ってきたんだ。ところが左のグループには僕にそんなことを言う人は一人もいない。党内の左派といわれるメンバーが「総理を受けるべきだ」と言ってきたことは一度もないんだ。なぜかといったらやはり左だからじゃ。自民党と一緒に政権を作ることにはやはり疑念があったんじゃろうね。ところが右の方の若い連中はむしろ積極的だったわけだ。

——若い議員ですか。

村山　そう、当選一、二回ぐらいの議員が五、六人来たなあ。僕は「それは一体どこの国の話か」といって一蹴したんだ(笑)。彼らが僕のところに来たときは、まだぜんぜん受ける気がなかったけんね。そして僕が総理になって、次第に流れがはっきりしてきた。僕のところに「総理を受けるべきだ」と言いに来たどちらかといったら右の方の若い議員らは向こう側に行ってしまって、僕に非協力的になっていった。一方、自民党との連立政権に消極的だった左の方は、最初は僕に対して冷ややかというか半信半疑で見とったが、やがて委員長が総理になった以上はきちんと政権運営をしなければならないと積極的に協力してくれるようになった。そういう傾向があったな。確か首班指名のとき造反したのは右のメンバーだけで、左の方のメンバーはいなかったと思う。

――総理になると政権運営で頭がいっぱいで党内のごたごたには気が回らないでしょう。

村山　そりゃあ政権運営で頭がいっぱいだった。ただ、政権ができたころ党内にはいろいろな動きはあったけど、露骨に党を分裂させるような動きとか離党する動きとかいうのはまだそれほどはなかったね。そういう流れが露骨になりだしたのは、山花貞夫氏らが新党結成を言いだしたり会派離脱届を出そうとしたりしたころからだね。実際、山花氏は九五年一月に離脱届を出したが、あのときは阪神・淡路大震災と重なって、彼らの動きは立ち消えになったけどね。

――山花さんは理想化肌なんですか。

村山　イデオロギーでガンガン行くというタイプじゃあないが、よく分からんなあ。僕らとそれほど突っ込んだ話をしたことないけんね。社会党というのは同じ政党でも集まる集団が違うと本当に議論はしないんじゃ。

――政治センスはあるんですか。

村山　いやぁ、あんまりないじゃろう。政治センスがあるならもう少しうまくやってきたと思うけどね。

二分化進む党内

――その後、山花さんが作った「新民主連合」に久保書記長が次第に歩調を合わせ、新党に積極的な発言を始めました。一〇月一日、久保さんは北海道で記者会見し「二一世紀をリードできる民主主義リベラル新党の結成のタイミングを見定めたい」と言いました。一〇月二二日には社会党の中執で「新旧保守勢力の中にいる社民リベラル層にウィングを広げて、国民の多様な選択肢に応える新しい政治秩序をつくらなければならない」という久保さんの書記長報告を決定しました。これに対し村山さんを支える側は「村山政権を支え、社民リベラル政治をすすめる会」を作って山花さんや久保さんを批判していました。社会党は村山政権ができたにもかかわらず、一方に久保書記長や山花元委員長ら、もう一方には村山政権を支えるグループと党内がはっきり二つに割れるとともに、新党結成への動きが加速されました。

村山　総理になった時に党のことは書記長の久保さんに任せた。ところが久保さんは北海道の発言だけでなく同じようなことをあっちこっちで言うわけじゃ。それで僕は久保さんときちんと話をして、これから社会党をどうするかについて同じ見解を持つようにしなけりゃあいけないと考え、久保さんに官邸に来てもらって話をしたんだが、すでに話したようにふたりの間の話と会談後に久保さんが記者に言う内容がいくらか違うわけじゃ。

——このままでは社会党がじり貧だから何とかしなければならないという問題意識は両者とも同じように持っていたのではないですか。

村山　もちろん「これまでの社会党ではもう駄目だ」「社会党は壁にぶつかっている」という認識は共通している。だから新しい党を目指さなければならないということでも一致していたんだ。そして新しい党を作るということはもちろん社会党を解党しなければできないことだが、社会党を解党するといっても社会党には国会議員だけでなく地方議会議員もいるし全国に地方組織があり党員が大勢いるわけだ。僕らはそういう人たちを主体にしてリベラル層を結集するという考えだった。つまり社会党の伝統を守っていこうという気持ちが強いんだ。ところが山花氏らは、党を全面的に解党して過去のことにとらわれずにリベラル層をはじめできるだけ多くの人たちを参加させる新党を目指すというんだ。そこに若干の違いがあった。つまり新しい党の目指し方が「党の歴史と伝統をしっかり踏まえた上で、それを主体にしていく政党」か「主体なんか考えない全く新しい政党」かというところで若干の違いがあったと思うな。

――お話を伺っていると、とても「若干の違い」どころではないですね(笑)。

村山　まあ、そうかもしれないな。

――村山さんの新党のイメージは既存の地方組織や党員、あるいは社会党の歴史や伝統を大事にするというわけですが、それで新党になるのですか。

村山　僕はやっぱり社会民主主義という主張を大事にしなければならないと考えていた。しかし、山花氏や久保氏は社会民主主義をあまり重視しないでむしろリベラルの方にウィングを広げて、そういうところに新しい主体をつくっていくという考えだ。そこのところに若干の違いがある。ただ、こういうことを彼らと直接話したわけじゃあないがね。

社民リベラルと民主リベラル

――村山さんの言う「社民リベラル」と久保さんらの言う「民主リベラル」とは違うわけですね。

村山　違う。まあ言葉の問題と言われるかもしれないが(笑)。

――村山さんの言う社民主義というのはどういうものですか。それは社会主義とは違うのですか。

村山　端的に言えば共産主義はプロレタリアート独裁、社会主義はそこまではいかないが似ている面がある。それに対して社会民主主義は暴力や大衆行動を通じて革命をするのではなく、議会を通して改革していくという考えだ。そして、社会民主主義政党は階級政党ではない。階級的大衆政党であり議会重視だ。階級というのは労働者をイメージするが、大衆というのは労働者だけではなく農民も中小企業経営者も含める。そして、広範な民主主義勢力を結集して改革を実現するには議会で多数を取らなければならないわけだ。江田三郎さんの構造改革に僕らが反対したのはそれが改良主義だからだった。しかし、江田さんが国民や大衆を意識していたことは間違いない。僕らが江田さんとどこが違うのかと言われると難しい。久保さんたちと本当に違うのかと言われても同じだ。とことん突き詰めるとどこが違うのか分からない。登っている道は同じかもしれないなという気もする。

――村山さんの抱く社会党は階級的イメージが強いのですか。

村山　階級的イメージはそれほど強くない。まあ大衆運動との結びつきを重視した山川均さんの流れに共鳴している、僕はね。つまり僕は資本家には距離がある。やっぱり労働者を主体にする。それに農民やら中小企業やら、そういう大衆を結集していくという考え方で、主体は労働組合、労働者というところだ。

――それは今までの社会党とどう違ってくるんですか。

村山　今まで以上にもっと右の方に広げていくということだ。

――労働者の中の右ですか。

村山　僕は今でも、資本主義社会の中でそれに対抗するものとしては労働組合が中心だと考えている。そして労働運動にはそれくらいの役割と任務が社会的にあると思っている。ただし新党は労働組合だけでなく農民も中小企業も含む勢力が幅広く結集した国民的な基盤の上になければならない。それがこの世の中を変えていく大きな力になる。そういう政党を目指すべきだと思っていた。

――社会党が壁にぶち当たっているという点で久保さんたちと一致していたわけですが、その壁というのは何ですか。

村山　社会党は何度選挙をやったって低落傾向が止まらず議席は減るばっかりだ。これに歯止めをかけないといけない。国民の間に社会党が今までやってきたことに対する批判が強いんで、そこをどうやって脱皮していくかということが重要だということも分かっていた。それが壁だろう。問題はその脱皮の仕方だ。久保さんらは「もう今までのものは全部捨てて、全く新しいものをつくる」と考え、僕らは「いいところは継続しながら新しい層を加えて変えていく」という。そういう違いがあったな。

――そうすると久保さんらは「民主リベラル」の「リベラル」に力点があるのですか。

村山　リベラルというのが何を指しているのかよう分からんけどな。

――村山さんも「社民リベラル」ですよね。

村山　僕らも「リベラル、リベラル」と言ってきた(笑)。「リベラル」という言葉がなんとなく世間に通るような気がしていたからな。

——村山さんの言うリベラルって、なんとなくホワンとしたものなんですか。

村山　まあそうじゃね。自由主義だ。リベラルっていうのはいろんな層を味方として抱き込んでいく幅の広さだ。従来の労働組合オンリー、あるいは階級闘争一本やりでは行き詰まるということだ。まして冷戦が終わり国際情勢も国同士がグローバルに共存していこうという時代になった。もう階級闘争なんて時代じゃない。だから今までの殻から脱皮していかないと社会党はますます駄目になるという意味だな。

——それでも山花さんたちは村山さんと「道が違う」と言いました。

村山　「道が違う」というのは口実だろう。彼らは社会主義を捨ててリベラルや自由主義を主体にした新しい党をつくるという意識の方が強かったのかもしれんね。僕らの方は、やっぱり社会党の流れというものは捨てるべきじゃない、この流れを主体にしながら新しい層をどうやって加えていくか、幅を広げていくかということを考えた。

——二つのグループの違いは選挙の際、労組にどれだけ依存しているかということと関係あるのですか。

村山　社会党の議員で労働組合の協力なしに当選してきた人はあんまりいないよ。だから多かれ少なかれみんな労働組合に依存している。

――都市部と地方の違いはあるのでしょうか。

村山　だれも社会党の地方組織はいらないなんてことは言わない。しかし、僕が委員長になった時に、東京の党の集会にいくといつも「もう社会党は駄目だ」「長期低落傾向から脱却できない」という声が多かった。僕は「社会党は駄目だというが、あなたたちが駄目にしているんじゃあないか。あんまりそんなことばかり言いなさんな」って反論したことがある。社会党は地方より都市部の方が厳しかったからね。

新党問題は先送りに

――九四年秋以降は新生党や公明党などが新進党結党に向けて動いていたこともあって、社会党内も新党結成に積極的なグループの活動が活発になり、通常国会召集前の九五年一月に解党大会を開こうとする動きが出ました。そのため村山さんが久保書記長と会う頻度が増えていますね。一一月一一日に会ったときは会談を受けて「一月解党大勢に」という記事が出ました。山花氏の「新民主連合」も新党に向けた動きを加速していきました。その後、一一月二二日と二八日にも村山さんは久保さんに会っています。当時の記事によると村山さんが「党がまとまって新党を結成すべきだ」と言い、久保さんは「政界再編のスピードは社会党に合わせてくれない。急ぐべきだ」と答えています。しかし、山花さんが一月解党大会一直線なのに対して久保さんは次第にあきらめていきましたね。

村山　うーん。まあ久保さんの方が考えは深いわな。山花さんより考慮する範囲というか考える範囲が広い。山花さんの方は真っすぐというか、物事を配慮する範囲が狭いんじゃないかな。やっぱりこれまでにどれだけの場数を踏んできているかという違いもあるだろうな。

――村山さんからすれば久保さんの方が話しやすかったわけですか。

村山　いや、彼もなかなか深謀遠慮があるから簡単にはいかない。ただ久保さんのいた参議院社会党も内部の対立はひどかったな。一部の参院議員が久保さんのことを「あんな奴には油断したらいかん」などと盛んに僕に言ってきていた。そんな話はあまりまともに相手にしなかった。気にしていたら仕事にならんからね。

――とにかく一九九四年の一一月、一二月は新党に向けた党内の動きが活発になりましたね。

村山　党内に新党結成の準備会だとか党名変更委員会だとかいろいろできたんだ。ところが僕は官邸にいたから党内の動きがよく分からない。新党を作るという方向は僕も賛成だから、それはそれで認めてきた。しかし一月に解党大会を開くというようなスケジュールを中央執行委員会も承認しはじめた。

そういう話がでてきたので一二月、党三役を官邸に呼んで党内の状況を聞いたんじゃ。そしたら「一月に大会をやる」と言うから「どういう段取りでやるのか」って聞いたら「午前中に党の解党大会を開き、午後は新党結成大会をする」という。「新党結成大会の旗揚げにはどういう新しい人が加わるのか」と聞いたら「それは分からん」と言う。僕は「それでは看板を替えるだけじゃあないか。それはあんまりよくない。新しい人が加わってなるほど社会党も新しい党になったなと受け止めてもらわないと新党の意味がないじゃないか」と言った。そのとき三役でだいぶ話したが、僕は一月の解党大会のやり方に反対したんじゃ。そしたら「委員長がそう言うならしようがないな」と、彼らもしぶしぶ納得したような形で帰った。

するとその後に開かれた「新党結成プレ集会」が荒れた。新党推進派の議員らが僕に向かって「お前が委員長をやっているから新党ができないんだ」「約束が違う、約束を守れ」とヤジを飛ばしたんじゃ。隣に座っていた久保さんに「約束ってなんの約束ですか」と聞いた。そしたら久保さんは「まあ、勝手なことを言うだけですからいいじゃあないですか」としか言わなかった。「約束」というのは一月に解党大会をやって、それを午後には新党結成大会にするという日程のことで、僕が壊したから「約束が違う」という意味だと思う。とにかくこの場で僕はだいぶヤジられたな。

――一二月と言えば予算編成の時期ですから、総理大臣はとても忙しい時期です。その最中の一二月一八日、社会党の都道府県本部代表者会議が開かれ一月解党大会に慎重論が出て、二三日の中央執行委員会で臨時党大会を二月一一日に開くという日程だけを決めました。これは先送りですね。

村山　そうそう。そりゃ新党結成と言ったって、さっきから言うように中身は何も変わらないで看板だけ替えるのでは意味はない。だから名実ともに新しい層が加わって新党になるのならいいけども、そうではないので反対したんだ。

――党大会が二月に先送りされたのでは、山花さんたちは党を出るしかなくなってしまいますね。

村山　山花氏らが党を出るとか出ないとかいうことについてはあんまり意識しなかった。まあ離党する奴は当然、出てくるだろうと思っていたね。とにかく一二月とか一月は総理大臣にとってみれば、予算編成や国会の予算審議が始まる大事なときだから、あんまり党のことをやる余裕がなかった。だから細かなことまで立ち入ることができず、基本的な話だけ聞いて対応していた。

――党大会延期で党内の山花さんや久保さんら新党推進派が抑え込まれ、村山さんを支える側の「村山政権を支え、社民リベラル政治をすすめる会」が優位に立ちました。

村山　党内の力関係はそうなったな。国会議員の数はともかく地方組織などを含めた党内は左の方が数が多いので強かったな。だから都道府県本部代表者会議など全国の党機関を集めた会議をやれば、左の方が強いわけだ。しかし、国会の中だけ見ていると右の方が多かったかもしれんね。

――そういう構造は協会派が暴れていた時代とあまり変わりませんね。

村山　いやいや、昔と違って左派が地方組織を牛耳るとかいうようなことはなかったよ。

――そして村山さんは離党の動きを見せていた山花さんと一月八日に会いました。会談は決裂。直後に村山さんは訪米しました。党内がゴタゴタしている時に、総理大臣として外遊もしなければならないし通常国会の準備もあるし、大変な時でした。

村山　党内問題にそれほど深入りしてどうこうするなんていうことはなかなかできなかった。それに正直言って、山花氏なんかはもうぜんぜん眼中になかったな。離党すると言って騒いでいたわけだが「もうこんな人の問題に僕が頭を使って何かする必要はない」くらいの感じだった。久保書記長については、彼が党の書記長であり影響が大きいから無視するわけにはいかないので大事にしていたし、言動には注意していた。しかし山花氏は会って話せば「ああ、もうこれは駄目だな」とわかったし、それほど重視して見てなかったな。

――何人の議員が山花氏についていくか心配しなかったのですか。

村山　気にならん。いざ離党するとなったらそんなに多くの議員がついていくわけがない。

――結局、一九九五年一月一七日に山花氏ら二四人が離党ではなく会派離脱届を出しました。ところがこれは「阪神・淡路大震災」が起きた日でした。届を出した議員の中に、兵庫県選出議員が五人も含まれていたんですね。これはやっぱり政治センスの悪さですね。

村山　ああ、あの時は地震でもうそれどころじゃないわ。会派離脱届のことは多分、だれかが報告してくれただろうけど、そりゃもうそんなことに頭は働かん。そりゃ地震のことで一杯だった。

新党問題と労組の動き

――阪神大震災については後で詳しく伺います。大震災発生直後の山花氏らの会派離脱騒動ですが、この新党結成の動きに、社会党の最大の支持組織である連合の山岸章会長はじめ主要労組はどういう動きをしていたのですか。

村山　僕は山岸氏とはあまり連絡を取ったことはない。連合には旧総評系の労組が二〇～三〇くらい入っていた。自治労とか日教組とか全電通とか全逓とか、そういう組合とは付き合っていた。

新党問題については、自治労の後藤森重委員長や全電通の梶本幸治委員長らが中心になって絶えず会議を開いていた。そういう席に僕は何度か出て、話したのは「当座は社会党と新党さきがけが一緒になる。いわゆるリベラル層の人たちをできるだけ加えて新しい新党を作りたい」という構想だ。彼らもそれには賛同していた。

――連合会長だった山岸さんをどう評価されていたのですか。

村山　僕はあまり接触がなかったな。話が合わないっていうよりもともと僕は彼のことをあまり評価してなかったなあ。はっきりした日時は忘れたが、僕が社会党の委員長の時だったと思うんだが、山岸さんを励ます会のようなものがあった。そこに呼ばれて挨拶をしたんじゃ。山岸さんはよく社会党を批判していたし、右寄りの発言をすることが多かった。しかし、こういう会合で挨拶する時にあんまり悪いことは言えない。それで僕は「山岸さんという人はけしからんやつだと思っていた。だけど今考えると、それはやっぱり社会党をよくしたいという気持ちがあっての発言じゃないかなと思っている。だから今、山岸さんを見直している」というような挨拶をしたことがある(笑)。まあ、おべんちゃらみたいなものだし皮肉だな。山岸氏はその後も「社会党を駄目にしたのは村山だ」というようなことをあちこちで発言しているな。彼はとにかく自社さ政権を作ったことに反対だったんだ。

――確かに細川連立政権を作るときに、活発に動いていましたね。

村山　動いた、動いた。山岸氏は小沢一郎氏との関係が比較的良かったんだ。だから欠保さんたちとも近いということだ。

――自治労の後藤委員長はどうなんですか。

村山　後藤さんは北海道出身で、北海道知事だった横路孝弘さんに近かったんじゃないかな。横路さんが知事を辞めて総選挙に出るときにはいろいろ応援していた。結局、北海道議は横路氏とともにみんな民主党に行ってしまった。もともと北海道は社会主義協会が一番強かったところだった。主要な労働組合の指導者に協会派が多かったんだな。社会党王国とも言われていたな。

――左派が強いのだったら、本来なら村山さんたちのグループに近いはずですが。

村山　そりゃあやっぱり横路氏の影響力が強かったんだろう。だからみんな右になってしまった。僕と同期の社会党の国会議員もいた。彼らに「なぜ、あなたたちは右に行ってしまうのか。これまで言ってきたこととやっていることが違うじゃないか」というと、「道会議員がみんな民主党に行くのに、我々だけ残るわけにはいかない」と言っていたな。

――それだけ横路さんに力があるということですね。

村山　それは知事だから。しかも三期もやればそりゃあ強いわ。道会議員を押さえていた。そして国会議員は道会議員を頼りにしているから、道会議員が民主党に行くとなったら国会議員もみんないなくなってしまった。だから北海道は国会議員も全員が民主党に行ったんだ。

――労働組合の大きな流れは社会党内の「主体派」ではなく「新党派」の方に走ったわけですね。

村山　まあ労働組合はそうだったな。僕にはそれを止めるだけの力はなかった。彼らは自治労の後藤委員長や全電通の梶本委員長らを中心に、僕が首相のときから新党に向けて動いていた。旧総評系のいくつかの単産にはもともと連合に批判的なところがあった。そういう連中とは絶えず連絡を取っていたんだけど、だんだん大勢に引っ張られたんだろうな。もう連合になってから労組はぜんぜん変わってしまった。やっぱり公労協が中心でいたから総評があったんだ。その公労協が駄目になり総評が解体して連合になってからは民間労組が主導権を握った。労組のこうした動きについては我々にも責任がある。社会党とさきがけを中心とする新党問題が遅々として進まず展望が開けなかった。そのことが連合を新党に走らせた大きな原因でもある。

原理主義の日教組

――選挙では頼みの綱である労組が急速に新党に走っていったわけですから、良好な関係維持は難しかったでしょう。

村山　僕は総理になったときに、労働組合に関連していくつかの課題を解決しようと思った。

一つは日教組と文部省の関係だ。日教組と文部省は団体間の交渉もしないし、話し合いもしないというような悪い関係だった。これはよくないと思っていた。教育行政を語るのに日教組がぜんぜん関与できていなかったし話もできてない。教育行政にはやっぱり現場の声を尊重し反映させせないといけない。僕の内閣では与謝野馨さんが文部大臣だったので、彼に文部省と日教組の関係を修復して何とか対話ができるようにしてほしいと頼んだ。与謝野さんがいろいろ頑張ってくれたんだと思う。その結果、両者の間で話ができて、お互いの要求をそれぞれが聞き入れるということで一応の合意ができたんじゃ。日教組委員長の横山英一氏を中央教育審議会の委員に起用する話も九七年四月に実現した。そこまではよかったんだけど、その後、日教組はこういう関係を続けたり活用したりすることができなかったな。これまでの殻から脱することができなかったな。

――日教組がだめなんですか。

村山　そう、日教組はどうにも理屈が先行するんだ。現実を踏まえつつ弾力的に対応するということができないんではないかな。

――ほかは何ですか。

村山　自治労と自治省の問題だ。これは地方公務員法で禁止されている消防職員の団結権の問題だ。一九七三年に国際労働機関（ＩＬＯ）が日本政府に対して「団結権の付与」を勧告したがその後話が進んでいなかった。それで僕が総理のときの九五年五月、自治大臣の野中広務さんと自治労の後藤委員長が会って、一応妥協点を見出してその問題も決着してもらった。全国の約九〇〇の消防本部に「消防職員委員会」というような組織を設けることで合意したんだ。この委員会は労働組合という位置づけではないが今も活動を続けている。

国鉄労働組合（国労）の問題もあった。一九七五年のスト権ストに関して、旧国鉄を引き継いだ国鉄清算事業団が国労などを相手に訴えた二〇二億円の損害賠償を求めていた訴訟問題と、一九八七年の国鉄分割民営化でＪＲに採用されず結局解雇された一〇〇〇人余りの組合員らに対する「採用差別」という不当労働行為の問題だ。運輸大臣の亀井静香さんが解決のため努力してくれた。損害賠償の訴訟の方は、九四年一二月に一応和解が成立して解決した。しかし、不当労働行為の方は僕の内閣のときには解決案がまとまらず不調に終わった。この問題は民主党政権になってからの二〇一〇年四月、一人当たり約二二〇〇万円の和解金が支払われることで決着した。何とか両方の問題が決着してよかったと思っている。

これら労働組合の問題は、せっかく社会党の委員長が総理になっているのだからできるだけ解決しなけりゃいかん、というつもりでやったんだ。

「日の丸」や「君が代」の問題もでてきたな。僕は総理になってから「日の丸」は認めてもいいと言ったんじゃ。このときはまだ、別に法律で何か決めているわけじゃあないから、掲揚したい者はすればいいし、嫌だという者はしなくていいじゃあないかというような見解を表明した。それを一番強く批判したのが日教組だったな。卒業式とか入学式とか学校で何か式があるたびに、「日の丸」を出すとか出さんとか、「君が代」を歌うとか歌わんとか、教師が生徒や父母を巻き込んで大騒動を起こすようなことはよくない。だからあんまりそんなことでもめることはよくないという気持ちだった。

日章旗は戦後掲げる者はずっと掲げてきている。僕は今更なんだかんだ言ってみたってしようがないと妥協したような見解を表明したんだ。それで日教組に批判されたが、僕は「あなたたちも外国に行って外国の労働組合と話すときに、テーブルの上にそれぞれの国旗が立っているじゃあないか。あなたたちが日章旗を認めないんなら「我々は日章旗を認めていないから机から降ろしてくれ」と言ったことがあるのか。そんなことないだろう。外国では認めて日本に帰ったら認めないなんていう話はおかしい」と反論した。そんな気持ちだった。

日章旗というのはものすごくデザインがよくて、外国の評価も高いそうだ。「日章旗を先頭に立てて戦争した歴史がある。だからだめだ」という主張がある。しかし、「日章旗に責任があるわけじゃあなく、それを担いで戦争した連中が悪いんだ。今は日章旗を平和のシンボルとして使えばいいじゃないか」と言った学者がいる。僕はそれに賛成だな(笑)。

――「君が代」の方はどうですか。

村山　歌はそれほど僕も積極的に賛同するわけじゃないな。今の若者には歌詞の意味が分からないだろう。だからもう少し国民全体が理解して歌えるような歌を作った方がいいんじゃないかと思う。新しい国歌を作るということがあってもいいんじゃないかな。だから僕は「君が代」の方はそれほど強調したわけじゃない。

――しかし、卒業式には「君が代」もつきものですよ。

村山　つきものじゃけど、歌う者は歌うが歌わない者は歌わんでもいい。争うことはないだろう。

――歌詞の「君が代は……」っていう出だしに違和感があるんですか。

村山　僕らは子どもの時からずっと歌ってきているからそれほど違和感はない。最近、大分のある公民館で講演したとき、三〇歳前くらいの若い人から「天皇制をどう思いますか」という質問があった。僕は「天皇に対する見解はいろいろあるかもしれないけれども、一応憲法で象徴として認められているわけだから、私は憲法は守らなければならないという主張をしているので、天皇についても憲法の規定通りだと考えている」と応じた。まあ、質問した人がどういう考えの人か分からないし、どんなつもりで聞いたのかも分からなかったのでね。こういう質問にはそういう答え方しかできないわなあ。

――村山さんは天皇制批判論者ではないですよね。

村山　もう批判はしない。

――総理になって天皇にお会いになる機会が増えたでしょう。

村山　増えた、増えた。

――どんな印象でしたか。

村山　今の天皇はいろいろとよく勉強されている。総理大臣は何か月かに一度、天皇に国政を報告する機会があるんだ。その時、僕がぜんぜん知らない国の名前を出されたりするので困ったことがあるよ(笑)。

また、今の天皇は本当にリベラルだし平和の愛好者だということは分かる。

――とにかく日教組は文部省との接点を活用できなかったわけですね。

村山　そう、活かすことができなかった。今は日教組も以前ほどではなくなったなあ。組織率もだいぶ下がったんじゃあないの。それは仕方ないと思う。「日の丸・君が代」問題で、現場であれだけ対立していてはね。組合の先生方の本音を聞くと、みんな心の中では「こんなことまでしなければならないのか」と思っているのに、一部の人を除いて組合が方針を決めるから仕方なくやっているのではないか。

――どうして日教組はそういう発想から脱皮できないんですか。

村山　それは流れだろうな。伝統的な運動の流れがあるんではないかな。

――教条主義が政治的、社会的に力を持たないことは、村山さんは身にしみて理解しているわけですね。

村山　身にしみているな。

――北海道の道会議員たちがそろって新党に行くというときに村山さんは「党職員をどうするんだ。彼らの明日からの生活をどうするか」という発想をすぐするわけですね。地に足がついている発想ですか。

村山　何かやろうとするといろいろ問題がある。こういうこともあるじゃないか、だから簡単にいかないんだぞということを分かってもらうために言ったんだ。現実に処理しなければならない問題があれば、当然、党役員の責任で解決しなければならない。

――総理大臣という立場の人は、イデオロギーばかり振り回しても難しいでしょうね。

村山　そりゃあそうだ。そんなことをしていたら総理は務まらんよ。

党内論議進まぬ新党問題

――山花貞夫さんらの会派離脱の動きは、阪神・淡路大震災でつぶれてしまいました。しかし、一九九四年一二月に新進党が結党されたことに加え、九五年は統一地方選や参院選が予定されていたため、社会党内の新党問題はくすぶり続けました。村山さんは二月一一日に予定していた社会党大会を三月に延期、さらに統一地方選後に延期とどんどん先送りしました。そして、五月二七日に臨時党大会を開き、社会党の解党と民主リベラル新党の結成を目指すことを決めました。

村山　そうそう。地震で山花氏の動きはつぶれた。地震に助けられたという人もいたが、僕はそんなことは考えなかった。とにかくあのときは地震で頭の中はいっぱいだったからな。あのころは山花氏らだけでなく労働組合も新党に走っていくような流れだった。全逓とか主要な組合が新党準備会のようなものを作って動いていた。旧総評系か旧同盟系かということは関係なく、みんなそういう空気だった。ただどういう新党を作るかということについて、労働組合の内部は必ずしも一致してなかった。右の方にずっと走っていこうとする労組と、やっぱり社会民主主義の路線を守らなければいかんという労組があった。後者は自治労とか日教組とか労働組合でも左の方だな。しかし労組のこうした動きも地震によって頓挫するわけだ。とにかく九五年の前半は、大震災に続いてオウム真理教の地下鉄サリン事件なんかで大変だった。僕自身は新党問題を考える余裕はなかった。

――一方で、党内の大勢を固めて統一地方選挙や参院選に臨まなければならない。結局、選挙準備や党内問題への対応は久保書記長に任せたのですか。

村山　そう、党の問題は彼に任せた。おそらく新党問題を考えながらやってくれていたんだろうね。

――しかし、これまでのお話からすると久保さんをどこまで信用していいか分からないのではないですか。

村山　僕にはそんな余裕はなかったな。このころ新党問題についてはほとんど話さなかった。

――参院選を控えて「このままでは選挙にならない、新党だ」という声が出ていたわけですが、新党だと選挙に有利だと考えていたわけですか。

村山　まあ社会党は選挙のたびにずっと議席を減らしてきたからな。しばらく前から社会党のままじゃあ駄目だという空気がでていた。九三年の総選挙が決定的だった。さらに新進党ができて、保守二大政党の時代になってしまうのではという危機感も加わった。労働組合からも「新党だ、新党だ」という声が強くなってきた。それが党内の大部分の気持ちだったんだろうな。

――新党を作れば選挙に勝てるというわけですか。

村山　それはその、まあ当時はリベラルという言葉が盛んに使われた。これまでの社会党支持層だけではなくリベラル層を新しく結集して新党を作ればなんとかなるのではないかという発想だね。とにかく社会党がこれまでの殻を破りイメージを変えなければいかん。これまでの運動の延長線上に新党を考えるのではなくて、思いきって発想の転換をしてもう少し現実的な政党に変わっていくべきだという発想がだいぶ強くあったな。

――そういうことを党内で詰めて議論していたのですか。

村山　そういう議論は党内では全くしてないんじゃや。ただ「もう社会党は駄目だ、駄目だ」「社会党じゃあもう選挙はできない」という声だけが先行していたな。理念的にも政策的にもどういう新党を作ればいいのかというような議論は、あんまりなかったんじゃないかな。

――村山さん自身も、新党さきがけと組んでリベラル勢力を結集して新しい党を作ろうとしていました。

村山　それは僕もやはり、このままの社会党じゃ駄目だと思っていたからな。時代はどんどん変わっているのに、社会党はいつまでも古い殻を背負ったままだ。かつての社会党は総評とセットで、あるいは社会党と労働組合がつながっているという印象だけでやってきた。まあ総評が元気な時はそれでももってきたわけだ。しかし総評は解体して連合になった。その連合は民間労組が主導権を握っている。民間組合は総評の労働運動とはぜんぜん違う。そうやって社会党を支えてきている基盤が次第に右傾化してきている時に、社会党は依然として昔の体質をそのまま続けている。このギャップが党の衰退につながってきたんだと思う。

労働組合が変化してきたのは、社会全体が変わってきたからだね。当然、社会党も従来の殻を破ってもう少し右の方に幅を広げていかない限り、これ以上伸びない。そういう点について党内はだいたい一致していたんじゃないかと思う。やっぱり時代の変化に対応しきれる弾力性のようなものを持って支持層の幅を広げていかないと、どうにもならないと思っていた。

——社会党がそこまで危機的な状況に置かれているということをみんなが認識していたにもかかわらず、党内は昔流の左派と右派のようなグループに分かれていましたね。

村山　うーん。そうだねぇ。一つはやっぱり労働組合にもともと総評系と同盟系があったためだ。総評系の労組は大体が社会党だし、同盟系は民社党を支持していた。そういう流れの違いが党を支える基盤にあって社会党内もそういうものに引きずられていたんだと思う。それが端的にいえば党内の右と左につながったんだ。

——それが社会党内の村山さんを中心とするグループと久保さんを中心とするグループの二つの塊に分かれて、何をするにしても一緒にできない状況になっていったのですね。

村山　そうだな。いくらか隔たりがあったかもしれないな。僕が社会党委員長になるときの経緯で表に出た二つの流れは、その後もずっと残っていたからね。やはり連合ができて労働組合が大きく変わっていったことが大きい。かつての総評系の中心だった公労協は解体してなくなった。民間労組が中心となった連合になり、社会党は連合と一体となれるような政党に変わるべきだという考え方もあった。僕はそれじゃあ駄目だ、政党は政党の主体性と主導権を持たなければならないという立場だ。それで社会党内は連合の方にぐっと移行していこうとする人たちとかつての路線も守っていこうとする人とに、結果的には分かれたわけじゃ。

――党幹部の人間関係という要素は大きいのですか。

村山　そりゃぜんぜんないとは言えないね。好き嫌いがあったり、いろんなことで対立してきたりした関係もあるだろう。しかし、新党を作るうえでそんなことを言っていたら、逆に党内で孤立するだけだろうね。誰しも好き嫌いはあるだろうが、運動を進めていったり運動を発展させていったりするためには、いろんな人が必要だ。そういう時にあの人は好かんから駄目だとか言っていては話にならないね。

政権担う自覚の乏しかった社会党議員

――ところで当時、社会党の委員長が総理で社会党が政権を担っているという意識を社会党議員の皆さんはどのくらい持っていたのですか。

村山　新党問題ばっかりだった。政権のことは他人事みたいに思っていたんかなあ。自民、社会、さきがけの三党連立ということもあった。僕は三党による内閣の運営をうまくやらなければならないので、党の方のことについては書記長に任せた。せっかく社会党委員長が総理大臣になり政権を握っているのだから、社会党はこういう機会を利用して党勢を拡大するとか、党の政策を実現するとか、いろんなやり方があると思っていた。しかし、当時の社会党議員らは「与党になったために思うようにものが言えない」「野党時代の方がよかった」と言っていたなあ。

——「ものが言えない」ってどういうことですか。

村山　野党時代は、国会の委員会などで頻繁に政府・与党を追及するような質問ばっかりやっていた。それが与党になるとできなくなったと言うんだ。その程度のことだ。結局、長い間政権を取ったことがなかったから、どうしていいのか分からなかったんじゃあないかなあ。

——野党の時代は政府を批判できる。しかも、自分たちがどうするかってことは聞かれない。しかし、与党になると政府を批判できない。

村山　そうそう、野党時代は攻めるばっかりだ。自分たちはどうするかってことは影の内閣なんかを作って検討したことはある。しかし、与党になったらガラッと立場が違うわけだ。細川政権の時にも六人が入閣して経験は積んでいるんだけどね。

——与党になれば自分たちの政策を実現できるんだということを、皆さん考えなかったのですか。

村山　まあ社会党の議員は自分たちが政権与党であるとか責任ある立場だということは、やっぱり残念ながらあまり意識してなかったな。閣僚に入ったメンバーはそういうことを気にしていたかもしれないが、一般の議員がそういう感覚を持っていたかといったら、なかっただろうな。

しかし、僕は社会党委員長が首班の内閣だから社会党らしいものが出てこないと意味がないと思っていた。だから水俣病未認定患者の救済問題の決着や被爆者援護法の制定、あるいは国と地方の役割を見直して権限と財源を国から地方に移すことを目指す地方分権推進法の制定など、この内閣でなければできないなと思うようなことをやろうと思った。それから元従軍慰安婦の人々への償いの事業を進めるための「女性のためのアジア平和国民基金(アジア女性基金)」の創設も進めた。どれも社会党首班内閣じゃなければできなかったことだと思っている。ただ、一般的な政策の中で社会党らしいものをどれだけ実現できたかとなると、そう簡単なものではない。

――社会党議員にしてみれば政策決定に関与している実感がないうえに、国会では思うように質問ができないとなると……。

村山　だから不満を言うんだ。何回も不満の声を聞いた。僕は「そりゃあ、与党と野党は役割が違うんだから、政権を取った党としての役割を果たせばいいじゃないか。責任の果たし方によってはあなたの選挙に有利になる。そういうのを考えてやればいいじゃないか」と話したことがある。与党になると今までとは違って市町村長やいろんな団体幹部の陳情が多くなる。僕は「そういう機会を大いに活用していけばいいじゃあないか」と言ったこともあるんだ。

――長年対立関係にあった自民党と初めて連立を組んだわけですが、自民党はいかがでしたか。

村山　「社会党のおかげで与党に戻れた。これは大事にしなければならない」と思っている人もいれば、そうでない人もいただろう。いろいろだと思うよ。だけど全体としては社会党に対して非常に好意的に協力してくれたことは間違いない。

――社会党の議員と比べて自民党議員に与党議員であるという自覚や意識の違いは感じましたか。

村山　そりゃあるわな。自民党議員の場合、政権の維持や運営のために本当は心の中で反対であっても賛成するということがある。一番いい例が九五年八月の「戦後五〇年の総理談話」がそうだ。あのとき閣僚はみんな賛成した。しかし、僕が総理を辞めてから後、自民党の中には反対だと言ってる人がいるな。

とにかく自民党は与党経験が長い。細川連立政権の時、一時的に野党になって野党の悲哀というものを痛いほど経験したんだと思う。だから自社さ連立政権誕生で与党に戻ると、これは大事にしなければならないという意識が強かったんだろうな。それに比べると社会党のメンバーは「与党だ」「野党だ」ということはぜんぜん関係ない。陳情が増えたなあということくらいは感じていたようだが、それ以上ではなかったな。だから社会党議員が政権を守らなければならないという意識をどこまで強く持っていたかは分からない。「与党であることなんかどうでもいい、野党の方がよっぽど議員らしいじゃないか」と思っていた議員もいただろうね。

それで僕は総理という立場は孤独だなあと感じた。それはしようがないと思う。しかし、自分の党は政権を支える与党なんだからもう少しいろんな役割を果たしてくれてもよかったと思う。また、政権党としての利点もあるわけだから、それを自分の選挙でプラスになるよう生かしていくこともできたはずだ。それは残念ながら社会党には経験がないためできなかったな。

「九五年宣言」で現実路線

――話を新党問題に戻します。社会党は一九九五年五月二七日に臨時党大会を開き、社会党の解党と新党結成を明記した「九五年宣言」を採択しました。宣言には日米安保堅持や自衛隊合憲なども盛り込まれました。村山さんは挨拶で「社会党が生まれ変わらなければ明るい未来はない。目指すのは二つの保守政党——自民党と新進党——と峻別された第三極だ。ただ、安易に党の解党を口にしたり、党を分散化するというのでは展望がない、こぞって党員が参加できる新しい政党作りを目指す。社会党は社民、民主、リベラル勢力の総結集に汗をかくべきだ」と述べています。

村山　確かにそういう挨拶をしたな。しかし、新党作りはその後もなかなか動かなかったね。

——社会党といえば「護憲」「反安保」「反自衛隊」でしたから、政策面ではかなりの転換ですね。

村山　僕が総理になって国会で答弁する時に、当然、自衛隊や日米安保についての質問が出るから、国会答弁については党の三役らと十分相談してやってきた。党内の右の方はもともと自衛隊や日米安保は容認じゃから問題はない。左の方は反対していたんだ。だから左の方が抵抗を感じたと思うけど、全体として党の執行部の連中はやむを得ないと思っていた。僕は労働組合の幹部とか社会党が関係する主な組織などにもみんな電話をかけて意見を聞いたが、彼らもみんなやむを得ないだろうという感じだった。ということで「九五年宣言」で踏み切ったわけじゃ。

ただ僕が非常に残念に思ったのは、党大会や党の公の機関で政策を変更してから後に総理になって、すでに変更した政策通りに対応したという順序だったらまだよかったたんだが、順番が逆で、まず僕が総理になってから政策を変えたから、「ああ、総理大臣のポストに就いたから政策を変えなきゃいけなくなったんだ」とか「政権が欲しいために政策を変えたのか」というふうに受け止められたことだ。それはもうしようがない話でな。僕が総理になるなんて誰も思ってなかったんだから。

——確かに突然の総理大臣就任ですから仕方ないですね。

村山　社会党内では長い間、自衛隊は違憲か合憲かとか、日米安保に反対か賛成かという対立する意見があって絶えず討論していた。だけど結論が出せないわけじゃ。それは党内に二分した考え方があって、なかなか一致した結論が出せなくて、その結果、全部うやむやになってしまったんだ。

だから僕は社会党委員長が総理大臣になったような機会でもなければ、主だった政策を変えられないかもしれないと考え、ある意味で九五年はいいチャンスだと思った。党がこれから発展していくためには、この機会に政策を変えたことはよかったんではないかという気持ちが僕にはある。

——にもかかわらず、臨時党大会直後の七月の参院選で社会党は一六議席という過去最低を記録しました。この選挙結果を受けて沈静化していた新党問題がまた動きだしました。全電通や自治労という労組が先に動き出し「民主リベラル勢力結集」を主張し始めました。八月には、全電通が社会党支持団体からの離脱を決めました。こうした労働組合の動きに村山さんはかなり距離を置いていたようですね。

村山　そりゃそうじゃ。この動きはどっちかといったら総評の路線からグーッと右寄りに舵を切るという話じゃからな。僕はそれにはちょっと同調できない。やっぱり社会民主主義という路線を失ったらいかんと考えていた。

――ここでまた、右と左ですか。

村山　出てくるね、やっぱり。それで僕は労組に距離を置いた。

――村山さんが「社民リベラル」で、労組は「民主リベラル」ですか。分かりにくいですね。

村山　一般の人から見たら分からんだろうな。資本主義を中心とした自民党や新進党とは違うというところがなければ革新の意味がないし、自民党などに対抗する意味がない。だから社会民主主義の路線というものは、理念的にはそういう路線をしっかり踏まえることが大事だという意識が強いんだ。

――自民党と連立を組んでいて自民党と対抗と言われると、ますます分からなくなります。

村山　政治というのはその時々の政局の状況によっていろんなことが起こりうる。自民党と組むことだって実際に起きたわけだ。しかし、そのことによって自分たちの持つ本質的な理念を棚上げしたりなくしてしまうというのなら話は別だ。そうでない限り「自社さ連立政権」というようなことはあり得る。

「村山談話」で退陣時期を考え始めた

――新党推進派の労組は一九九五年八月下旬に、村山さんや党内の左派を排除した政党をつくりたいとして、「民主リベラル新党結成推進労組会議」を結成しました。同じころ北海道の横路孝弘さんも「村山さんのもとでは勝ち目がない。いつも政権のことを気にしていては新党が生まれるチャンスはない」と批判しています。一方の村山さんは「戦後五〇年の総理談話」、いわゆる「村山談話」を閣議決定するなど総理大臣としての仕事に忙殺されていました。

村山　彼らの動きは僕には関係ないな。いや、関係ないというよりむしろ批判的だったな。実は僕はもう「村山談話」を出した九五年の夏ころから内閣総理大臣の辞め時を考えていたんだ。

――ずいぶん早くから、考えていたんですね。

村山　これは誰にも相談できなかったし言えなかったんだが、一応、僕はこの内閣でやらなきゃならんことや、やれる範囲のことには目途がついたなと思い始めていた。それで自分の気持ちの中ではこの年の年末か、年を越して早々くらいに辞めるかなあと考えていた。

――なぜ、年末か年明け早々だと考えたのですか。

村山　そうしないと新党問題を含めて党のことが間に合わなくなると思った。だから総理大臣を辞めたら党の問題に打ち込もうと考えた。委員長という責任上そうしなければならない。僕にしてみたら「村山談話」が総理大臣としての最後の締めくくりみたいなもんだった。

少し先の話だが、僕は社民勢力の将来のことが心配だった。それで総理を辞める前の一二月初めに横路氏や鳩山由紀夫氏とホテルで三人で食事した。その時に言ったことは新党問題について「社会党はとりあえず新党さきがけと一緒になって、それから勢力を広げていきたい」ということ。そして、「僕はいずれ第一線から消える人間じゃ。総理を辞めたら表には出ないで縁の下の力持ちの役をさせてもらう。もう表に出る気はない。もともと七〇歳になったら国会議員を辞めるという気持ちだったのに、もう七〇歳も超してしまった。これからはあなた方に表舞台に立ってやってもらいたい」というようなことだ。彼らがどういうふうに受け止めたか知らんけどね。

それから自治労の後藤委員長ら「民主リベラル新党結成推進労組会議」の連中とも何度か会って、「新党問題もいいけど、やっぱり社会民主主義の路線をしっかり踏まえてこの路線だけは軸にしていくという考え方でいかないとだめだ。あなた方は長年、労働組合運動をやってきたから分かっているはずだが、そういう心棒がなくなったら駄目じゃないか」と話をした。僕の意見に「同意できない」と言った人はあまりいなかったけどなあ。僕は労働組合が骨抜きにされ労働運動らしいものがなくなってしまってはだめであり、労働組合運動は社会民主主義の路線をしっかり踏まえた立場で展開してほしいという気持ちがずっと強いからな。それで労組幹部らにいろいろそういう話をしたんだがなあ、だけど流されてしまったなあ。

——横路さんは九五年の夏にはすでに村山さんに批判的で、地方からリベラル勢力結集に動いていました。

村山　ああ、彼は動いていたなあ。横路さんは衆議院議員としては僕より一期早く当選した人だ。社会党内に「新しい流れの会」ができたとき、僕ら同期の当選メンバーが参加するというので僕も付き合うかと言って参加した。その時、横路さんが一所懸命我々の世話をしてくれた。僕は横路さんという人は将来、社会党の書記長など中枢のポストについて党を支えるようになる人だろうという印象を持った。しかし、知事になってからだいぶ変わったな。知事を辞めて再び総選挙に出てくるのだが、その時はもう社会党には戻らないつもりだった。そういう彼の言動を見ていて僕たちとは違うなという印象をもっている。

したたかに計算しての総理辞任

――九五年九月になると社会党内でも新党問題が活発になってきました。党内に「新しい政党づくり推進本部」とか「新しい政治勢力結集呼びかけ人会議」が発足しました。九月二一日の臨時党大会で一〇月下旬に新党を結成することを確認しましたが、それも結局、先送りされていきました。村山さんは「来年度予算編成とその成立に責任を持つ」と発言して新党結成の動きを牽制しています。一方で村山さんが期待していた新党さきがけとの合流の話は、さきがけ側がどんどん消極的になっていきました。党内に対立を抱えたまま、何もきちんと動かないで九五年の秋が過ぎていきました。

村山　あの頃は来年度予算編成、大阪でのアジア太平洋経済協力会議(ＡＰＥＣ)などいろんなことがあって、僕は本当に党のことにはぜんぜん関心を持つ余裕がなかった。

――だから新党問題は先送りしたわけですか。

村山　そうじゃ。ただ、もう年明けぐらいに総理を辞めようと思っていた。さすがにそろそろ党の問題を決着させなければ総選挙に間に合わなくなりかねないという思いがあったからな。それに僕が党大会を延ばしてきた責任もあるしな。最後にきちんと党の問題を決着させたいという気持ちもあった。しかし、後から振り返ると、すでに現実は僕がどうこうするという段階ではなかったな。

――総理大臣でいる限り新党問題は全部先送りしようと思っていたのですか。

村山　新党問題が差し迫っていてあまり時間的余裕があるとは思っていなかったけど、年末か年明けぐらいに総理を辞めれば何とか間に合うんじゃないかと考えていた。

――逆にいえば、年末か年明けまでにあわてて解党したり新党をつくったりする必要はないと思っていたわけですか。

村山　いやいや、そういうわけではない。まあ、新党をつくるためにはやっぱり新しい層が加わって名実ともに新党だというような姿が生まれてこなければならない。これまでの社会党をそのまま踏襲して、ただ看板だけを替えたのでは意味がないというのが僕の考えだからね。それは一貫していたんだ。ところが、その新しい層として期待していた新党さきがけの内部がもめてなかなかうまくいかなかったんだ。そこらを十分考えた場合に、早々と解党だ、新党だというわけにはいかなかった。それで年末か年明け早々ぐらいに総理を辞めて党に戻ろうと思っていた。

――村山さんは一九九六年一月に総理大臣を辞めました。そのときは「もう疲れたから」などということが最大の理由とされていましたが、本当の辞任の理由は新党問題だったんですね。

村山　まあ、そうじゃな。大きな理由は新党問題だ。

――今まで辞任の理由をごまかして説明してきたのですか。

村山　まあ、喋ってないな。

――そういう意味では「村山談話」は村山さんにとって非常に大きな意味があったんですね。

村山　そう、日本としてけじめをつけたわけじゃ。そして、これはやっぱり自分の内閣でなければできないと考えていた。まあ僕に体力や気力が十分あったかどうかは知らんけど、もともと総理に就任する時から「社会党の党首が総理になるのは憲政の常道に反する。第一党ではない少数政党の代表が総理を務めるなんていうのは変則だ。だからこれはあんまり長くやるべきことではない。ただせっかく首班に指名されたんだから、社会党じゃなければできないことをやらしてもらう」と考えた。最初からやるべきことが一段落したらもう終わりだというつもりだった。ところがそうしているうちに社会党という足元がガタガタになっていたんだ。これ以上総理を続けたら、内閣も駄目になるし党も駄目になる。だからどこかでけじめをつけないかんという判断じゃな。

――新党推進派は九五年一二月に結成だとか、九六年一月に解党・新党結党大会というスケジュールを次々に打ち出してきました。

村山　僕は一二月になって、党三役らを官邸に呼んで一月の解党大会を延期させた。ところが現実は大きな流れがすでにできていた。この動きは僕が総理を辞めてからではもう歯が立たなかったな。すでに遅かったな。新党問題は後に民主党につながる流れができつつあって、僕自身も含めて僕の仲間がすでに受け入れられない側になってしまっていたんだ。

――後に鳩山由紀夫さんが民主党を作るときに村山さんや武村さんの参加を拒否する「排除の論理」が有名になりましたが、社会党内ではすでにこの段階で新党への「長老はずし」「左派はずし」がでていました。

村山　そうそう、そうそう(笑)。

――自民党では九五年九月に総裁選があり、橋本龍太郎さんが河野洋平さんのあとの総裁になりました。河野さんは首相になれないままで終わったわけです。村山さんが総理を辞めれば、橋本さんが総理になるのは確定的でした。

村山　橋本さんは僕の内閣で通産大臣だったが、付き合いはそれ以上でもなきゃ、それ以下のものでもなかった。仕事以外のことはあまり話さなかった。

九六年一月に僕が辞任を公表しようとしていたとき、橋本氏がアメリカを訪問する予定になっていることを知った。それで電話をして「ちょっとお願いがある。アメリカに行くのを止めてもらいたい」と話した。「大事な話があるから日本にいてほしい」と言ったんだ。橋本氏が「向こうで講演などの約束をしているので、いまさら中止はできない」と言うので「それ以上の重要なことだから訪米は止めてくれ」と伝えた。橋本氏は「それじゃあしようがないな」と受け入れてくれた。もうそのときには橋本氏もピンときている。僕があんな言い方をすればわかるだろう。「総理を辞める」というようなことはひと言も言ってないけどピンときたから、彼は訪米を中止して日本に残ったんじゃ。

――橋本さんという政治家はどういう方ですか。

村山　橋本さんは僕が当選した時から社労委員会にいた。橋本さんは社労の筆頭理事や委員長を務めていたので、委員会を通しての付き合いはあった。どっちかといったら頭の回転が速い、そして政策をよく勉強している政治家だな。同時に「肩肘張った男」という印象だった。だけど付き合ってみるとそれほど悪い人間じゃないね。失業問題や雇用問題に関する議員立法で一緒に法案を作成したこともあった。仕事の関係でずいぶん付き合いは長かったが、仕事以外で個人的な付き合いはあまりなかった。

解散はすぐにはないと思っていた

――村山さんは総理を辞めたあと社会党の新党問題に取り組むつもりでしたが、総理を辞めれば自らが衆院の解散時期を決めることができなくなります。後を継いだ橋本総理が解散を早くやってしまう心配はなかったのですか。

村山　僕は衆院の解散をどうするかとか、解散の時期はいつ頃がいいかとか、そんなことはあんまり考えなかった。ただ総理が橋本さんになってても解散がそんなに早くあるとは思わなかった。あの時は解散をしなきゃならないような状況にはなかった。もちろん橋本さんが総理になって国民の信任があるかないかということを問うというような意味の解散ならそれは別だけど、そういう解散はそう簡単にはできないわな。また、信任を問うための解散をするためには、この内閣でいいか悪いかという判断をしてもらうために一定の期間が必要だから、そう早く選挙があるとは思ってなかった。橋本内閣が総選挙に打って出ようとしてもなにか国民に問うものを持っていないとできない。政権が代わったからという理由だけで選挙をするということにはならんと思っていたな。

――では村山さんは退陣にあたって、橋本さんに解散総選挙について何も注文をつけなかったわけですか。

村山　僕は辞めたあとの内閣にいろいろ注文つけたりすることはしたくなかったね。

――村山さんは総選挙の見通しなどについても、したたかに計算していたわけですね。

村山　そう短兵急にすぐ解散ということは、よほどのことがない限りないだろうと思っていたな。

――村山さんがそこまで考えて退陣時期を決めていたとは、誰も知らなかったでしょうね。

村山　ああ、そうかい(笑)。まあ、こんなこと誰にも話さなかったからな。

——最高権力者ってしたたかでないとできませんね。

村山　僕は表向きは九五年の参議院選挙後の内閣改造で新しく大臣になった人が年末に辞めたんじゃちょっと可哀想だ、せめて大臣で年を越した方がいいだろうと言っていた。もう一つは退陣があんまり延び延びになってしまうと、次の内閣で新しく大臣になった人たちがいきなり通常国会の予算委員会で答弁しなければならず、これは困るだろうということも言ったかな。だから新閣僚もある程度の勉強期間、準備期間が必要だということでいろいろ日程を計算するとやっぱり一月五日頃がいいということになったので、その日に記者会見して発表したんじゃ。

あの時、官房長官の野坂浩賢さんが退陣に一番強く反対した。「あなたは九四年に細川護熙総理が内閣改造をしようとした時、「予算を編成をした閣僚が予算委員会の審議に出て答弁するのが当然じゃないか。にもかかわらず予算編成にぜんぜん関係ない新しい閣僚が予算審議に応じるというのはおかしい」と反対してつぶしたじゃないか。そんなことを言った人が、これから予算審議が始まるときに辞任するのはおかしい」と言うんだ。

——野坂さんを何と言って説得したのですか。

村山　まあそれは理屈のつけようで、「予算は内閣と与党で編成するんであって、個々の閣僚がするわけじゃないんだ。そして新しくなった閣僚が予算をこれから執行するんだから、執行する立場で責任持って答弁するということがあってもいいじゃないか。だからそんなこと言いなさんな」と言ったな(笑)。いろいろ言い方はあるんじゃ。

――退陣表明の前日の一月四日に伊勢神宮に参拝し記者会見をしました。これはしんどかったでしょうね。

村山　うん、しんどかった。翌日、また記者会見して辞めるんだからな。あのときは「見事にだました」とかいろいろ言われたなあ。伊勢神宮のときは辞めると決めていてもう迷いがないからどんな質問が来たって割り切ってものが言えた。人間というものは迷いがあればどっかでぼろが出るからね。

――顔がこわばったりしなかったですか。

村山　いや、そういうこともなかった。だから人間は何か極端なものに出くわした時どうするかという判断は、迷いがあるまま突っ込んでいったらケガが大きい。だけど割り切って「これしかない」と思っていったら、仮に失敗したってケガは少なくてすむ。まあこんなことは一生に何度もあることではないけどね。

――退陣後は、党の問題に本格的に取り組むわけですね。すぐに総選挙はないと踏んでいるわけですから、時間的余裕もあるだろうと考えていたわけですね。

村山　僕がイニシアチブを取って進めようというほど積極的にやろうとは思っていなか

ったが、このままでは社会党が駄目になってしまうからなんとか再生させようとした。それは責任もってやらなきゃ申し訳ないという気持ちはあったな。だけど、もうその時は遅かった。どうにもならんような状況だった。

嫌だった日米安保共同宣言

——退陣に関連してもう一つ伺います。米国のビル・クリントン大統領が当初は九五年の秋に大阪で開かれたＡＰＥＣ出席のため来日する予定でしたが延期になり、九六年四月に来日しました。そして橋本総理とともに日米同盟の役割をアジア太平洋地域に広げる「日米安保共同宣言」を発表しました。自衛隊の役割が大きく拡大されたわけです。この問題と退陣時期は関係ありますか。

村山　沖縄の米軍基地問題について僕は九五年一月に訪米してクリントン大統領との会談で、那覇軍港の返還や沖縄本島での実弾砲撃訓練の廃止などいくつかの点で合意したが、普天間飛行場の問題は残っていたな。

——日米安保共同宣言はいかがですか。総理を続けていたら村山さんが日米安保共同宣言に署名していたわけです。

村山　それはそうじゃが、嫌だったな。日米安保共同宣言には一九七八年に決定された

「日米防衛協力のための指針(ガイドライン)」の見直しや日本の周辺地域で何か起きた時の両国の協力について研究していくことなんかを含めていろいろ盛り込まれた。そういう話がずっとあった。だからまあ僕は「社会党の総理がこんな問題までやらされたんじゃあ、あとあとどうかな」という気持ちがあった。そういうことも多少は考えて総理を辞める時期を選んだんだと思うけどね。

――やはりそうでしたか。

村山　うん。「共同宣言」がそれほど積極的な理由ではなかったけど、心の中にぜんぜんなかったかといえば、それは嘘になるわな。

――日米安保共同宣言は突然作成するわけではありませんから、米国と交渉をしている過程で外務省や防衛庁から経過報告があると思います。

村山　いろいろ報告はあったね。何度も来た。防衛庁の村田直昭事務次官とか外務省の幹部らが。それに対して僕はいちいち反対するとか、これはおかしいじゃないかとかそんなことは言わないな。もう辞める前だからね、辞める人間があんまり無責任なことは言わない方がいいと思ったのかな、それほど深く突っ込んで議論して自分の意思を言ったことはないね。

防衛庁の幹部が官邸に来たときは、野坂官房長官と一緒に官邸で聞いた。あの時は予算編成時期で防衛予算を大分削減しようとしていたので、事務次官も予算も含めていろいろ報告に来たな。普天間飛行場の問題は橋本さんが総理になってから固まったが、僕のときにもずっと継続してあった問題だ。

——防衛庁や外務省にしてみれば、社会党出身の総理と官房長官に日米安保拡大を理解してもらわなければならないのですから大変ですね。

村山　まあ、いろいろ話はあったが大きな路線はもう引かれているのだから、それほど議論にならなかったなあ。それにもう総理を辞めるということを大体決めていたんだから、辞めていく人間が捨て台詞を残すようなことはしたくなかったな。

こんな話は何か逃げたような格好になるのでこれまであまり話したことがないな。ただ、今、僕は思うけど、安保条約には功罪両面があるわな。日米同盟のおかげで日本は防衛費にあんまりお金を使わないで済んだ。また、中国をはじめアジア諸国には日米安保条約があるから日本が軍事力を強化しないという「ビンの蓋」論がある。安保条約があるから日本は心配ないという安心感を与えているわけじゃ。ＡＳＥＡＮの国なんか回ってみると、どの国もそういう懸念をもっているからなあ。だから僕はそういう面では日米安保を一応評価してもいいと思うんじゃ。だけど戦後、半世紀以上も経っていまだにこれだけの米軍基地が日本に必要なのかとも思う。こちらはよくない面だな。

だから九五年一月にクリントン大統領と会った時、僕は「外交問題というのは国と国の約束事があるから政権が代わったからといってこれまでの合意などを一方的に破棄するようなことはできないし、すべきではないと思う。だけど不都合な点があれば率直に話をさせてもらわないかん」というようなことを話したんだ。

それは安保条約を拡大・強化するというのではなくて、いろいろ考えるべきだということを言いたかったんだ。そもそも安保条約を締結したときにこの条約が対象としていたソ連という国がすでに解体してなくなっていることをはじめ、国際情勢が大きく変わってしまった。日本の周辺で本格的な戦争が起こる可能性がなくなったこと。一部には北朝鮮や中国が問題であるということを言う人がいるが、現実問題として戦争なんかもうあり得ない。にもかかわらず平和憲法を持っている日本になぜこれほどの長期間、こんなに多くの米軍基地が必要なのか、しかも治外法権を与えられたような形でね。

というようなことを考えた場合、国際情勢や日本を取り巻く情勢を率直に話し合って、これからの日米関係をよくしていくための安保条約の見直しはあっていいんじゃないかと思うし、必要じゃないかということを僕は一貫して言い続けてきている。

そういう意味で、僕は安保条約を肯定するんだ。ただちに破棄するなんて言ったら話にならんからな。その上で今言ったような話もした方がいいんじゃないかという気持ちはずっとあった。だからもしも僕がもっと長く総理をやっていてガイドラインの見直しをやることになっていたら、僕はいま言ったようなことを責任を持ってやろうとしただろうな。

――退陣は一月がいいかなというようなことは誰かに相談されたのですか。

村山　いや、それは誰にもしてない。まあ、武村正義さんには、いつ頃辞めようかなということをちょっと漏らしたことあるかもしれんね。新党さきがけの園田博之さんにも言ったことがあるかもしれんな。一二月初めだったかな。園田さんは官房副長官で一番いい相談相手だったな。あの人は常に正常な考えを持っているというか、あまり極端なことも言わない人だからな。あの人の判断はあんまり間違いがないので僕は信頼していた。だから副長官をお願いしたんじゃ。今でもお付き合いしてるけどね。

――いつ辞めるとかを具体的に相談するものなのですか。

村山　いやいや、それは言わん。そういうことは前後の日程などを考えて自分で判断する。いつ頃がいいかなんてことは相談したら、関係のある人はみんな反対するに決まっているからな。だからこれはなかなか相談できないもんじゃな。やっぱり辞める時は一人で決める以外にないんじゃないかな。辞めると決めたら未練も何もないからな。僕には総理大臣について未練、あんまりないもんな（笑）。

退陣して知った党内の厳しい状況

――一九九六年一月の村山さんの退陣を受けて橋本龍太郎氏が総理大臣に就任、その内閣に久保亘さんが副首相兼大蔵大臣として入閣しました。どういう経緯だったんですか。

村山　この話は僕はぜんぜん知らん。久保さんが大蔵大臣になるっていう相談もなければ、何にもなかった。

――党首に相談がないんですか。

村山　ない。何の連絡もなかったと思うがなあ。僕は辞める時に橋本さんや武村さんには「自社さの三党連立政権は継続してやってほしい」とお願いした。僕が橋本さんに「後をやってくれ」と言ったというような話があるけど、辞める人間が後継の首班をどうするかということに言及するなんて差しでがましいことは言うべきではないと思っているから、そんなことは絶対にない。ただ、「三党連立を継続してやってほしい」とは言った。後任については「みんなで十分相談して決めてやってほしい」というようなことは言ったかもしれんけど、余計なことは一切言うてないわ。それに辞める人間に次の総理を誰にするか指名する権限なんかない。まして他党のことになるともっとない。

組閣をどうするかも橋本さんが首班に指名されたら橋本さんが決めればいいことだ。相談があれば僕も意見を言うけれど、別に特別なければそれはそのままじゃな。そういうようなもんじゃないかい。

――そして村山さんは党に戻りました。いかがでしたか。

村山　党に戻ってみたら……、党内がね、僕が思っていたような状況とはだいぶ違っていたな。

――どういうふうに。

村山　とにかく僕が日米安保条約を認め自衛隊を合憲と言ったことに対する党内の反発があった。そういう党内の空気を知って「ああ、これはやっぱり僕に対する評価は案外厳しいな。僕が長く党を担っていくのはちょっと無理かな」と思い始めた。それで土井たか子さんにもう一度、党の看板になってもらって、僕は後ろからやる方がいいかな、というようなことを考えたりしたんじゃ。

党内に名称は定かでないが理論委員会というのがあって、土井さんや田英夫さんらがメンバーで「自衛隊合憲という判断は、やっぱり違憲ということに戻したい」というような議論をしていた。僕は田さんを呼んで「田さん、これはどういうことか。もしこういう方針に決めるなら僕は離党せざるを得ない」と言った。

――離党ですか。

村山　そう、離党すると言った。そりゃもう基本的なところで考えが違うんじゃから、そんなことになるのなら僕は党にいることはできないと言ったんだ。そしたら田さんは「それは誤解だ、そんなことはない。例えば自衛隊をインド洋に派遣することは違憲状態にあるという意味で言っているので、自衛隊そのものが違憲だとは言ってない」と言うから、「ああそうか、それなら分かった」と応じた。

――つまり、村山政権の間、党は少しも変わってなかったということですね。

村山　まあ、その意味では僕が政権を担っていろいろ苦労したことは党内ではあまり生かされてないということだね、残念ながら(笑)。例えば党大会あたりで出てくる意見を聞いていると、「ああ、僕が総理やって、ああいうふうにしたことについてやっぱりしっくりいってない面があるんだなあ」ということを感じるわけですよ。結局、社会党内には政権というものの位置づけや認識というものが、やっぱりないんじゃなあ。

――書記局はどうだったんですか。

村山　書記局はもう昔に比べるとだいぶ変わってきたからね。議論を吹っ掛けてくるようなことはなかった。むしろこっちからやかましく言うくらい、おとなしくなっていた。

――せっかく総理として苦労し汗をかいたのに、党に戻ったらあまり変わってなかったのでは寂しいものがありますね。

村山　そうじゃなぁ、やっぱり。今だって「社会党がこうなったのは、村山総理の時に自衛隊を認めて合憲だと言い、日米安保を承認したことが大きく影響している」と見ている人がいる。必要な時は僕も「いや、党の方針を変えたのはいい時期だったと思っている。間違ったとは思ってない」と反論し説明するけども、必要がなけりゃことさら弁明なんかしない。聞き流している。

――民主党との連立解消(二〇一〇年)を経て社民党は今、完全に先祖返りしている印象ですね。原理原則だけを掲げていれば政治が運営でき、選挙に勝てるような時代じゃないと思いますが。

村山　ないない、ないね。それを僕は言うんだけどな。まあ、やっぱり理屈が先に走るような者が多いからね。やっぱり政党は思想集団ではないからな。政党なんじゃやから、現実の問題にどう対応すれば一番いいかということを絶えず考えなきゃならん。それを自衛隊は違憲じゃ、自衛隊は違憲だからこんなものは認められん、すみやかに廃止すべきだ、と言ったってしようがない。第一、国民はそんな意見にもう聞く耳を持たないよ、というのが僕の言い分だけどな。

――村山さんは、総理として最高指揮官として、自衛隊の観閲式に出席しています。

村山　僕は総理大臣でいたいからいろいろ政策を変えたんじゃあない。党を変えるチャンスだと思って政策を変えた。ところが党に戻ってみるとあまり変わってなかったんじゃ(笑)。もちろん昔と同じことばかり言っている人間ばかりじゃあない。やっぱり変えて良かったと思っている人もいた。だけどそういう人は黙っている。何も言わないんだ。

――その社会党ですが、村山さんが総理を辞めた後の九六年一月一九日に党大会を開き、党名を「社会民主党(社民党)」に変えました。村山さんは引き続き社民党の党首に就任し、久保さんの後任の幹事長には佐藤観樹氏が就任しました。

村山　社民党に変わったんじゃ。新党の党名をどうするかというんで党内に委員会を作って議論していた。一般公募もした。それでいくつか案が出てきた。「社会民主党」という案が多かったが「民主党」という案もあった。「社会」という言葉を避けたいという人たちもいたが、やっぱり「社会」という名前をね、これだけ歴史と伝統をもっている党の名前を完全に消してしまうのはしのびないじゃないかということで「社会民主党」に落ち着いたんじゃ。

――村山さんの意見が通ったんですね。

村山　僕の意見だけじゃないけどな。それに賛成する人が多かった。

――政策については「基本理念と政策の基本課題」を決定しましたが、「護憲」「憲法を守る」という言葉を入れることになりました。

村山　やっぱり「護憲」というのは党のシンボルみたいなものだからね。

――幹事長に佐藤観樹氏を起用したのはどうだったのですか。村山さんは親しい上原康助さんを起用したかったようだと報道されていました。

村山　それはあまりこだわってなかったなあ。人事は順調に進んだ。

――この党大会は村山さん主導で進みましたね。

村山　それはそういう時期だったんだな。それからしばらくはそういう感じでやれた。

――党名は変えましたが、その後九六年一〇月の総選挙までが大変でした。さきがけとの新党結成はうまくいかず、総選挙の直前に党首を土井さんに交代して総選挙に臨むことになりました。

村山　新党問題は動かない。動かなかったどころじゃないわ。党が分裂したんだから。この間は本当にしんどかったなあ。それでも僕はやるだけのことはやらないといけないと考えていた。ただいずれはシャッポを替えなきゃならないと思っていた。もともと僕は七〇歳になったら国会議員を辞めようと思っていたので「もう選挙には出ない」と言い続けていたんだ。党にも定年制みたいなものがあったから「もう、辞めなければいけない」と思っていたけど、それが総理大臣になったために延びたわけじゃ。次の総選挙は党首を替えたほうがいいという判断だ。僕が旗を振ったんじゃあ、なかなか党全体が盛り上がって選挙するという雰囲気にならないと思って、ここはやっぱり看板替えて戦った方が有利だと判断したんじゃ。

誤算だったさきがけの対応

――新党さきがけとの合併の話ですが、村山さんは積極的でさきがけの武村さんも前向きでした。なぜうまくいかなかったのですか。

村山　僕はどうやって新党を作り上げていくかということも考えていた。「なんとかさきがけと社民党が、とりあえず一緒になって新しい政党を旗揚げする方向で進めたい」と言い続けていた。ところがさきがけのメンバーの中に、社会党と一緒になることに対して抵抗感を持っている人がいたんだ。もともと自民党にいた議員ばかりだから、日教組をはじめとする労働組合への反発が強い。だから僕は労働組合のメンバーに「さきがけの中には労組に批判的な者や抵抗感を持っている者もおる。だからできるだけ労働組合の方もさきがけの若いメンバーと交流して理解してもらうよう努力してくれ」と言ったこともある。そして社会党とさきがけは定期的に朝食会などを行って、政策の勉強会や国会対策などもやってきたんだ。

武村さんなんかは理解してくれていたんだが、田中秀征氏はいくらか抵抗があったようだ。彼は経済学者だからやっぱり社会主義に抵抗があったんだろうな。僕は「そりゃあんたの言い分も分かるから、できるだけ期待に応えるように社会党を脱皮させる努力をする。しかし、あんたが考えているような社会主義なんてもう今は存在しないんじゃ」と言うたことがあるけどね(笑)。

——そうした努力が実を結ばなかったわけですね。

村山　そうじゃ。今から考えてみて一番残念に思うのは、やっぱり僕らが合併について積極的に旗振りしなかったことだ。なぜしなかったかといったら、さきがけの中に社民党に対して抵抗感を持っている議員がいたから、あんまり社民党が旗を振って先頭に立って引っ張っていくようなことをすると、さきがけがついて来なくなるのではないかと心配したからだ。できるだけさきがけを前面に出して、社民党はそれをバックアップするという形の方がいいんじゃないかと思って遠慮していたんだ。

そしたら、九六年の夏になってさきがけの中が割れてしまった。鳩山由紀夫さんらが独自に動きだして武村さんらが除外された。これでさきがけが分裂する格好になってしまい僕は「これはもう悪いことをしたなあ」と思った。それで一緒になるという話は進まなくなった。あのときは菅直人氏も鳩山さんと一緒に行動したな。

――鳩山さんらは独自に新党を作ることになり、それが九六年九月に結党した民主党でした。

村山　さきがけとの合併話が駄目になってしまったので、我々もどうするかということになった。党内で「鳩山さんらが新党を作るというのなら、それに合流するか」ということを議論し、九月一二日の常任幹事会で一度は「全員合流しよう」という話になったんだ。そしたら鳩山氏の方から「組織的に集団で来られても困る。一人ひとり、個人個人で参加してもらいたい」と言ってきた。つまり我々を選別するということじゃ。僕も腹の中じゃあ「なに生意気なこと言うか、これだけの歴史と伝統を持っている社民党の組織を解体させてから来いとは何事か」という抵抗感があった。それで僕らは「そんな条件をつけるのなら、合流はもう止める」ということになった。

するど北海道の社民党の道会議員らがきて「なぜいつまでもぐずぐずしているのか。北海道はみんな鳩山新党に行きますよ」というんだ。彼らには自治労出身者が多かったな。僕は「そんな無責任なことを言いなさんな。みんな移ったら、社民党の組織で働いている職員なんかはどうするのか。解党といっても簡単にはできないんだ。そういうこともぜんぜん考えないでみんなで行くというのは無責任過ぎる」とだいぶ説得したことがある。彼らは「新党に行くということを党は一度、決めているじゃあないか」と僕を批判した。僕は「そりゃあ決めたよ。決めたけど話が違うじゃないか。社民党が次の総選挙の候補者として公認した人間を鳩山新党が駄目だと言って選別して新党に入れなかったらどうするんだ。そんな無責任なことはできない」と答えた。彼らは「鳩山氏らが本当に社民党議員らを選別するのかどうか確かめるべきだ」という。それで佐藤観樹幹事長らが鳩山氏らに実際にどう対応するか確かめに行ったら、「総選挙の公認調整では社民党の公認候補が自動的に民主党公認になるとは限らない」というんじゃ。これじゃあだめだ。

ところがすでにそのときには、労働組合の方が民主党支持に移っていた。当然、労働組合に担がれている議員はみんな民主党に行くわけだ。社民党の場合、労働組合の支援なしに選挙に当選してきた議員なんてあまりいないから、もう大勢として新党に行ってしまう流れになっていた。だけど鳩山氏らが全員を受け入れるわけではないというので、九月一八日、常任幹事会で次の総選挙は社民党のままで戦うことを決めた。ただし、民主党に参加する議員がいてもそれを拒まないことにしたんじゃ。ここまできたらもうしようがないからな。「我々は残って社民党の旗を守っていこうじゃないか」と言って、まるで決死隊のようなもんじゃな。とはいっても所詮は労組頼みの選挙をやってきた政党だから、それがなくなってしまうと厳しいわな。

――なんだか寂しい話ですね。

村山　総理を辞めて党に戻ってきたときに「ああ、党がこんなになっているのか」と自分なりに反省したなあ。それと誤算はさきがけだった。さきがけの党内があああいうふうになるとは思わなかった。さきがけのメンバーともう少し腹を割って積極的に話をしていたら展開は変わっていたかもしれない。ちょっと遠慮しすぎたなという反省をした。まあそうしてみても鳩山由紀夫氏らがこっちの話を聞いたかどうか分からんけどね。

――結局、社民党は新党結成に失敗し、多くの議員が民主党に合流しました。社民党は九六年一〇月の総選挙に単独で臨み、結果はわずか一五議席。しかも小選挙区で当選したのは四人だけでした。

村山　そりゃもう、大半が民主党に行ったんだから仕方ない。しかし、やっぱり責任を感じるわ。僕が総理をやったことは何だったのかと。やっぱり三党連立政権が誤りだったのかなと考えてしまう。

──そう思うんですか。

村山　まあ単純にそうは思わんけども、そういう反省をするわな。良かったのか悪かったのかと考えてしまう。

──自社さ政権はマイナスの方が多かったということですか。

村山　いや、僕はそう思わんけどな。そうは思わないけども、党が一般国民の皆さん、あるいは社会党を支持してきてくださった皆さんに、もう少し理解してもらえるような努力が必要だったのかなと。村山三党連立政権の性格や実際にやってきた成果について、党や党の支持者にもっと理解してもらう必要があったのかなあと思うし、そういうことのための努力が足りなかったのかなという反省だ。

──戦後五〇年の総理談話、被爆者援護法、水俣病、地方分権など、議席の割には社会党らしい政策を実現したと思いますが。

村山　そういう点について自分から進んでPRしようなんてことはしないな。党の方もそういうことはやらんわけだ。

──それどころか、結果的に党が総理の足を引っ張って分裂したという印象ですね。

村山　まあ、そういう傾向があるな。それは戦後初めての社会党内閣だった片山哲内閣でも同じだったな。あの時は左派と右派が対立して、結局内閣が潰れた。

──社会党政権に共通していますね。

村山　共通しているのかなあ。よう分からんけど、政権よりも党の方、あるいは党内で自分たちのグループの理屈を通すことの方を大事に考えていると批判されても仕方ないような感じじゃね。社会党にそういう宿命があったのかどうか分からんけど、なかなか脱皮できなかったのは事実だな。

――村山さんが官邸から党本部に戻ってきたときに見たものは、何も変われない社会党だった。

村山　うん、そうそう。でもそれは政権にいた期間が短かったということもあるかもしれんしね。そう簡単に変わるものではないね。それに内閣を担ったといっても社会党単独政権じゃないからな。もちろん、「万年野党」と言われる社会党が総理の座を得ていい経験をして、それが社会党の血や肉になってくれればそれはいいと思ったんだけどな。

今のような状況で、社会民主主義政党が政権を取るなんてことはちょっと想定できないけど、世の中が変わってくれれば、もう少し社会民主主義勢力が台頭してくる可能性がでてくるかもしれない。まあその前に衆院議員の定数削減とかの問題が具体化してくると、社民党が消えてなくなるんじゃないかという心配の方が強いよ。いや、本当に。そうした厳しさをかみしめながら、お互いに頑張らなければと思う。最近、社民党の地方議員に若い議員が増えている。存在意義を自覚する必要があると思う。

第六章　「村山談話」「阪神大震災」「米軍基地問題」

戦後 50 年の総理談話を発表する村山総理
(1995 年，毎日新聞社提供)

三党合意の「戦後五〇年の国会決議」

――新党問題など政治問題についてのお話が続きましたが、次は政策についてお伺いします。村山政権で記憶に残っているのは何と言っても一九九五年八月一五日の「戦後五〇年の総理談話」です。それに先立ち「戦後五〇年の国会決議」もありました。ともに村山さんが力を入れた問題だと思います。

村山　国会決議は一九九四年六月に自社さ連立政権を作るときの「共同政権構想」の中に盛り込まれている。「新政権は戦後五〇年を契機に、過去の戦争を反省し未来の平和への決意を表明する国会決議の採択などに積極的に取り組む」となっている。国会で決議するというのは、三党で連立政権を作るときの合意事項なんだ。だけどこれは国会で決めることであり、総理の僕は国会決議をやれと言える立場じゃあない。それで三党間の合意があるのだから三党で「戦後五〇年問題プロジェクトチーム」を作って、そこで国会決議の問題を進めていったわけじゃ。

だけどやっぱり消極的な議員と積極的な議員がいるわな。社会党は積極的で新党さきがけはやや中立的、自民党はどっちかといったら腰を引いているという姿だった。そういう状況の中で僕らは合意事項にあるんじゃから、やっぱりきちんとしなければいかんと言って話を進めていったんだ。しかし、さっきも言ったがこれは国会の中の問題であり、三党の幹事長や書記長らが中心になって詰めていくことで政府が介入することじゃないから、どっちかといったら僕は関心をもって眺めるということしかできない立場だった。つまり国会の話だから政府は介入できないということだ。

――村山さんは総理であるとともに社会党の党首ですから、やりようはあったでしょう。

村山　だから社会党としては積極的に採択するよう努力をした。

――村山さんは九五年五月に中国を訪問しました。

村山　あの時は、訪中前に国会決議を上げてほしかった。ところが自民党から「中国への手土産にするようなことはけしからん」と反対が出たわけじゃ(笑)。

――五月末には自民党の森喜朗幹事長や社会党の久保亘書記長、さきがけの鳩山由紀夫代表幹事の三人と会って「戦後五〇年の国会決議は次の国会に先送りするわけにはいかん」という強い指示を出しています。これは介入ですね。

村山　介入っていうか、まあ要請じゃわな。政府として国会に要請するということはあり得るわな。

――これは政府として要請ですか。

村山　そうなあ、政府としての要請ということにはならんわな。

――村山さん個人の指導力の発揮ですね。

村山　そうじゃな。

――その後、国会決議についての議論は次第に熱を帯びて賛否両論が戦わされました。村山さんはどういう内容にしたいと思っていたのですか。

村山　それはもう、何度も僕が国会の所信表明演説や記者会見なんかで繰り返し言ってきたことだ。それは最終的には村山談話になるんだけども、その村山談話で述べられているようなことについて、やっぱり国会でも明確に決議に盛り込むべきだと考えていた。

――九四年七月、総理になって最初の所信表明演説で村山さんは次のように言っています。「戦後五〇周年を目前に控え、私はわが国の侵略行為や植民地支配などがこの地域の多くの人々に耐え難い苦しみと悲しみをもたらしたことへの認識を新たにし、深い反省の上に立って不戦の決意のもと、世界平和の創造に力を尽くしてまいります」。キーワードは「侵略行為」「植民地支配」、それから「苦しみと悲しみをもたらした」と「反省」ですね。

村山　ああ、そうじゃ。過去の戦争に対する反省、謝罪を明確にするような決議を上げてくれということだ。ところが自民党の中にはそういうことは言えないという人たちがいる。それはもうはっきりしているんだ。

惨憺たる結果となった「国会決議」

――なかなか話が進まないでいると、六月になって三党の幹事長・書記長会談が開かれました。村山さんは「侵略行為と植民地支配という文言ははずせない」と主張していました。それで自民党が独自の案を示してきました。それは「列強が侵略的行為や植民地支配を競い合った一時期、日本も渦中にあって自国の安寧を考え、多くの国と戦火を交えた」という内容でした。

村山　これじゃあ駄目だ。この内容では分かりやすく言えば「よその国が泥棒したんじゃから、日本も泥棒していいじゃないか」ということになってしまう。やっぱり日本が主語になっていないから日本の責任がはっきりしない。日本がいったい何をしたのか、それは良かったのか悪かったのかということがなければ決議にならんじゃないか。

――それでまた三党の幹事長・書記長が会談して次の案で合意しました。それは「世界の近代史上における数々の植民地支配や侵略的行為に思いをいたし、我が国が過去に行ったこうした行為や他国民とくにアジアの諸国民に与えた苦痛を認識し、深い反省の念を表明する」という内容でした。実際の国会決議の文面も同じものになりました。

村山　この案文に対しても保守派の抵抗が強くて採決の際、欠席者が増えたね。

――「植民地支配や侵略行為に思いをいたし」というのは、持って回ったような分かりにくい表現ですね。

村山　妥協したような案じゃわな。賛成・反対両方が与党の中にいるわけだから、合意するとなれば妥協の産物にならざるを得ないだろう。国会というのはそういう所じゃ。あのときは「そもそも国会でこういう内容の決議を上げるなんてことは無理なんだ」「三党合意自体がそもそも無理な合意なんだ」と言う人もいた。まあそういうところが国会の限界じゃな。

――それでも「ここまできたんだからいいか」という感じですか。

村山　そりゃもうしようがない。「いい」というより「しようがない」ということだ。国会で合意したことに対して総理がいいとか悪いとか言うわけにいかないからな。国会が自主的に決めたことだから「こりゃもう限界だな」と思うしかなかった。自民党内には「あの戦争は決して間違っていなかった」「植民地解放のための正しい戦争だった」と正当化している議員が少なくないわけだからね。しかし僕は、三党で合意しているんだからきちんとやるべきだといって努力したんだ。

――国会決議が難航している時、すでにこれとは別に総理談話を出そうということは考えていたんですか。

村山　そりゃあそうだ。すでに僕は「五〇年の節目だから何らかのけじめをつける必要がある」と言っていたからな。対外的には政府としても「戦争に対する反省」を言う必要があるんじゃないかと考えていた。僕は総理になってから中国や韓国、ＡＳＥＡＮ諸国など東南アジアを九四、九五年に訪問した。各国で首脳会談なんかやると、そういうことが必要だと改めて感じたわけじゃ。特に韓国と中国は、歴史問題に対する認識の問題で要求が強かった。戦争に対する謝罪について「日本はぜんぜん謝罪していない」「戦争の後始末の償いもしていない」という声がずっと耳に入ってきていた。

当時、ＡＳＥＡＮ諸国は戦後のあの廃墟の中から短時日に世界第二の経済大国になった日本に対する評価が非常に高くて敬意を払っていた。まあこれらの国は日本から経済援助をもらって発展したわけだから、日本に対してそういう気持ちを持つのは当たり前かもしれないね。だけども腹の底ではやはり歴史問題について不満も持っているわけじゃ。さらに、露骨には言わないけれども日本は経済大国になったが、また軍事大国になって過ちを繰り返さなきゃいいが、というような不安を持っているんだ。

だからそういういろんなことを踏まえると、やっぱりこれは五〇年の節目に一応けじめをつけておく必要があると思っていた。これから日本はアジアの一員として生きていき、またアジアに存在感を示していくためには、アジア諸国との間に信頼関係がないとだめだ。だから談話を出した方がいいんじゃないかと考えていた。

――談話を出そうと思ったのは九四年あたりからだったのですか。

村山　総理になる前から、日本としてそういうものが戦後五〇年の年に必要だろうとは考えていた。やはり日本はアジアの一員としてアジアに存在感があって初めて国際社会でものが言えるんだ。アメリカとの関係も大事だが、やはりアジアでの存在感があってこそアメリカも日本を大事にするんだ。それがなければ孤立した単なる島国にすぎないということになってしまい、だれも関心を持たなくなってしまう。将来も日本がアジアにおいて存在感を持った国であるためには、各国との信頼関係を大事にしなければならない。だから総理談話が必要だと考えた。

――ずいぶん現実的な観点から考えていらしたんですね。これは国会決議も同じ理由ですか。

村山　もちろん、国会決議も同じような理由で必要だとして与党三党が合意したわけだ。だけどその時に内容をどうするかということまでは話していなかった。

――その国会決議は九五年六月九日の衆議院本会議で賛成多数で可決しましたが、投票結果は惨憺たるものでした。まず新進党が植民地支配と侵略行為に言及したうえで「そのような行為を再び繰り返すことのないよう誓う」というより踏み込んだ表現の修正案を出しましたが、与党側が受け入れなかったために一七〇人余りが採決を欠席しました。さらに与党側も、自民党だけでなく社会党、新党さきがけからも合計七〇人余りが欠席し、欠席者は約二五〇人に達しました。さらに出席した共産党が反対に回ったため、結局、賛成は二三〇人で全衆院議員の過半数に達しませんでした。

村山　そりゃあ反対する人は欠席してしまったから仕方ない。自民党はもちろんだが社会党内からも修正や妥協したことが不満だといって欠席者がでた。

——決議は一応採択されましたが、修正を加えた上に採決で賛成が定数の過半数に達しないという最悪の結果となりました。

村山　しかも、衆議院だけで参議院は議論もしてない(笑)。こりゃあひどいわな。

——頭にきたでしょう。

村山　頭にくるとかではなくて、これがその時の国会の実態だということだ。

——植民地支配や侵略行為の非を認めることに、これほど抵抗感があるんですか。

村山　まあ当時は帝国主義の時代で、欧米各国がアジア諸国に競うようにして植民地支配を拡大していた。だからその時の情勢としては、日本としても植民地を増やしていくことが国威の高揚になるというのでやっていたわけだ。だから決議に反対する保守派の人間は、欧米各国に負けないように日本もやっただけの話であって日本だけが悪いんじゃないという考えだ。さらに結果的にアジア諸国は植民地から解放されたじゃないか、あれは日本のおかげだとまでいう人もいる。確かに当時の為政者や政府の幹部ら当事者はみんなそういうことを書き遺している。しかし私たちは当時の人間じゃあないのだから、今、客観的に歴史的事実を見て私たちなりの評価をすればいいわけでしょう。だから今日の立場に立って過去を振り返ってみた時に「やっぱりあの戦争は間違いだった。多くの犠牲者を出したり、破壊したり、耐えがたい苦痛を与えた。それは誤りだった。だからやった行為については率直に認めて謝ることはきちっと謝る、補償できるところは補償して決着をつける」というのは当然じゃないかと思う。

――村山さんとしては、この国会決議の結果を見て総理談話できちんと日本政府としての考えを打ち出そうと頭を切り替えたのですか。

村山　それはそうじゃな。やっぱり国会決議の経過を見て、このままではせっかく国会が決議したにもかかわらず、衆院議員の過半数が賛成していないのだから意味がないばかりか逆にマイナスになってしまう。だから正式にきちっと総理談話を出そうと思ったな。

――この国会決議でも社会党は分裂して一四人が欠席しました。これは仕方ないんですか。

村山　仕方がないというより、国会決議は三党合意をするときに党の政策審議会で検討して中央執行委員会で確認していた。その三党合意からすれば相当ゆがめられた。これでは決議の意味がなくなり、あいまいにされてしまった、逆効果だ、賛成できない、として欠席したんだと思う。

細部にこだわった「総理談話」

——次に一九九五年八月一五日の村山総理談話についてお伺いします。こういう談話はいくら総理大臣の思いが強くても、実際の文章を総理自身が書くわけじゃあないですよね。

村山　内閣官房の外政審議室を中心に官房長官や官房副長官らも加わって、一応文案を作ったんじゃ。歴史学者もいくらか入ったようだ。それをまた見直して、手を入れて、最終的なものにしていったんだ。当時の外政審議室長は外務省出身の谷野作太郎さんで、中国の専門家で後に中国大使を務めた人だ。

——谷野さんらが作成した原案はだいぶ直したんですか。

村山　まあ何度かは直した感じがするね。例えば「侵略」という表現についても「侵略的行為」とか「侵略戦争」という表現にすべきだという意見なんかがあったな。この部分は一番議論があった。「明確に侵略戦争と規定した方がいい」という意見もあったし「いや、今までの経過からしたらそこまで踏み込むよりも侵略的行為くらいにしておいた方がいい」とかいろいろ意見があった。結局、僕は「侵略」のひと言に切ろうということにした。それ以外の部分については、僕がそれまでの国会演説や記者会見で大体のことは何度も言っているのでそれらを筋にして作られた。

――通常、政府の文章では「終戦」という言葉をよく使いますが総理談話では「敗戦」という表現になっていますね。

村山　この部分も原案では「終戦」と「敗戦」と両方の意見があったんだ。文章の流れのなかであるところでは「終戦」という言葉を使い別のところでは「敗戦」という言葉を使う案になった。そして僕は「総理談話」を閣議決定する前に主な閣僚や自民党幹部に電話して事前に相談したんだ。大体みんな異議はなかったけど、橋本龍太郎通産大臣は違った。「あんた、あの文案見てくれたか」と言ったら、「見た」と言う。「異議はありませんか」と尋ねると「いやいや、別にないですよ。ただ強いて言えば、あの文章を見たら「終戦」と「敗戦」の二つの言葉が使われている。どっちか一本に絞った方がいいんじゃないでしょうか」というんだ。僕は「ああ、そりゃいい指摘だ。どっちがいいと思いますか」と聞いたら、「そりゃあもう「敗戦」の方がいいんじゃないですか」と言うので僕も「ああ、それは僕も賛成だ。「敗戦」で統一しよう」ということになったんだ(笑)。

――「村山談話」では「わが国は、遠くない過去の一時期、国策を誤り、戦争への道を歩んで国民を存亡の危機に陥れ」の部分がしばしば議論されます。今までにない表現が含まれていて、例えば「遠くない過去の一時期」ですね。

村山　これはいつからいつまでかというような具体的な規定をしにくいし、そういうことを限定する必要のない文書なんだ。そもそも総理談話というものは、歴史的な記録だったり何か歴史的な事実を証明するための文書じゃあない。ある種の政治的な文書だからね。だから「一時期」がどこからどこまでの範囲かというのはそれぞれの人が解釈すればいいことだ。それぞれの人が談話を読み記憶にある戦争を思い出して、「ああいうことがあったから、それを言っているんだな」と想定してくれればいいんだ。例えば「盧溝橋事件から」というふうに限定する必要はない。国民全体がこういうことがこういう時期にあったと、だからやっぱりこれは間違いだった、こんなことを繰り返しちゃいけないというふうに受け止めてくれればいいことであって、それ以上突き詰めていつからいつまでなんていうことを規定するような種類のものではないんだ。それで漠然とした表現になっているんだ。

――この部分は村山さんのアイディアではないわけですね。

村山　そうだね、作られた原案の中にあった。最初に読んだときに僕はもうこういう表現しかないだろうと思ったし、まあこれで間違いないなと思ったな。ところが記者会見で僕に「過去の一時期というのは、歴史的にいつからいつまでを指すのか」と聞いてきた者がいたな。

――それは私ですよ。

村山　あんたか(笑)。

――その記者会見では「国策を誤り」の部分についても「その主語は天皇を指すのか」と質問しましたが、「今回の談話で国策の誤りをもって天皇の責任をうんぬんするというようなことでは全くありません」とかわされました。

村山　そういう質問はあらかじめ想定していたので、答えも用意しておいたんじゃ。

「独善的ナショナリズム」を排す

――もう一つ、「談話」の中で「おっ!」と思わせるのは「敗戦の日から五〇周年を迎えた今日、わが国は、深い反省に立ち、独善的なナショナリズムを排し、責任ある国際社会の一員として国際協調を促進し」という部分です。この「独善的ナショナリズム」という言葉がものすごく印象的です。

村山　これからのことを書いた部分だな。あの当時、日本では「大東亜共栄圏」というような言葉を使っていた。そして、ヨーロッパではヒットラー、日本では東条英機を中心にしたファッショ的な考え方が広がっていた。「アジアを支配するのは日本だ」というようなことを全く独善的に思いこんでやっていたんじゃ。それは歪められたナショナリズムでしかない。

――今、話されたのは「過去における独善的ナショナリズム」ですね。この「談話」で言っているのは今日においてもそういうものを排しなきゃいけないということですか。

村山　そりゃそうじゃ。過去を振り返ってみると日本はこういう過ちを犯した。再び同じような過ちを犯してはいけない。だから独善的なナショナリズムはだめだということだ。これはこれからの話でもある。やっぱりナショナリズムというものは、なんかの時に芽が出てくる可能性があるんだ。もちろん自分の属する国や民族を愛することが悪いわけじゃあない。だけども自分たちがよその国よりも優れていると思い上がって他国に迷惑をかけてしまうような独善的なナショナリズムは絶対にだめだ。ところが現実の政界にはこれに近い考えを持っている人がいるんだ。自民党にもいたし、特に右翼なんかには多い。そういう考えを持っている人が総理大臣など責任ある立場につけば、国の政策が独善的ナショナリズムに陥りかねない。

――靖国神社参拝にこだわった小泉純一郎さんや、「村山談話」を強く批判している安倍晋三さんというような総理経験者は「独善的ナショナリズム」ではないということですか。

村山　小泉総理が靖国神社に参拝したことが独善的ナショナリズムとは言えないかもし

れんわな。また安倍さんについても僕はそうは思わない。安倍さんの主張は「戦後レジームからの脱却」と言っている。安倍さんのいう「戦後レジーム」という言葉が何を意味するかというと、やっぱり新しい憲法体制やその憲法に基づく教育基本法、まあ主にこの二つだろう。これらが戦後日本を形作ってきたわけだが、それが誤りだから変えなければならないというのが端的にいえば安倍さんの見解であり歴史観だろう。そういう安倍さんの考え方というのは他国に対してどうするということではなくて、日本の国はこうあった方がいい、こうでなくてはいけないという主張だから、具体的にどうしようとしているのかは分からないし解釈のしようがないけども、歪められたナショナリズムとか独善的ナショナリズムとは言えないんじゃないかという気がするね。

――安倍さんやその仲間の議員の方々は「従軍慰安婦問題」で非常に強硬な姿勢をとって村山さんの対応を批判しています。こうした主張は中国や韓国との外交関係にも影響しますが、こうした考えは村山さんの定義では独善的ナショナリズムと言えませんか。

村山　彼らは「慰安婦」そのものの存在は認めていたわけだ。だけど当時の政府や軍が関与したという事実はなくて、あくまでも業者がやったことだと言っているんだ。その説明についてては解釈の問題だから、まぁ独善的ナショナリズムとは言えないんじゃないかなぁという気がする。僕らは「従軍慰安婦」は事実としては民間の業者がやっているんだけども、それについて軍が後押ししたり関与したりしてやっていたと解釈している。そのことは否定できないと思っている。

――ではいわゆる東京裁判を否定する歴史観や、その延長線上で戦前の政府や軍部の行為を美化・正当化し総理大臣の靖国神社参拝を主張している考え方はどうなんですか。

村山　それはね、植民地支配や侵略を受けた韓国や中国あるいは東南アジアの国々からすれば、日本の国は反省が足らんということになる。そういう意味でもやっぱり解釈を間違っていると思う。だから戦争を美化するような解釈は、やっぱり間違いであり独善的ナショナリズムに依拠していると言わざるを得ない。

この問題は何も日本だけのことではない。例えば中国では江沢民氏が国家主席時代の一九九〇年代に「愛国教育」という名前の反日教育を推進した。その中で日本の戦争に対して厳しい内容を教えてきた。これは結果として下手をするとやっぱり歪められたナショナリズムに転嫁される心配がある。そういう意味で世界をみれば、いろんな国がそういう過ちを犯しがちだと思うな。だから各国はお互いに交流を深め理解し合うとともにときには牽制もして、相互に十分な配慮をする必要がある。

――とにかくこの「総理談話」について村山さんは細部に至るまで表現などに神経を使って作り上げたわけですね。

村山　そうじゃ。だからあの文章はよくできていると思うよ(笑)。

――誰かに相談されましたか。

村山　それはもう、いろんな人がかかわった。官房長官や官房副長官や外政審議室長、あるいは外務省の外務審議官や局長らもいろいろだ。とはいえさっきも話したように、僕自身がそれまで国会の演説をはじめいろんなところで話をしていたし内部でも意見交換していたので、みんな僕の考えていることは分かっていた。だからそれほど言葉や表現に神経を使ったりしなくて済んだともいえる。原案を見て、まあこれはよくまとめているなと思ったな(笑)。

――戦後五〇年にあたる九五年八月一五日は午前一〇時からの閣議で「総理談話」を決定し、一一時から記者会見をしました。私は官邸記者クラブの幹事社だったため総理秘書官から事前に「記者会見でどういう質問をするのか」という問い合わせを受けました。私は「それじゃあ質問を考えますので談話を事前に見せてください」と言ったら、「お見せできません」と断られました。「談話を見ないで質問なんか考えられないじゃあないですか」というやりとりになって、そのまま記者会見になってしまいました。「総理談話」が配付されたのは記者会見の直前でした。慌てて読みこんで、冒頭で先程のように天皇の戦争責任や「国策を誤った時期」などについていくつか質問をしたわけです。

村山　そりゃあ「談話」を事前に配付することは無理じゃわなぁ。

――村山さんは質問に対しては、はっきりとしたことは話されませんでした。私からすれば肩すかしを食ったような感じですね。しかし、村山さんはあらかじめ用意していたかのように、スラスラと答えていたのが印象に残っています。

村山　記者会見でどういう質問が出そうかということは、あらかじめ予想がついている。それでこういう質問があった時にどういう答弁するかというような資料は手元にあったな。どれもこれも表現に注意しなければならない難しい問題ばかりだから、資料を用意しておかないとだめだわな。

護憲論者として天皇制を肯定

――「総理談話」についての思いは分かりましたが、それを離れて村山さんの天皇観をお伺いします。率直に言って、戦争時の最高権力者だった天皇には当然戦争責任があるというのが自然な発想だと思いますが。

村山　日本が戦争に負けるとマッカーサー将軍はじめ米軍が日本にやってきた。そのとき日本人は全く抵抗をしなかったので、米軍は何の混乱もなく進駐することができた。それでマッカーサーは日本という国や社会は天皇を中心にできており、天皇がひと声かけたら国民全体がそれに従うということを知った。その後の占領政策を進めていくうえで天皇の存在は無視できないと考えて天皇の戦争責任を問わなかったし、新憲法で天皇を象徴に位置づけたわけだな。だからまぁなんというか、政治家としての立場からいえば、新しい憲法が象徴としての天皇の存在を認めているわけだから護憲論者としては素直に天皇を肯定する。それ以上のことをとやかく言う必要はない。そういう立場だな。

――政治家としてはそういうことですね、個人としては別ですか。

村山　僕は軍国少年だったからね。ただ二〇歳を過ぎる頃から敗色が濃くなった戦争の状況を見て、いくらか物事を批判的に見る目が育ってきた。軍の統帥権は天皇にあったのだから「こんな無謀な戦争をしたのはおかしい」という気持ちを次第に持ってきた。ただし天皇を罪悪視するというようなものではなかった。まあ天皇についてはね、それ以上のこと言っても仕方ないことだなあ、これは。あの戦争では統帥権を軍が独善的に乱用し、天皇は棚上げされていたわけじゃ。それがやっぱり誤らせた元だと思う。しかし形式的にも実質的にも統帥権は天皇にあるわけで、それをめぐっての解釈はいろいろあるだろうな。だからそれ以上、深入りした解釈はもうしないということだ。

――そして、「村山談話」はその後の日本外交で生きています。

村山　そうだね。後継の総理大臣がみんな心の中でどう思っているか知らんが、ひょっとして心の中で反対している者も含めて、やっぱりみんな韓国や中国を訪問すれば「村山談話」を踏襲すると言っている。

――村山さんの後の自民党出身の総理は、なぜ村山談話を無視できないんでしょうか。

村山　それはやっぱり中国や韓国、アジア諸国との外交関係を維持し発展させるためにはこれ以外はないということだろう。もしも否定したら大変なことになるからね。

――村山さんはそこまで計算をしたうえで「総理談話」を出したのですか。

村山　いや、そこまで計算はしてないわな。これから先がどうなっていくのかなんて分からんしね。だけども日本がこれから前に進むためには「これしかないな」と考えた。

――一〇年後、小泉総理のときに「戦後六〇年談話」が出されました。「我が国は、かつて植民地支配と侵略によって、多くの国々、とりわけアジア諸国の人々に対して多大の損害と苦痛を与えました。こうした歴史の事実を謙虚に受け止め、改めて痛切な反省と心からのお詫びの気持ちを表明するとともに、先の大戦における内外のすべての犠牲者に謹んで哀悼の意を表します」という内容で「村山談話」を継承しています。

村山　同じようなもんじゃな。

――一方で、村山内閣では閣僚が侵略や植民地支配を正当化するような発言をして、それが外交問題になって閣僚を辞任するという問題が繰り返されています。九四年八月には桜井新環境庁長官が「侵略戦争をしようと思って戦ったのではない」と発言、九五年一一月には江藤隆美総務庁長官が「日本は韓国によいこともした」と述べて、ともに辞任しました。また談話の閣議決定直前の九五年八月には島村宜伸文部大臣が就任会見で「先の戦争を侵略戦争と考えるか」と聞かれ、「侵略戦争じゃないかというのは、考え方の問題」「日本だけがそういうことを行なったならば、この問題を突き詰める必要があるけれども、世界中にはいろんな事例がある」と発言し、撤回しました。みんな自民党のタカ派議員ですけどね。こういう発言が出た時、総理大臣としてはどう対応したのですか。

村山　それはやっぱり、内閣の方針に沿わない発言をするようなことは許されない。そりゃ当たり前だ。それが嫌なら辞めてもらうしかない。

――そういうことを、強く言うのですか。

村山　そりゃ言いますよ。

――江藤氏の発言は担当記者とのオフレコ懇談の席での発言ということで、当初は江藤氏が「オフレコだから進退問題にはしない」と主張していました。

村山　そりゃあ、あの内容ではオフレコにはならないよ。基本的に総理の発言や閣僚の発言にオフレコはないよ。僕はそう思っている。どこかでオフレコだと言ってややこしいことを喋るといつか必ず露見するんだ。だから表向きはこう考えているが裏はこうだというようなことはあってはならないし、言わない方がいいと思う。

――約一年半の内閣でしたが、振り返って一番誇りに思っていらっしゃるのは、やはりこの談話ですか。

村山　そうだな、やはりこの談話じゃな。

村山内閣の政策決定過程

――村山政権時代の政策決定について伺います。細川連立政権に比べると、自民、社会、新党さきがけの三党による連立政権の日常的な運営はうまくやったと思います。トップダウン方式ではなく連立与党内に様々なプロジェクトチームを作り、その議員数も自民三、社会二、さきがけ一というような割合で自民党だけで過半数にならないようにしました。

村山　自民党は連立の中では腰を低くしていたなあ。うまくいった理由の一つは三党の党首である自民党の河野洋平さん、新党さきがけの武村正義さん、そして社会党の僕の三人の関係が良かったことだろう。三人でよくいろいろ話をした。だからお互いに分かりあって、僕がどういう考えをもっているかということを、あとの二人がよく分かっていたわけだ。

細川政権は発足した当座は国民の間で圧倒的な支持があった。世論調査の内閣支持率が七〇パーセントを超えていたんじゃ。国民に待望されてできたような内閣だったから、当然、長く続くだろうと思っていたが結局、続かなかったなあ。それは佐川急便問題という細川総理の個人的問題があったためでもある。しかし、実態としては民主的運営ができていなかったことの方が大きいな。細川政権は七党と一会派が集まった連立政権なんだから、これを民主的に運営していくためには、お互いに議論し合って合意点を求めていかなければならない。

連立を組む政党間で喧嘩をしてもいいけども、ただ喧嘩するだけではだめだ。いろいろ議論し合う過程で互いに歩み寄ってある程度の結論が出れば、お互いに理解し合うこともできる。そういうことを通じて政党間の協力関係が強くなっていく。そんな政権運営をしなければうまくいかない。数で決めてはいけないんだ。細川政権の失敗を踏まえて僕は二晩でも三晩でも議論して合意点を見いだすような政権運営をしようじゃないかと言ってきた。それはもう、河野さんも武村さんも分かっているわけじゃ。お互いに交わした紳士協定みたいなもので、そうやって運営していくことにみんなが協力してくれたと思う。

例えば「慰安婦問題」ではとても激しい議論があった。「この問題はもう全部片付いている」という人もいる。「そんなことはない。やはり国に責任があるのだから何らかの形で国が補償するべきだ」という議論もある。いろいろあったけども最終的に基金という形に落ち着いたんだ。

そういうやり方をしたから僕の政権はそれなりにうまくいったんですよ。細川政権はそんなやり方はしなかったなあ。さらに小沢一郎氏らによる二重権力支配なんていう批判も出ていた。こういう政権運営はうまくいかないだろうな。

——議員数が圧倒的に多い自民党優先になってしまう。何でも自民党のいう通りになる。

村山　数で決めれば自民党がずいぶん腰を低くしていました。しかしそうはいかない。連立政権なのであって自民党単独政権じゃあないんだから、自民党がおとなしくなるのは当然だろう。

自民党は一九九三年の総選挙で負けて野党に転落した。自社さ連立政権で与党に復帰するまでの一〇か月間ほど、自民党は野党の悲哀さを感じたんだろうな。悲哀をね。政党は政権を握っていないとだめだ。野党になったとたん、予算編成時期になっても自民党本部は閑古鳥が鳴いていて、業界団体や官僚らが来ないなどということが分かったんだろう。だから、これはもう絶対に政権だけは離しちゃあいけないと思っていたんだ。

——三党の議員で構成するプロジェクトチームが党の方にあって、ここで主要政策を議論して合意を作っていきました。一方で内閣も予算や法案などを決めて国会に提出します。内閣と党との関係はうまくいったのですか。

村山　そりゃあうまくいったわ。問題によってどちらがリーダーシップを取るかいろいろで、内閣の方が主導権を取る場合もあれば、三党が協議して出した結論を尊重する場合もあった。全体としてそういう運営はうまくいったと思う。

内閣がリーダーシップを取ったケースは水俣病の未認定患者の問題だな。あれは内閣じゃな。与党がリーダーシップを取った政策は今、具体的に思い出せないが、とにかく不思議な話だけど政府が国会に出した法案が三国会連続で全部、一〇〇パーセント成立したんだ。否決された法案が一つもないというのは、三党の関係がうまくいったということじゃあないかな。

消費税率の引き上げ

――村山内閣は発足して間もない一九九四年九月二二日に、消費税を三パーセントから五パーセントに引き上げる税制改革大綱を閣議決定しました。同じ日に与党三党も党側の税制改革大綱を決定しました。これを受けた税制改革関連法は一一月二五日に成立しました。消費税率引き上げは内閣と与党のどちらがリードしたんですか。

村山　税制改革は内閣が提起して与党が合意しなけりゃできないことなので、三党で一応合意してもらった。僕は総理就任前から若干の消費税引き上げはやむを得ないと考えていた。就任時は円高で景気が低迷していたのでその対策として五兆五〇〇〇億円の所得税減税を三か年間実施することにし、景気も若干上向きになったところで減税分の財源補塡と高齢化に備える必要もあるので、消費税引き上げはやむを得ないというムードもあった。

税制改革大綱の議論のときは、消費税率の引き上げについては法案を作ることをみんなが了解した。一応三年後の九七年四月から実施する。ただしその時の経済の状況やら、財政の状況やら、行政改革の進展具合などを勘案して決めるという付帯条項をちゃんと法律に入れることになった。そのあとは税率をどうするかという話に移った。すると税率は三党首に任せるという話になったんだ。それで僕は三党首で話をした。その時に「消費税を引き上げるというところまで決めて、税率はあとに任せるというのはちょっと無責任過ぎるんじゃないか。だからここで責任をもって税率も決めた方がいい」と主張した。総理がそう言うんならそうしようということになって、五パーセントにすることになった。

低所得者の負担が重くなってしまう逆進性の問題を何とか解消できないかというような議論もあった。この問題については、僕もだいぶ何とかならないかと話した。すると大蔵省の幹部がきて「税率は三パーセントが五パーセントに上がるが、増える二パーセントのうち一パーセントは、新たに創設された地方消費税として都道府県の自主財源となる。そうなると国には一パーセント分しか入らない。にもかかわらずさらに逆進性対策を持ちこまれたのでは、税率を引き上げる意味がない」と言って反対したんじゃ。結局、所得税の課税最低限を引き上げるようなことをして折り合ったんだが、そういう議論は随分したな。

――社会党内はいかがでしたか。

村山　税率を五パーセントにすることになって僕は随分、党で責められたんだ。単に社会党がこれまで消費税に反対してきた政党だからという理由だけではない。九五年には参議院選挙が予定されていたんだが、改選期を迎える参院議員の多くは八九年の参院選で消費税反対を訴えて当選した。一期務めたら「消費税賛成」に変わっていたというのでは選挙にならないと随分言われたもんだ。まあ僕もそこまでは考えが及ばなかったな。そういう人たちには実際に消費税が引き上げられるのは三年後だから、「私は引き上げに反対だ」と言えばいいじゃあないか、と言ったこともある。

ただ相手によるのだけど、「消費税引き上げに反対だ」と言ってきた議員に「これから日本は高齢社会になっていき、年金や医療、介護に膨大なお金が必要になってくる。どう考えても今のままではお金が足らない。保険料などを引き上げて国民の直接の負担を増やすこともできるが、消費税引き上げも含めて国民全体でカバーする必要がある。それはやむを得ないと思う」と言えばいいじゃあないかとも言った。消費税引き上げ賛成の理由を堂々と訴えれば、国民は理解してくれると言ったんだ。

――ずいぶん両極端ですね。

村山　そりゃ両極端だ。参議院選挙で候補者が演説するときには曖昧なことは言うことはできないし言わない方がいいんじゃ。「私はこう思う」とはっきり自分の意見を言って、「みなさん、どう思いますか」と言う方が訴えるものがある。理解と納得を得られるよう説得するのも政治家の役割だ。

「自社さ」から「自自公」へ――自民党のたくましさ

――村山政権時代、連立与党三党の関係はうまく行き政権は安定していました。しかし、村山さんが退陣後、九六年の総選挙を経て九八年の参議院選挙で自民党が大敗して橋本総理が辞任し、小渕恵三氏が総理大臣に就任しました。間もなく新しい連立を模索する動きが活発になり、やがて自民党は自由党、公明党と連立を組みました。「自自公」連立政権ですね。こうした経過を振り返ると、自民党が政権に復活し体力を蓄えるための二年間か三年間、社会党とさきがけは利用されただけというふうにも見えますね。

村山　まあ、政局という視点から見ればそういうことになるかもしれないね。だけどもその「自社さ」連立政権時代の二、三年間、内閣は直面した課題をこなしていく役割を果たしている。その時の政権が何をやったかという政策の観点から見れば、必ずしも「利用された」ということだけで割り切ることはできないと僕は思うね。

自民党についていえば、長い間、政権をほしいままにしてきたんだから、野党を経験してどうすれば政権を握ることができるかといろいろ考えたんだろう。そのとき幸いにも野党には社会党とさきがけがいたので、三党で一つの政権を作れば政権に戻れるじゃないかと考えて僕が口説かれたわけだね。口説かれたけれども、生まれた政権にはそれなりに歴史的役割が課せられている。社会党首班の内閣だ。この内閣でなければできない課題をやらせてもらう。ちょうど戦後五〇年の節目の内閣だ。五〇年の節目にけじめをつけることも大きな役割だと思った。総理大臣をやって「自分はこういう役割を果たした」と言うことができれば、それなりに国民に対して意味があったということになると思った。

――社民党や新党さきがけと別れたあと、自由党や公明党と組んで生き延びていった自民党はしたたかな政党ですね。

村山　したたかだよ。僕は総理を辞めて橋本政権を客観的に見ることができた。橋本内閣には久保さんが副総理兼蔵相で入閣した。社民党の党首は土井さんに交代した。だから、政局の中心から距離を置くことができた。そうやって見ていると、九六年の総選挙後に自民党は野党議員を一人、二人と次々と引き抜いていったんじゃ。その数は合計で一二人にもなり、とうとう九七年九月に自民党単独で過半数を占めてしまった。そうなるとやはり自民党の対応が冷たくなっていったんじゃあないかな。こんなことなら連立政権に残っている意味がないというんで、社民党は閣外協力になって出るわけだな。その後はさらに自民党と距離ができていくわけじゃ。それで最終的にご破算になってしまい、九八年六月に連立解消ということになった。ところが、自民党は九八年の参院選で大敗してしまったために新しい連立相手を探し、自由党、公明党と一緒になっていった。「自自公」は「自社さ」とはもうガラッと変わってしまった。まあそれが歴史の流れなのかなあ、しようがないな。

——自民党のたくましさの源泉は人材の豊かさですか。

村山　確かに自民党には人材が多いな。それとやっぱり政権に対する執念だな。あのくらいの執念がなければ駄目だね。自民党だって党内が必ずしも一致してるわけじゃあないんだ。いろんな派閥があって意見が違うし、総裁選挙になるとお互いに敵同士のようにぶつかり合っている。しかし、一度勝負が決してしまうとみんなそれに従う。だからこそ自民党は長期間、政権を維持できたわけだ。党全体にそういうしたたかさがあるわけだ。そういう点が二〇〇九年に政権を取った民主党と違うな。

——もちろん社会党や社民党とも違いますね。

村山　そりゃ違う、違う。そもそも政権への執念がないわ。社会党は政権を握ることの妙味というのかなあ、権力を持っているという立場をいかに活用し党の政策を反映し実現させてゆくかというようなことを考えないんだな。

宗教法人法改正

――次に宗教法人法改正について伺います。この改正法は村山内閣時代の九五年一二月八日に成立しました。複数の都道府県に施設を持つ宗教法人の所管が都道府県から文部省に移ること、役員名簿などの書類を毎年提出することなどが主な改正点でした。当然、公明党の支持母体である創価学会も対象になり文部省の所管に移ります。法案審議の過程では創価学会の秋谷栄之助会長に対する参考人質疑もしました。明らかな公明党攻撃ですね。

村山　この法改正の理由はオウム真理教の事件じゃ。宗教法人は憲法上も法律体系の中でも特別扱いされていて、ある意味では治外法権的なところがあるわけじゃ。だけども、これだけ宗教団体が多くなっていることやオウム真理教事件が起こったことを考えると、治外法権的な扱いをこのままにしておいていいのかと思った。宗教法人の活動を、行政が日常的にある程度は把握していることが必要だ。だからこの改正をやるべきだという判断だった。

宗教団体は、民主的な運営になっていない面があったわけで、信者が自分の属する宗教団体の財務状況を知ることができなかったり、どこまで運営に関与できるかはっきりしていなかったりした。これはやっぱりよくない。信者が宗教団体の運営活動などに関与できることなど民主的な運営は必要なことだ。まして個々の宗教団体が何をしているか、行政が全く分からないしタッチもできないというのはおかしい。そして税金の面で優遇が認められている。そういう特権を与えているのなら、それなりに宗教法人の活動が把握できる仕組みにしておかないとよくないんじゃないかというんで改正したんじゃ。

——憲法に定めてある「信教の自由」との関係はどうなりますか。

村山　いやいや、「信教の自由」をはき違えたらいかん。信教の自由は思想信条の自由だからそれは当然、認める。だけども宗教団体の行為が治外法権的となって、行政が全く関与できないというのはおかしいんじゃないか。

——「政教分離」について憲法の規定は「いかなる宗教団体も、国から特権を受け、又は政治上の権力を行使してはならない」としています。この解釈について自民党は創価学会を意識して、「宗教団体の政治活動を禁止している」と解釈するよう主張しました。しかし、村山さんは国会答弁などで「禁止していない」というそれまでの政府見解を変えませんでした。

村山　憲法が「信教の自由」を保障しているとはいえ、一部の宗教団体が極端に政治的な介入をするとか政治的行為をしているので、以前から行き過ぎの面があるんじゃないかと感じていた。しかし、今回の法改正はオウム真理教の事件がきっかけで宗教法人法の改正が必要だということになった。しかし、宗教団体の政治活動については、これまでの政府見解を変えようとは思わなかった。

あくまでも法改正の目的は「あなたはこの宗教団体に入ったらいけない」というようなことを言うわけじゃない。信教の自由を保障するのは当然だ。ただ、宗教団体が社会的にやっている行為について、行政が全くノータッチで何をしようと関与できないというのはおかしいんじゃないかということだ。介入はよくないが、どういうことをしているのか知るべきであるという趣旨だ。

――村山さんは、国対委員長時代に野党の結束を大事に考え「社公民路線」を維持してきました。そのころも創価学会については問題だと考えていたのですか。

村山　もう六〇年前の話だが、僕がたまたま下宿していた部屋のふすま越しに、家主が創価学会員に口説かれているのを聞いたことがある。どうなるかと思っていたら、いつの間にか学会員になっていた。毎日足を運ぶ学会員の熱心さに負けたのかもしれない。しかし僕はこんな「折伏」に疑問を持ったことを思い出す。

もちろん、国会では絶対多数をもつ自民党に対抗する意味で「社公民」を大事にしてきた。特に公明党の国対委員長だった神崎武法さんにそういう意味での違和感を持ったことはなかった。いずれにしても、この時の宗教法人法の改正は、全国に多数存在する宗教団体のなかに宗教団体の名を借りた違法な活動が問題になっている事例が多く、国民の安全・安心に責任を持つ政府・行政が、そうした宗教団体の活動について日常的に知ることができるようにしたもので、必要なことだったと思う。

阪神大震災と東日本大震災

――村山政権で最大の出来事の一つは一九九五年一月一七日の阪神大震災です。情報が十分に入らなかったということもあって、官邸の初動が悪かったなどと批判されました。

村山　あの地震があった時、僕は公邸にいて朝六時のＮＨＫのニュースを見た。トップニュースは山花氏らが国会の会派を出るというニュースだった。神戸の映像は映っていなくて、地震のあった京都など二～三か所が報道されていた。震度は5とか6とかいっていた。神戸の方が被害は大きかったのだが、通信機器が壊れて連絡ができなくなっていたためか、ぜんぜん情報が入ってなかった。僕はすぐに京都の知人に電話したんだが「震度は大変大きかったけど、幸い被害はなかった」と言うのでそれはよかったと言って安心した。

そしたら、しばらくして災害を担当する秘書官から電話があった。彼はたまたま法事かなんかあって実家に戻っていたんだ。やっぱり気になったんだろうね、いろいろ情報収集してから僕のところに電話してきて「神戸の方で地震がありました。大変大きいようです。まだはっきりとした情報がないのですが、大きな被害が出そうです」と報告してくれた。それから官邸に出ていってあっちこっち連絡を取ったんだが、とにかくマスコミなどにだいぶ叩かれたな。

当時はこうした災害時の政府の対応がきちんと整備されていなかった。首相官邸には二四時間対応するシステムはなかったし、担当の国土庁には当直制度もなかったんだ。神戸との連絡もお昼近くになって初めてとれた。対応が遅れたと言われると弁解の余地はない。

――そんな中で、どう対応したんですか。

村山　地震が起きたのに総理はいつも通り淡々と仕事をして予定されていた日程をこなしていたという批判もあった。そりゃあ内部のことを知らんからそういう批判をするんだろう。一七日午前の閣議で災害対策基本法に基づく非常災害対策本部を発足させた。滝実消防庁長官とか災害対策に必要な人を直ちに現地に派遣して、絶えず連絡を取れる態勢にして情勢を把握した。滝長官には「必要だと思うことはあなたの判断ですべてやってくれ。法律がなくてもやってくれ。法律はあとから改正すればいい。最後の責任は内閣が持つ」と指示をした。

だけど「日常業務だけやって震災のことは何もしなかった」と批判する人がいる。そんなことは知らん者が言うのであってそんなことはない。実際には必要な手を打ってきちっと対応してるよ。地震が起きたからといって総理大臣が何もかも全部、自分でやらなければならないわけじゃあない。支障のない限りは日常の業務もやるが、震災対応も必要なことはやった。

一月二〇日には、北海道開発庁長官兼沖縄開発庁長官だった自民党の小里貞利氏に震災対策担当大臣になってもらった。小里さんは東京と現地を頻繁に往復して必要な対策を講じてくれた。また各省が自分たちの持ち場でしっかり対応してくれ、対策本部で統合して対応した。そういう意味では組織的対応ができた。また、震災関連で必要な一六本の法律をわずか一か月で成立させることができた。当時の国会は野党も「必要なことであり、反対できない」という対応だったな。

非常災害対策本部は本部長が小沢潔国土庁長官で本部員は関係省庁の官僚だった。ところがこの態勢だと官僚が中心になって物事を決めるため政治判断が円滑にできないというので、五十嵐広三官房長官や石原信雄官房副長官らと相談して、本部長が総理で全閣僚がメンバーとなる「緊急対策本部」を一九日の閣議で別途、設置したんだ。この本部は法律には基づいていないんだが、とにかく内閣が一体となって政治主導を発揮して地震災害対策に取り組む態勢を作ったんだ。ところがこういうことをしても、それを批判した記事があったね。災害対策基本法にないものを作ったとかね。内閣が全体として取り組むということは大事なことだし、閣僚をメンバーにした本部で対応した方が強い態勢だと思う。現地には兵庫県庁の中に現地対策本部を設置し、国土庁政務次官を長に関係各省庁の担当者を配置し、知事や市町村長と連携を取ってもらい、小里担当大臣らと一緒になって対応してくれた。

——震災初日はともかく、その後の対応はうまく行ったということですね。

村山　政治家だけでなく官僚も一体になって対応したからな。官邸には自治省事務次官経験者の石原官房副長官がいた。彼は全体のことがよく分かっていた。内閣も各省も国会も官僚も、みんな一つの方向に向かって取り組んでくれた。それが一番良かった。

それから、阪神大震災はボランティア元年と言われるくらい全国からボランティアの人々が集まって、被災者を助けてくれた。民間だけではなく、全国の公務員もやってきた。そういう力が大きかった。

——二〇一一年三月一一日に起きた東日本大震災とよく比較されますが、政府や国会などの一体感は、阪神大震災のときの方があったわけですか。

村山　阪神大震災と比べると東日本大震災は単に地震だけではなく津波に加えて原子力発電所の事故など災害の規模も質も全く違うから、一概に比較はできないと思う。それにしてももう少しやりようがあったのではないかな。特に自分たちの生活がこれからどうなるだろうかと不安に思っている被災者の皆さんに、安心と復興への希望と元気を与えるようなことが十分になされているようには思えない。また、内閣と与党である民主党が一丸となって対応しているようにも見えない。それぞれが役割分担をして、持ち場持ち場で努力しているのだろうと思うが、だれが責任を持っているのかわかりにくく、バラバラのような印象を与えているのではないか。

これは一つの例だが、例えば佐賀県玄海町の玄海原子力発電所の再稼働問題で、担当の海江田万里経済産業大臣が地元を訪問して岸本英雄町長の了解を取り付け、佐賀県の古川康知事にも再稼働を要請した。ところが翌日、菅総理が再稼働についてはストレステストが必要であるとクレームをつけた。海江田氏が総理によってはしごを外された格好だ。海江田氏は総理大臣の事前の了解なしに単独の判断でやったのだろうか。どういう経緯があったのか分からないが、こんな対応は閣内不一致ではないか。私は再稼働についてはストレステストも必要で、慎重の上にも慎重に扱ってほしいと思っているが、それなら総理の方針を閣内で一致させておくべきではないか。少なくとも担当大臣とは打ち合わせをしておくべきだったと思う。

また、菅総理は七月一三日の記者会見で「原発に依存しない社会をめざすべきだと考えるに至った。計画的、段階的に原発依存度を下げ、将来は原発がなくてもやっていける社会を実現していく」と「脱原発」を打ち出した。ところが閣僚の間から反対意見が出ると翌々日の一五日にあっさりと「自分の考えを述べた」と言い方を変えてしまった。もしそうであるならば記者会見の中で「これは私個人の考えだが」と断っておくべきではなかったか。ただ、そもそも総理大臣の記者会見は内閣を代表するもので、個人の発言などないのではないかと思うがね。

また民主党が主張していた「政治主導」の結果、「政と官」の関係がどうなっているのかが疑問だ。官僚は全国に張りめぐらせている行政組織を通じて日常業務を処理している。経験も知識も豊富だ。物事を処理し対策を講じるにあたって、「決断と責任」は政治家にあるのは当然だが、官僚の持っている組織と知識を災害の復旧復興に生かしていくことも大事なことだと思う。

この未曽有の大災害の復旧復興に対し、必要な対策は政局抜きで政も官も、与党も野党も一体となって取り組むことが大事だ。その責任は内閣にある。だからこそ総理大臣のリーダーシップが問われる。総理の責任は重いと思う。阪神大震災のときは自民、社会、さきがけの与党三党は一丸となって取り組み、特に自治大臣の野中広務さんや運輸大臣の亀井静香さんをはじめとする各閣僚はそれぞれの持ち場の中で積極的に行動してくれた。また、野党もこと災害対策については積極的に協力してくれた。

——確かに東日本大震災のときは混乱が続きました。

村山　総理大臣という権力者の座にいる人は、一度辞めると言ったら直ちに辞めるべきだ。一度辞めると言えば人心は必ず離れていく。ところが菅さんは六月に内閣不信任案が出されると民主党の代議士会で「震災対応に目途をつけたら若い人に責任を引き継いでもらいたい」と発言したにもかかわらず、なかなか辞めなかった。その間、内外の諸問題が進まないわけで国政の空白がもたらす影響は大きい。しかも、菅総理一人の進退をめぐって民主党も国会も振り回されていた。これはおかしな話だな。

震災復旧、復興について与野党はそんなに意見が違うはずがないのだから必要な予算や法案はすぐにできていいはずだ。ねじれ国会だからできないというようなことではない。大震災への対応が必要な時に、多くの議員が政局だけを考えているようにも見えた。

オウム真理教事件と破防法の適用

――オウム事件で思い出すのは破壊活動防止法(破防法)の団体規制の適用申請ですね。破防法は社会党が歴史的にも強く反対してきた法律です。その法律に基づいてまさか社会党委員長でもある村山さんが総理大臣のときに処分を申請するとはすごい巡り合わせですね。

村山　本当に巡り合わせだな。あの時は本当に悩んだ。破防法を担当する法務大臣は宮沢弘さんだった。破防法は成立時に社会党が反対した法律だし、いきすぎたら危ない法律だから、適用は慎重のうえにも慎重を重ねて検討してください、そう何度も頼んだことを覚えている。あの時、最終的に公安調査庁が公安審査委員会に、オウム真理教に対して団体活動を規制する処罰の申請をしたんだ。この時は結局、公安審査委員会は適用しないという判断をした。それはともかく申請を検討しているときに手続きを担当する公安調査庁の幹部が「破防法の手続きは公安調査庁長官が認めればできることになっています」と言ってきた。僕は「長官の判断だけでやれるならやってみなさい。ただし公安調査庁は一行政機関にすぎない。そして行政機関の長は総理じゃ」と言ったんだ。これは「長官の判断だけで申請することは絶対駄目だ」という意味だ。

——総理大臣の了解がいるということですね。

村山　それはそうじゃ。総理大臣が了解しなければ処分の申請はできない。それは当たり前の話だ。最後は宮沢法務大臣が官邸にやって来て「いろいろ検討してみましたが、やっぱり適用はやむを得ないと思います」と言った。あのとき僕が一番考えたことは、当局がオウム真理教という団体をどこまで把握しているのかよく分からなかったことと、もしも地下鉄サリン事件などと同じような事件が再発して、あのとき破防法を適用しておけばこんなことにはならなかったということになったら大変だということだ。相当いろんな角度から検討したんだが、どうしても目の届かないところがあった。そして、周囲がみんな適用申請はやむを得ないと言うからな、僕も仕方ないと判断した。

——確かに、また事件が起きたときには破防法を適用していなかったためだと言われかねませんね。

村山　そんなことになったら困る。それが一番痛いわな。だから破防法を使うのはやむを得ない。

——思想信条からいえば、ちょっと辛かったでしょ。

村山　辛いわね。しかし、思想信条よりも行政を預かっている立場であること、あるいは国民の安全を守るという責任の方が大きいからな。

——政府は適用申請をしましたが、公安審査委員会は適用の要件を満たさないということで適用は見送りになりました。

村山　そうなったので、この先オウム真理教がどうなるのか見通しがつくまでずっと気になっていた。また同じような事件が起こらなきゃいいが、と心配していたんだ。

沖縄米軍基地問題と大田知事

——首相になって約半年後の一九九五年一月一一日、村山さんは米国を訪問しクリントン大統領と会談しました。イタリア・ナポリサミットに続く二回目の会談でした。

そのとき沖縄の米軍基地問題で、那覇軍港の返還、読谷《よみたん》村の補助飛行場のパラシュート訓練の中止と返還、県道一〇四号線越えの実弾砲撃訓練の中止などを要求しました。この時、私は同行取材をしました。外務省は村山さんが首脳会談で米軍基地問題を持ち出すことに消極的でしたが、村山さんが「とにかく沖縄の問題を何とかしたい」と主張したと、当時、関係者から聞きました。

村山　うんうん。そりゃあ、沖縄の米軍基地問題は僕にとっても大きな問題だったからな。

――そして、九五年九月に沖縄で米兵による少女暴行事件が起きました。これで沖縄の米軍基地問題に火がつき、大田昌秀沖縄県知事が県内の反戦地主らの所有する米軍用地の強制使用手続きで、代理署名を拒否する事態に発展しました。「米軍基地が強化、固定化される」というのが大田知事の拒否の理由でした。

村山　あのときは、大田知事が少し膝を突き合わせて話をしたいというので官邸に来てもらって、四時間以上、話をした。沖縄の実情や知事の考えなどいろいろ話を聞いた。一一月四日だったけど、まず午前一〇時過ぎから官邸で話し、正午過ぎから公邸で昼食を取りながら結局三時過ぎまで話した。その時に、僕は主な内容として三つぐらいのことを言った。

一つは沖縄の米軍基地問題に対する認識だ。やっぱり日本国内の米軍基地のうち七五パーセントが沖縄に集中しているのは、大変な重荷だということは分かる。日常的にいろんな事件や事故が起きて、県民の皆さんが大変な苦痛を受けていることも分かる。このことは大変申し訳ないことだ。しかし、多くの国民が沖縄の基地問題は沖縄の問題だとしか受け止めていない。率直に言って僕はそう思う。それはやっぱりよくない。政府としては沖縄の基地問題は日本全体の問題であり、政府の問題として受け止めて対応するということを話した。

二つめは、大田知事が、日本政府があまりきちんと対応してくれないから米国に行って米政府に直訴するというんだ。大田さんは「米政府と話すと、日本政府からそんな話は聞いていないと言われることが多い。こっちが投げたボールが投げ返されてしまうことがたびたびあった」と訴えていた。それはよくないので、今後は基地問題については沖縄県と首相官邸が、直接話ができるような新しい協議機関をつくることを約束した。官房長官と沖縄県副知事がそれぞれ責任者になるこの協議機関は閣議で設置を決めることにした。

三つめは代理署名の問題だ。これまでも大田知事は基地問題でいろいろ悩んできた。今度の代理署名の問題について、僕としては知事にどうこうしてくれということは言えない。しかし、残念ながら米国との間に条約があって政府としては強制使用を継続せざるを得ない。知事が拒否すれば総理大臣が代理署名をすることになる。だから政府がすることについて理解をしてほしい。理解までいかなくても分かってほしいというようなことをお願いしたんじゃ。

――代理署名が必要な対象者は約三〇〇〇人で、面積は三七万平方メートルでした。そして、今回知事が代理署名しなければまず一九九六年三月に読谷村の楚辺《そべ》通信所の用地の一角の使用期限が切れることになっていました。

村山　だから総理がやらざるを得んわけだ。そのことは一つ分かってほしいと大田知事にお願いしたんだ。そしたら大田さんは「政府と争う意思はありません」と言うから「ああそうか、それで結構です。その点が分かっていただければありがたい」と話した。大田さんは「初めて総理とじっくり話ができた」と、だいぶ感謝してくれていた。

――大田知事は米兵の暴行事件について「米国側が謝罪したのに、基地を提供している日本政府首脳からはひと言もなかった」と述べて政府の対応を批判したようですね。

村山　大田さんは少女暴行事件を受けて開かれた県民集会に行って挨拶したとき、冒頭で「少女を守ることができなかった。申し訳ない」と謝っているんじゃ。それで僕は大田さんとの会談で「あなたはそういう挨拶をされたそうだけども、改めてここで僕は日本政府としても少女を守れなかったことについては謝らなければならないと思っています」と話した。それから沖縄の話をゆっくりいろいろ聞いたんだ。

――この事件がきっかけにもなって、一九九六年四月、日米政府は普天間飛行場の移転に合意しました。ところがそれから一五年以上たったにもかかわらず、事態は全く動いていません。

村山　僕が総理のときに日米安保条約を肯定したのは、戦後五〇年を過ぎ、安保条約を作ったころと現在とでは、安全保障問題などを取り巻く環境が大きく変わった。しかし、一貫して日本に米軍基地があり米国に守ってもらっている。この姿を見直す必要がある。日米関係はどうあるべきか原点から検討していくことが必要だ。そうしなければ反米感情ばかりが高まっていく。そのためには安保条約破棄を前提にした議論は駄目だと思った。これからは日米二国間の問題としてではなく、多国間の問題として考えるべきだと思って安保条約を肯定したんだ。そういう観点からすると普天間飛行場の問題も多国間の視点が必要だ。今、日米安保条約は日本だけの問題ではなく、アジア全体にとっても意味を持っている。その中で普天間飛行場をどうすべきか、考えるべきだろう。

批判された住専問題

――住宅金融専門会社、いわゆる住専の問題も、村山さんが総理のとき深刻な局面を迎えました。バブル経済の崩壊で住専各社が膨大な不良債権を抱え、経営が危機に陥った。このまま破綻させると日本全体の金融システムに大きな影響が出るということで、九五年一二月、政府は公的資金を注入することを閣議決定しました。

村山　ああ、今でも覚えている。六八五〇億円という金額もちゃんと覚えている。もうあのころは、カラスの鳴かない日はあっても住専問題が報道されない日はないぐらいに連日批判されたな。僕はあちこちで説明したんだ。「この公的資金の注入は、住専を救うためにやるんではないんです。住専はこれから法的な手段を取られるかもしれん。また経営陣が悪いことをしていたら罰せられるのは当たり前の話だ。この問題の本質は、金融機関が住専各社に多額の資金を貸していることにある。住専がつぶれると金融機関にとっても大問題だ。やっぱり日本の経済の動脈である金融システムが信用をなくしたら日本は立ち行かん。だから公的資金注入をやらざるを得ないんです」と。そしたら「農協を助けるためにやるのか」という質問がでてきた。農林系金融機関の負担能力を超える部分について公的資金を出すわけだからな。それで僕は「ああ、農協も大事です。農業は大事なことだし、農業を守っているのは農協の役割が大きい。だから農協がつぶれていいとは思いません」と話したんだ。だけど実態はやっぱりひどかったなあ。

――住専のケースが政府による最初の公的資金の注入でした。その後はもっと巨額の公的資金を金融機関救済のために出しました。しかし、あの時が最初だったので「なぜ、税金を使って救済するのか」という批判が強かったですね。

村山　まあ、最初だからしようがないね。だけどやってよかったと思う。その後の金融機関に対しての注入は、金額が全く違うにもかかわらず何も批判されない。そればかりか「もっと出すべきだ」と言うような議論さえある。まあ、マスコミも適当だなあと思ったな。金融機関に何兆円というお金を出すのに「もっと出してもいいんじゃないか」と報じて、なんで住専の時にはそれよりも少ない金額なのに、あれほど批判したのかねえ。

宮沢さんにアドバイスを求めた外交

――内政問題に追われるような日々だったと思いますが、総理大臣にとっては外交も大きな仕事です。普段の仕事のなかで外交の占める比重は大きかったですか。

村山　仕事のウェイトからいうと内政問題の方が大きかった。だけど率直に言うと僕にとって外交は重荷だった。

――重荷ですか。

村山　そりゃあ、僕は英語ができない。やっぱり言葉が駄目だと外交なんていうのは避けるんだ。それは総理大臣になってからの話じゃあない。国会議員にはいろんな外遊の機会がある。しかし言葉ができないと「自分は言葉が駄目で話ができない」と言って避けるんだ。だから僕は外国にもあんまり行ってない。国会議員になってから何回行ったかなあ。ほとんど行ってない。そもそも外国人と話し合うとか議論するとかいう機会も少ないし避けてきた。ところが総理大臣になると外交の機会が増えるわけで、これは最初から重荷だなという感じがあった。

総理大臣に就任すると早速、ナポリサミットに行くことになっていた。それで出発直前の九四年七月五日、宮沢喜一元総理に会っていろいろ話を聞いた。宮沢さんが「あなたは言葉のことをいろいろ気にしているんじゃないですか」って聞くから僕は「それは気になりますよ、英語はぜんぜん駄目なんですから」と答えた。すると宮沢さんは「それは心配いりませんよ。サミットで英語をしゃべる必要はないですよ。ミッテラン仏大統領やコール独首相も英語でしゃべらないはずです。堂々と日本語でやんなさいよ。通訳がちゃんとついていますから、下手な英語など使わない方がいいですよ。そんなことはちっとも気にする必要ありません」と言ってくれた。それから少し気が楽になったな(笑)。

——日常的には、時々の世界情勢などについて外務省の幹部がブリーフしてくれるんですか。

村山　それはそうですよ。例えばナポリサミットにでかける前には、会議の主な議題について詳細にいろいろ説明してくれる。そういうことは絶えずあったな。外務省の事務次官も頻繁にきていろいろ説明してくれた。こういうのは役に立つわ。知らないよりは知っていた方がいいからな。

――大変だった課題はありましたか。

村山　うーん。僕のときは相手国の首脳と丁々発止でやり合わなければならないようなやっかいな問題はあまりなかったな。それは官僚が事前に相手国と協議して調整してくれてたんじゃないかな。一九九五年一一月に大阪でＡＰＥＣがあった時は、日本での開催だから僕が議長になる。どういうふうに会議を進めるか、外務省は相当の期間をかけて練っていた。各国との間で事前にいろいろ話を詰めている。僕はその結果の上に乗っかっていく格好だから、それほど大変だということはなかった。

――総理就任直後のナポリサミットは大変だったでしょう。

村山　あのときはサミットの途中でお腹を壊して本番には出てないからね。だけど、二国間の首脳会談はサミットの首脳会合の前にやった。米国のクリントン大統領と一時間ぐらい話した。他の首脳会談は表敬訪問みたいなもんで短かった。

――村山さんがサミットでお腹を壊したというのは大騒ぎになりましたね。

村山　ナポリに着いたときは特に体調が悪いわけでもなく普通だったんじゃ。次の日、卵城というところで首脳会合がある予定だったので車でそこに行くと、入り口にボーイさんが飲み物を持って立っていたんだ。みんなそれを取っていくので僕も何も気にしないで手にした。それが桃のジュースかなんかで、甘くて冷たくておいしかったので、ついぐいぐいと飲んだ。首脳会合が始まるまで一時間か一時間半ぐらいあったので、みんな庭を眺めながら散策したんだ。そのときはなんともなかった。そしていよいよ首脳会合が始まるので、広い会場に入って椅子にかけた。丸いテーブルを各国首脳が囲むようにして座った。ところが座った途端にお腹の調子がおかしくなった。「ああ、これはイカンな」と思った。会合中に変なことになったらみっともないから、ちょっと用を足してこようというんで席を立った。用を足して戻ったんだけど、またおかしい。これは駄目だと思って傍にいた担当者にもし帰って来なかったら河野外務大臣に連絡をしてほしいと頼んで、席を立って出ていった。それで万事終わりじゃ。

――その時どうなったんですか。

村山　それがもう、意識が朦朧としてしまったんじゃ。

――下痢でそうなってしまうんですか。

村山　下痢で脱水症状がひどかったんだと思う。警護官が抱えてくれたんだ。自分ではあまり意識していなかったんだが、やっぱり疲れていたんだろうなあ。こんな経験は初めてだった。それはひどかった。まあ日程もちょっときつかったのはきつかった。クリントン大統領との会談が最初だった。その時はあまりきついとは思わなかった。終わってホテルに戻って休んでいると、次の会談が始まりますと呼びに来る。まるでコメツキバッタみたいで、会談してホテルに戻って休憩する、また会談して戻る、ホテルの部屋で寝る、また起きて行く、また帰って寝る、また起きて行く、というね。きちんと休めないままだった。だからやっぱりきつかったんだと思う。だけど気が張っていたから疲れを感じなかったんだ。そして、疲れて胃が正常に働いてないところに冷たい桃のジュースを一気に飲んだから、いけなかったんだろう。

――総理大臣の外交というのは体力が必要だということですね。

村山　まあ、何回かやっているうちに次第に苦痛ではなくなったがね。

マスコミとの付き合い

――総理大臣になると二四時間、マスコミの監視の下に入ります。一挙手一投足が記事になります。苦痛ではありませんでしたか。

村山　それほど苦痛を感じたことはないけどな。しかし、嫌な経験もあるな。一九九五年一一月四日、イスラエルのラビン首相がテルアビブで暗殺された。二日後に国葬が行われたが僕は出席しなかった。河野洋平外相を首相特使として派遣したんだ。そのことについて、記者団からぶら下がりで聞かれたんだ。僕は「国会があるもんだからいけなくて残念だ。ラビン首相とは九月に会って話をしたばかりだしね」と話した。そしたら次の日、ある新聞の記事に「総理は「ラビン首相には会ったばっかりだから行く必要はない」と言った」と書いてあるんだ。それでぶら下がりのときに、その新聞社の記者に

「これは僕が話したこととぜんぜん違う内容じゃあないか」と文句を言ったんだ。彼は「私はこんな記事は送ってない」と言うんだ。なんでそういうことになったのか分からないままだ。

もう一つある。大阪のAPECのときじゃ。各国首脳は奥さん方も一緒に来ているので、その接待をしなけりゃならない。ところが僕の家内は体調が悪くてできないから、娘にやってもらった。APECが終わって大阪の空港から帰るときのことなんだが、娘は京都女子大を卒業しているので友だちが空港に見送りに来ていたんだ。娘がタラップを上っていると友達が「さよなら」って大きな声をかけたので娘もタラップの上で「さよなら」って手を振ったんじゃ。そしたら次の日、ある新聞の二面の囲み記事に、一般の市民は娘さんを見送りにきているわけじゃないのにタラップに立って手を振るなんておこがましいというような見出しがついていた。今でも覚えているけど、その記事を見て娘がもう嫌がって「お父さん、もうこれからは一緒には行きません」と怒った。友だちが見送りに来ていたんだから、手を振るのは当たり前の話だが記者はそのことを知らなかったんだ。ひどい記事だったな。

——総理大臣になると、いろいろ書かれるためマスコミ嫌いになる人が多いですね。

村山　いや、僕は嫌いじゃあない。別にマスコミを嫌う必要もない。こっちだって書いてもらって宣伝してもらいたいこともあるわけだから、お互いに活用し合うことは大事だ。ただし歪めて間違ったことを書いたらだめだ。

総理大臣の生活

――総理大臣になると、私生活も制約が多くなってとても不自由になると思いますが、いかがでしたか。

村山　郷に入れば郷に従えだな。総理大臣になった以上は仕方ない。そりゃもう、我慢するとこは我慢するしかない。僕は夜も外食はほとんどしなかったな。そもそも料亭なんかで食べたことがあまりないからな。食事は大体、公邸でとっていた。誰かと食事をするときも公邸で、料理は娘が作ってくれた。

――夜、誰かと外で食事をするというのは嫌いだったんですか。

村山　好きでも嫌いでもないけど、総理大臣になるとやっぱり窮屈だな。外で食事となると、警護の警察官がお店の周りを警備しなけりゃいけないだろ。例えばあるレストランに行くとなると、警察は事前にお店の中も周辺も全部点検して歩いたりしなけりゃいけない。そんな話を聞くともう煩わしくなる。そんなことまでするのならもう公邸でいい、公邸で食事をしようということになってしまう。

――公邸での食事も、外のレストランなんかに頼めば持ってきてくれますよね。

村山　国会答弁の打ち合わせなどのため、秘書官と公邸で朝食会をよくやった。握り飯とみそ汁と魚の干物を娘が用意してくれる。みんなそれが一番おいしかったと言って食べてくれた。

――質素なんですね。

村山　他の内閣では総理が料亭を使っていたらしいな。みんなそんなことをしていたのなら僕もそうしたらよかったと思ったこともある(笑)。まあ社会党の議員なんていうのは、そういうことに全く慣れていないから仕方ない。

政権交代と民主党の限界

――二〇〇九年の総選挙で自民党が野党になり、民主党が過半数を占めるという初めての本格的な政権交代が実現しました。

村山　あの総選挙は大変意義のある選挙だったと思う。五五年体制ができてからほぼ一貫して自民党政権が続いた。何回、総選挙をやっても政権が代わらないので国民も諦め気分が強くなってきた。ところが〇九年の総選挙で、初めて国民は自分たちの投票で政権交代を実現させた。投票で政権を代えたというのは画期的な出来事ですよ。

僕の母校の明治大学に岡野加穂留さんという政治学の先生がいらした。岡野さんはしばしば「明日の天気は変えられないけども、明日の政治は変えられる」と言って主権在民の意識を強調していた。有権者がどこまで意識していたかは別にして、二〇〇九年の総選挙で初めて自分たちの投票行動で政治を変えられるということを実感した。それは大変いいことで、一人ひとりがそういう自覚を持つことが日本の政治を変えていく大きな力になると思う。

ただこの政権交代は民主党に風が吹いたのではなく、自民党があまりにもひどかったから政権が民主党に移ったんだ。だけど誕生した民主党政権はだめだったなあ。その最大の原因は、やはり官僚機構という生きている組織を活用できなかったことだ。官僚に政治家が使われるのではだめだが、使いきれないのもだめだ。民主党は出発点で間違っていたな。各省で大臣、副大臣ら政務三役が官僚を入れないで会議を開いて物事を決めていった。これではだめだ。必要に応じてそれぞれの政策の担当者を入れて意見を聞き相談して物事を決めていかなきゃだめだ。結局政策の整合性がなくなり、人気取りの政策ばかり目立った。そこが民主党政権の限界だったな。

日本は三権分立なんだから行政の役割を無視したらだめだ。つまり官僚を無視してはいけないということだ。例えば沖縄の普天間飛行場の移転問題で総理の鳩山由紀夫さんが「県外・国外」と言ったとき、これまでの日米合意などの積み重ねを無視するわけだから、よほど何か見通しや確信があって言ったんだと思った。ところが何もなかった。

そのときどきの空気におもねるような発言をするのは間違いだ。やっぱり事前に十分検討して、役人の意見も聞いて、最後に自分で判断して決めるべきだ。何か判断する前にきちんと現状について役人から話を聞いておかないと誤りを犯しかねない。できもしないことを総理が言ったらおしまいだ。そういう危うさを民主党政権には感じるな。民主党のいう「政治主導」は官僚を排除したり無視したりすることを意味しているように見える。それは違うだろう。

それからもう一つ問題なのは、マニフェストがほとんど空手形になっていることだ。これは政治に対する国民の不信感を高めることになる。この問題はきちんと考えなくてはならない。つまり選挙のときには自分たちに有利になるような内容ばかりをマニフェストに書いて、政権を取ったら「財源が足りないからできない」という。こんなことは理由にならんでしょう。

――どうすればいいんですか。

村山　実行不可能なことは言わないことですよ。そして間違ったら間違ったで、率直に謝るんだ。当座をしのぐとか取り繕うような政治はやらない方がいいですよ。

――民主党という政党はいかがですか。

村山　所属する国会議員がばらばらに行動し、とても政党の体をなしているとは言えないなあ。ましてや政権党の体をなしてないように思う。その最大の理由は政党の綱領がないからだと思う。政党の綱領がないということは政党にきちんとした背骨がないということであり、きちんとした考え方の基盤がないということだ。だから何か重要なことを判断をしようとしてもできない。結局、国民は民主党の幹部や閣僚らが言ったことを聞いて信用する以外にない。それじゃあだめだ。やはり民主党の軸はこういうもので、日本をどうしようとしているのかという基本的な路線を明確にしなければだめだ。ところがそういう綱領がないから政権運営も党内も混迷しているんじゃあないかなあ。そこにねじれ国会という苦しい環境が加わっている。まあここまで来たら政策連合で、政策を中心に野党とも十分に話をして、野党と合意のうえで政局を運営していく以外にないんじゃないか。そういう気持ちになって野党の言い分を聞かないといかん。まして日本は東日本大震災という未曽有の国難にある。復旧復興のために虚心になって野党に協力を求め誠意を持って話し合うことが大事なんだ。

――しかし、ねじれ国会の運営は民主党ならずとも難しいですね。

村山　法案を成立させるため民主党は当然、自民党や公明党の協力が必要になる。しかし野党は簡単に応じない。その結果、国会は与野党間の駆け引きばかりやっていて政治が国民に向いていない。国会はもっと国民を向いた議論をしなきゃいかん。国会の議論に国民が刺激されてみんなが考える。それが国会の議論に反映されるようにならなければいけない。

そうなってないから現実の政治は沈滞しているんだ。だから大阪の橋下徹市長のように勢いのいい人が出てくると多くの有権者が期待し支持が集まる。橋下氏のような存在は有権者を刺激し、政治問題について考える機会を与える役目を果たしているかもしれない。しかし、同時にどこに向かって走っていくのか分からない危なさもある。いずれにせよこういう現象が起きるのは中央の政治が機能していないからだ。

——最近は与野党を問わず政治家は四六時中、自分の選挙のことを気にしていますね。

村山　やっぱり小選挙区制度がよくないんじゃ。定数一だから各選挙区で一番多くの票がないと当選できない。支持を増やすために自分とは違う意見についても迎合しなければならない。それは政治家を誤らせる。また小選挙区の選挙はある意味で総理大臣を選ぶ選挙でもある。小選挙区の候補者は当選するために自分の考えや意見を語らず人気がある指導者に流れていく。そうなると自分の志と違うことをやらなきゃならんし、大衆迎合的な政治になってしまう。それもよくないんじゃないかと思う。

——でも小選挙区制度は当分変わらないですね。

村山　変えた方がいいな。これはよくないわ。やはり中選挙区制度がいいんじゃないかな。そもそも僕は政界が二大政党に収斂していくことが必ずしもいいとは思わない。単独政権よりも連立政権の方がベターだと思う。なぜかというと、違う政党がそれぞれ意見を出し合って合意点を求めて政権を運営していく方がより民意を反映すると考えているからだ。

――連立政権は政権が安定しないという欠点がありますね。

村山　それは運営の仕方だ。連立政権だからといって必ずしも安定しないとは言えない。うまく運営して絶えず国政に国民の声が反映できれば単独政権よりも連立政権の方がいいと思う。それと連立政権の長所は秘密が保てない、内緒で物事を決めていくことができないという点だ。つまり複数の政党で政策を決めていけば必ずどこかで情報が漏れていく。だから秘密裏に水面下で物事を決めていくことなどできない。その結果、より民意が反映されるとともに透明性の高い民主的な方法で政権が運営されていく。だから国民によく知ってもらうことができるし、国民に判断材料を提供することも可能だ。自分の経験から言ってもその方がいいな。

――自社さ政権は成功例ですね。

村山　連立政権がうまくいくかどうかは運営の仕方一つだからな。政治を担当する者はより民意を反映して、民主的な運営をして国民の意思を絶えず問うというような姿勢を心がけていけばうまくいくんだ。

やはり社会民主主義じゃ

――最近の社民党について伺います。国会議員の数はかつての社会党に比べようもなく、政界での存在感はなきに等しいですね。

村山　今の状況を見ると慙愧の念に堪えないな。日本の政界には社民党的な考え方は必要だと思う。そういう勢力をもう一度拡大するためには何が必要か、社民党はこれから先どうすればいいか、いろいろ考えてみるんじゃが知恵がない。小選挙区制度は続くだろう。そういう中で社民党が議席を増やすことは難しいだろう。だから地方に社民党の勢力を作っていき、それを統合していくことが必要だ。しかし、僕もそう思うように体が動かんしなあ……。

――連合という最大組織が民主党支持に回っていますから、勢力拡大は難しいでしょうね。

村山　労組がついていないということが一番大きな問題だ。社会党時代に党が独自の組織を持たず労組におんぶされてきたことが今日の結果になっているんだ。それに社会民主主義の魅力も後退している。国民はもちろん最近は学者も社会民主主義への関心をなくしてしまい、この言葉を使わなくなった。社民勢力の存在が労組でも学界でも、そして国民の間でも薄くなってしまったんだ。

――少数の議員しかいない社民党は、かつての社会党のように原理主義に回帰していませんか。

村山　政治の世界は主義主張よりも何を社会にもたらすかという現実主義の時代になっている。イデオロギーが問われる時代ではない。だからこのまま行くと社民党は消えるんじゃないかという心配があるな。一般の人の中にも社民党にもっと頑張ってほしいという人はいるんだから、そういう声に応えるような活動をしないといけない。しかし、なかなかできないなあ。できないのは数が少ないことだけが理由ではない。社民党は今、衆参合わせて一〇人しか国会議員がいない。ここまで少なくなるとマスコミも取り上げてくれないし、国会での発言の機会もない。この一〇人がもっと話し合って、少なくとも意志統一をして外に向かって行動してほしい。

僕はウルグアイ・ラウンドのコメの市場開放問題のときに「社会党はこれまでの主張が反対だから、今回も機械的に反対だということにはならない。現実の政治はそういうものではない。内外の新しい動きが出ているんだから弾力的にどうすべきか、どうしたらいいかと考えて結論を出さなければならない」と言ったんだ。

社民党は二〇一〇年五月に民主党との連立を解消した。ところが連立を出たことについて、あとからそれが悪いとか出るべきじゃなかったとかいろいろな意見が党内から出ている。連立離脱の原因となった沖縄米軍基地の移転問題について、社民党は国外移転という方針を堅持して連立を解消していくのか、その方針を維持しながらも現実的対応をして連立にとどまるのか、確かに難しい判断を要しただろう。これからも党内、特に一〇人の衆参両院の議員が納得のいくまで話し合って一致した行動がとれるように努めてほしいと思う。

——政党というのは人数が少ないほど内部の対立は激しいですね。

村山　やっぱり競い合うんかね。とにかく内輪の議論だけでは脱皮できないから、外の空気を入れた方が社民党にとってもいいかもしれないな。

——村山さんは今も社会民主主義を素晴らしいものだと思っているのですか。

村山　僕は今でも社会民主主義政党が政権を取れなくても議会で一定の力を持った政党として存在することは必要であり、なくてはならないと思っている。もちろん社会民主主義政党が政権を取れるならその方がいいが、国民がそこまで支持してくれなきゃ政権を取れないからね。日本の場合、政権を取るというのはなかなか難しいだろうな。

——社民党がリアリティのある政策を打ち出す政党になってないから、国民の支持が得られないんじゃあないですか。

村山　まあ、そう言い替えてもいいね。だけども政権を取れなくても政権を牽制する意味で、やっぱり社会民主主義的な政党が必要だと思う。僕は労働組合の幹部諸君に「労働組合は資本主義社会における唯一の大衆的な抵抗勢力だ。そういう役割を持っているのだ。ところが今の労働組合はそういう役割を果たしてないから駄目なんだ」と言っている。

自民党も民主党も保守政党だ。政界再編が起きても保守勢力ばかりが多数を握るというのではだめだ。社会民主主義政党が野党の時には野党としての任務や役割がある。社民政党がきちんと存在し政策について与党と切磋琢磨する緊張感が政界には必要だ。そして政権を握れば政権を握った立場でやり方がいろいろある。これからも、その時々で役割を果たしていかんとならん。せめて国会でそれなりの存在感のある政党に育ってほしいと願っている。

〈解題〉「新党」という魔物に憑かれた政党

薬師寺克行

土井たか子委員長のもとで社会党が参院選に歴史的大勝をしたのは一九八九年だった。土井氏の「山が動いた」という言葉が話題になったあの選挙だ。「自民党の政権たらいまわしは許さない」と声高に叫んでいた当時の社会党には、今にも自民党から政権を奪い取ってしまいそうな勢いがあった。ところがそれから一〇年足らずの間に社会党(九六年に社民党と党名変更)は、衆参両院の国会議員三〇人足らずの弱小政党になってしまった。

社会党は自民党とともに「五五年体制」の担い手として長きにわたって戦後日本の政界の中心的役割を担ってきた。そして九〇年代には細川連立政権と自社さ連立政権で与党の一員として政権を担ったばかりか、本書の主人公である村山富市委員長が内閣総理大臣に就任までしている。政治の中心舞台に登場し、脚光を浴びる存在だったはずの社会党にいったい何が起きたのか――それが、村山氏に最も聞いてみたい点だった。

村山富市という政治家

村山氏は若いころから政治家を志したわけではない。戦後の混乱期、大学を卒業し、知人に誘われるまま郷里に戻って漁村民主化運動や労働組合運動に携わった。その後、周りに推されて大分市議、大分県議、そして、衆院議員と階段を上っていった。経歴こそ順調だが、自分からポストを求めて動きまわったわけでもない。

左派右派の対立の激しかった社会党内をたくましく生き残ってきたのだからさぞかし理屈っぽい人物かと思いきや、原理主義や教条主義的な雰囲気を微塵も感じさせない。社会党内で常に論争の焦点となってきた自衛隊違憲論や日米安保条約の破棄問題については極めて現実的な考えの持ち主で、日米安保条約については「国会議員になった七二年頃から、一方的に破棄するなんてことができるとは思ってなかった」と語り、石橋政嗣氏の「自衛隊違憲合法論」を「憲法に反して合法なんてことがあるもんか、理論的におかしい。そんなことは通らない」と否定している。話を伺っている限り、構造改革論を打ち出した江田三郎氏に近いような印象を与える。

当然、社会主義協会派が党内で大きな力を持ち、政策や幹部人事などを事実上仕切っていたことには批判的だ。だからと言って、党改革などの旗を振るような動きはしていない。衆院社会労働委員会を中心に地道に議員活動を続け、その後は予算委員会理事、党の国会対策委員長という自民党との交渉役の仕事を重ねることで、根回しや駆け引きで物事を実現していくすべを身につけていった。

そういう意味では村山氏は決して社会党内のエリート議員ではなかった。党中枢の派閥抗争や権力闘争とは距離を置き、国会を中心に黙々と議員活動を続けてきた、どちらかというと地味な政治家だ。しかし、やがて協会派をめぐる過激な路線闘争の時代が終わり、社会党内で現実的な政策への関与が重みを増してくると、村山氏の存在感が増してきた。

村山流の政治手法がいかんなく発揮されたのは、もちろん九四年から約一年半の総理時代だろう。就任直後の国会で自衛隊合憲や日米安保堅持など、それまでの社会党の政策を大きく転換させる内容の演説をして党内からも批判を浴びた。これも村山氏にしてみれば総理大臣として当然のことで、安定的に政権運営をするためには不可欠だと考えていた。そのうえで、被爆者援護法、水俣病未認定患者問題、日米首脳会談での沖縄米軍基地問題の提起など、社会党政権でなければ取り組めなかったであろう課題をこなしていった。

そのピークは九五年八月の「戦後五〇年の総理談話」だ。ここで、日本の植民地支配や侵略についての責任を明確にして謝罪した。特記すべきは「独善的なナショナリズムを排し、責任ある国際社会の一員として国際協調を促進」と語っていることだ。過去への言及だけでなく、将来への警鐘を込めたこの部分に村山氏の強い思いが込められている。

「村山談話」はその後の政権が自民党に移ってもそのまま引き継がれ、繰り返し内外に発信された。中国はじめアジア諸国との外交関係には様々な問題が生じているが、「村山談話」が問題の深刻化を抑える役目を果たしている。また、閣僚の間から戦前の歴史を美化し正当化する発言も消えた。村山談話の意味は大きいと言える。

村山政権は日々の政権運営とともに、社会党内から沸き起こっていた「新党問題」への対応を迫られ続けた。九四年の政治改革関連法成立で衆院選挙に新たに小選挙区比例代表並立制が導入された。社会党候補者が小選挙区で当選できる可能性はほぼ皆無であり、それが新党問題を加速させた。村山氏は次期総選挙のタイミングをにらみつつ自らの退陣時期を計算し、一九九六年一月に突然の辞任表明をした。政権運営に区切りをつけ、次は自らが主導権を握って新党問題を決着させようとしたのだった。

しかし、永田町を取り巻く時代の変化の波の激しさはすさまじいものがあった。総理を辞任したとき、それはもはや村山氏の手に負えるものではなく社会党は解体・縮小の坂道を転げ落ちていった。

「新党」をめぐる社会党内の混乱

社会党内で「新党論」が強まったのは一九九三年の総選挙以後だった。細川政権で連立与党の一員に加わり、さらに九四年には村山委員長が総理に選ばれた。「万年野党」と揶揄されていた社会党にしてみればある意味で絶頂期である。野党時代にはかなわなかった政策を実現し、国民に社会党の存在をアピールするチャンスでもあった。にもかかわらず多くの議員がなぜ新党結成に走ったのか。

まず九三年総選挙の大敗がある。この選挙は自民党の自壊が原因だった。前年に自民党の金丸信副総裁が佐川急便から巨額の違法献金を受け取っていた事件が発覚、それが引き金になって党内最大派閥の竹下派が分裂し、小沢一郎氏らが飛び出した。リクルート事件に続く不祥事で自民党内では選挙制度改正を含む政治改革の必要性が叫ばれたが、賛否をめぐって真っ二つに割れ、結局、時の宮沢喜一総理は小選挙区制度導入を柱とする政治改革法案の成立をあきらめた。野党提出の内閣不信任案が議決され総選挙となった。それを機に武村正義氏を中心とするグループが自民党を離党し新党さきがけを結党、続いて小沢氏らも離党し新生党を立ち上げた。

ボロボロになった自民党が相手の総選挙であるから、社会党にとって有利なはずだが、結果は、わずか七〇議席で、改選前から六六議席も減らす大敗だった。日本新党や新生党などが大きく議席を伸ばし、自民党以外の七党一会派が集まって細川連立政権を作り上げた。冒頭に紹介した八九年の参院選が例外であり、社会党はやはり長期低落傾向に歯止めをかけることができないばかりか、新党ブームの前になすすべがなかった。

選挙だけを見ればその後も、九五年の統一地方選挙でも社会党は県議や市町村議ら地方議会の議席を大きく減らした。さらに九五年の参院選も一六議席と大敗を喫した。選挙のたびに議席を減らす衰退政党となってしまっていたのだった。

九四年一月に成立した政治改革関連四法も新党問題に拍車をかけた。「五五年体制」のもと社会党が野党第一党の地位を維持できたのは中選挙区制があったからだった。定数三〜五の選挙区に一〜二人の候補者を擁立して最低限の議席を獲得できた。これが定数一の小選挙区になると、社会党は単独で当選させることはほとんど不可能である。現職の議員にとって小選挙区導入は次の総選挙での落選を意味していた。

小選挙区比例代表並立制導入に合わせて小沢一郎氏は自民党離党者のほか、民社党、公明党など様々な勢力を結集して「新進党」を結党した。新制度導入で「五五年体制」という古い枠組みは崩壊し、永田町秩序が流動化していた。それに合わせて社会党の最大の支持基盤であった連合も、新党結成に積極的で、「小選挙区時代」に向けて全体が激しく動いていたのだった。

ところがこの問題について社会党内は完全に二つに割れていた。村山氏の言葉を使えば、一方は村山氏を含む「社民リベラル」グループ。もう一方は、書記長を務めていた久保亘氏らの「民主リベラル」グループとなる。

「社民リベラル」グループは社会党へのこだわりが強く、社会党を中心とした新党結成を目指していた。それに対して久保氏らに社会党へのこだわりはあまり感じられない。細川連立政権時代には小沢氏に接近し「非自民」を主張していた。その後、小沢氏らが社会党を排除して新進党を結党すると、「保守二大政党に対抗する第三極の結集」を主張、最後は鳩山由紀夫氏らが結成した民主党に飛び込んでいった。

このころの社会党内の新党問題をめぐる動きは外から見ていて分かりにくいものだった。「解党大会を開け」「新党には全員結束して参加すべきだ」「党名変更すべきだ」などなど、日本新党や新党さきがけの登場のときのような新鮮さとはおよそ無縁の動きだった。自分たちが生き残るための新党が先にありきで、組む相手は誰でもよかったのだろう。だからだろう、党内の二つのグループの間にかつての左派、右派対立のような政策や路線という次元の論争は全くなかった。

村山氏によると、総理時代、書記長の久保氏には「言っていいことと言ってはならないことを考え、警戒して会っていた」という。同じ政党にありながら二つのグループの相互不信は強く十分な会話さえなかった。村山氏らが政権運営に汲々としている時に、もう一方は政権に背を向けて新党結成の相手を探し回っていた。村山政権当時、社会党は政党と言えない状態にあったのだ。

利用し尽くされた政党

党内状況を離れて当時の政治全体を見ると、社会党の悲しい歴史が浮かび上がってくる。一九九三年総選挙後、真っ先に社会党を利用しようとしたのは小沢一郎氏だった。非自民連立政権を実現するため小沢氏はいち早く動き、まず日本新党の細川護熙代表の総理大臣擁立をしかけた。併せて社会党を引き寄せるため土井たか子氏の衆院議長擁立を働きかける。当時、社会党委員長だった山花貞夫氏はあっさりとこの話に乗り村山氏をひきつれて土井氏の説得をしている。ところが小沢氏は社会党を政権運営の障害物とみなしていたため一年足らずで切り捨ててしまい、社会党抜きの会派「改新」、さらには「新進党」結党に走った。

次に社会党を利用したのは政権復帰を果たしたかった自民党だ。羽田政権の行き詰まりを機に、自民党は社会党に攻勢をかけて自社さ連立政権を実現させる。村山総理誕生は本人にとっても社会党にとっても予想外の出来事だったろう。しかし、政権復帰のためであればいかなる手段でも講じる自民党の執念の前に、社会党はここでも状況に流されていった。結果的に自社さ連立政権が自民党を生き返らせたことは否定できない。自民党はやがて連立のパートナーを自由党、公明党に移し替え、やはり社会党(当時は社民党に変更していた)は使い捨てられた。

社会党の衰退を決定的にしたのは民主党だった。九六年の総選挙を前に結党した民主党は社民党議員の受け入れを容認した。しかし、それは党全体の受け入れではなかった。いわゆる「排除の論理」だ。村山氏はこれに反発し、民主党参加を個々の議員の自主的判断に任せた。その結果、社民党は完全に自壊、分裂してしまった。

こうして見ると、小沢、鳩山氏を含め、社会党を利用しつぶしていったのは全て自民党、あるいは自民党に籍を置いたことのある人間ばかりだ。「五五年体制」時代、自民党の政策を厳しく批判していた社会党は、権力の暴走を抑制する機能を果たし輝いて見えた。しかし、実態は永久に政権を獲得できない野党勢力として自民党政権を対立する立場から補完していただけだった。そして、自民党勢力が弱体化し、分裂すると、今度はそれぞれの勢力に利用され自らの力を失っていった。

社会党には立ち直る好機が二度はあったと考える。最初は細川連立政権時代だ。総理は細川氏だったが多くの政党の寄せ集め政権で、新生党の小沢氏が背後で動かす二重権力構造だった。この政権で社会党は議員数が最も多い第一党だったにもかかわらず政権内でリーダーシップを発揮することは全くなかった。常に受け身で、小沢氏が突き付けてくるコメの市場開放などの難題に振り回されていた。連立与党内の最大政党の立場を生かし、小沢氏に距離を置く新党さきがけや民社党と連携し政権運営に積極的に関与することはできたはずだが、そんな空気は全くなかった。

次は村山内閣時代だ。党首が総理大臣を務めている時ほど、自らの政策を予算化、法律化して現実のものとする好機はない。次々と社会党の政策を実現し国民に訴えれば社会党に対する国民の評価が変わったかもしれない。しかし、社会党議員らはそうした政権運営にはほとんど興味を示さなかった。村山氏によると「与党になったために思うようにものが言えない」「野党時代の方がよかった」という声が出たというのだから救い難い。

村山政権は阪神・淡路大震災、地下鉄サリン事件などに見舞われたが、その都度中心になって対応したのは野中広務氏や亀井静香氏ら自民党出身の閣僚だった。また、村山氏の口から出た首相時代の相談相手はやはり自民党出身で新党さきがけの武村正義氏や園田博之氏だ。野党しか知らない議員ばかりの社会党に政権を担うことは最初から無理だったのかもしれない。村山氏にとってはつらい日々だっただろう。

権力に対する緊張感や責任感が乏しいという社会党の体質が問題であるという指摘は目新しいことではない。構造改革路線を主張し最後は党を放逐された江田三郎氏や、「成田三原則」を提起した成田知巳元委員長に繰り返し指摘されてきたことである。それらを改めるどころか社会党国会議員らは九〇年代、長期低落傾向に歯止めのかからない自分たちの政党に自信を失ってしまい、選挙制度改革も重なって救いの道を新党に求めた。

では「新党」に走った社会党議員らの行動が特殊だったのかと言えば、決してそんなことはない。「新党」は政治家にとって「魔物」のようなものだ。現実の政治が行き詰まれば、有権者に受けのいいテーマを看板に掲げて人気を博する政党・政治グループが必ず現れる。政界の離合集散は世の常である。もちろん日本が直面する課題について深い考察をしたうえで実現可能な道を打ち出し、誠実に訴えるのであれば歓迎である。しかし、しばしば一時的人気を得るため表面的な主張を情緒的に訴える政党が登場してくる。そんな繰り返しは必ず日本政治全体を衰退させる。

村山氏の証言は、ご本人の意に反して「社会党衰亡史」になった観がある。しかし、村山氏の自戒を込めた証言は、これからの日本政治への重い警鐘となっている。

（東洋大学教授）

岩波現代文庫版あとがき

薬師寺克行

岩波書店の清水御狩さんから『村山富市回顧録』の文庫本化のご相談を受けたのは二〇一七年五月でした。早速、村山さんにお伝えすると、電話口から「そりゃあ、ありがたい話じゃのう」と嬉しそうな声が伝わってきました。本書は二〇一五年には韓国でも翻訳されたうえで出版されました。「日韓関係改善に熱い思いを持っている村山さんのことを多くの韓国の人に知ってもらいたい」という韓国の村山ファンからの申し出でした。一つの本が形を変えて世に出されるのは、それだけ村山さんのものの考え方が必要とされている時代だからかもしれません。

その村山さんですが、まだ「過去の人」になっていないのです。九〇歳を超えてなお、本人に言わせると「現役のころとあまり変わらん」というくらい日々、様々な団体などから頼まれると積極的に会合に出かけてあいさつや講演をしているのです。中国や韓国、ベトナムなど海外への出張も少なくありません。

私も二〇一一年に勤務先の東洋大学で学生を相手の講演をお願いしました。東洋大学には働きながら学ぼうという意欲ある若者を対象とした二部(夜間部)があり、多くの学生が在籍しています。村山さん自身、明治大学の夜間部に籍を置いていたことがあります。そこで、二部学生を激励するようなお話をしてくださいとお願いしたのです。

当日、村山さんは「この歳になって、学生にわかるような話ができるだろうか」と不安げな様子でした。ところが六〇〇人収容の大きなホールの壇上に立ち、マイクを持った瞬間、村山さんの表情も姿勢も一変しました。背筋がすっと伸び、顔はほのかに紅潮し、目が開き、そして、腹式呼吸でもしているのか会場の奥まで響き渡る力強い声で語り始めたのです。一時間以上、立ったままで学生に「若い人は夢を持ち続けなさい」「もっと政治に関心をもって、世の中を変えていこうとしてください」などと語り続けました。そのエネルギッシュな姿に、かつての労働組合運動家、そして政治家の血がまだ流れていると感じたのでした。

時々お目にかかってお話を伺っていると、村山さんがここまで活動を続けている背景には、今の政治に対する不満と不安があることがわかります。具体的には歴史問題や憲法を軽視する安倍晋三首相の政治であり、かつては自民党と対峙し国民から広く支持されていた社会党(現在の社民党)のあまりにもふがいない今の姿でしょう。

安倍首相批判で活発に動く

特に二〇一五年、村山さんは激しく活動しました。この年、安倍首相は集団的自衛権の行使を可能にする新しい安全保障関連法を成立させたほか、戦後七〇年の節目の年であることから八月一五日の終戦記念日に合わせて「村山談話」に代わる新しい「首相談話」を発表しました。さらには前年の一二月に靖国神社を参拝して近隣諸国のみならず世界中を唖然とさせました。持論である憲法改正についても積極的な姿勢を変えていませんでした。村山さんにとって、これらはすべて認めがたいもの、許しがたいものであり、それが村山さんを行動に駆り立てたのです。

本書執筆のためのインタビューは第二次安倍内閣が発足する前の二〇一一年に行いました。当時、安倍氏は第一次内閣を失敗したため政界ではほとんど注目されない存在となっていました。

インタビューで安倍首相についての評価を尋ねたところ、村山さんは安倍さんがいう「戦後レジームからの脱却」を新しい憲法体制やその憲法に基づく教育基本法が誤りだから変えたいという歴史観であると解釈したうえで、「安倍さんの考え方というのは他国に対してどうするということではなくて、日本の国はこうあった方がいい、こうでなくてはいけないという主張だから、(中略)歪められたナショナリズムとか独善的ナショナリズムとは言えないんじゃないかという気がする」(二六八頁)と、安倍氏に対する批判を抑え気味に語りました。

安倍氏がかねて主張していた歴史観は、村山さんが「村山談話」で強く否定した「独善的ナショナリズム」に近いものであると私はみていました。ですからこの時、村山さんが安倍氏に対し強い批判をしなかったことに首をかしげたことを覚えています。

安倍氏にとって植民地支配と侵略を認めて謝罪した「村山談話」と、従軍慰安婦について政府や軍の関与や強制性を認めて謝罪した「河野談話」は、「自虐史観」そのものであり、とても認めることのできないものでした。二〇一二年の自民党総裁選を前に安倍氏は、「河野談話と村山談話に代わる新たな談話を閣議決定すべきだ」「首相に返り咲けば、いずれかのタイミングで靖国神社を参拝したい」などと訴えていました。

インタビューの時点で村山さんは安倍氏が再び首相の地位に就くことはないだろうと考え、安倍氏に対する批判のトーンを抑えたのでしょう。ところが安倍氏は自民党総裁選に勝利し第二次内閣を発足させました。すると村山さんは安倍首相批判を強めていったのです。

安倍首相は就任後、村山談話について「そのまま継承しているわけではない」「侵略は定義が定まっていない」などと、一時は村山談話を完全に否定するような国会答弁をしました。ところが内外から「歴史修正主義だ」などという批判が相次いだため、安倍首相は軌道修正を余儀なくされました。そして、二〇一五年八月一五日に新たな「首相談話」を公表しました。その文面には「侵略」「植民地支配」「痛切なる反省」「心からのお詫び」という言葉は盛り込まれましたが、これまでの首相談話などの引用という形であり、安倍首相自身の言葉ではありませんでした。当然、安倍首相に対する村山さんの不信感は消えることはありませんでした。

さらに同じ年に集団的自衛権の行使を容認する安全保障関連法案が国会に提出され自民党ペースで審議が進んでいました。護憲の立場にあり平和主義を貫く村山さんにとってこちらも許しがたいものでした。

村山さんは国内だけでなく海外のメディアの取材やインタビューに積極的に応じたり、様々な会合や集会などに出席して安倍首相の政策を批判しました。村山さんの発言のいくつかを紹介します。まず「村山談話」についてです。

「これは個人の談話ではない。国民の気持ちを代言したものである。だから後継内閣も村山談話を継承しているのだ」

「(安倍談話について)村山談話を否定もしていないし、踏襲もしていない。出す必要はなかった。焦点がぼけて、何を言いたかったのかさっぱり分からない」

「継承すると言った以上、素直に継承すればいい。安倍談話なんか出さんでいい。歴史的事実は消せないんですよ。我々の子孫も含めて、日本の歴史を学ぶのは大事なことなんです。学びながら、過ちがあれば、過ちは繰り返しちゃいかんなとなる。素直に、いいところはいい、悪いことは悪い、これくらい言えるような総理になってほしい」

安全保障関連法についての村山さんの危機感はさらに強かった。法案審議中の八月には細川護煕、羽田孜、鳩山由紀夫、菅直人の五人の元首相とともに法案に反対の立場から安倍首相への提言を公表しました。そこで村山さんは次のように訴えました。

「歴代自民党政府も集団的自衛権は憲法が認めないとして、現行憲法は守られてきた。にもかかわらず安倍首相は勝手に憲法解釈を変え、閣議決定により合憲として国会に提出した。こうした立憲主義を無視した手法は問題だ」

「国民はいまだかってない国会の審議を注目しているが、首相は野党の質問にまともに回答するのではなく、一方的に長々としゃべりたいことをしゃべっているだけで、問題点が解明されない」

安全保障関連法は村山さんから見ると、「憲法解釈を勝手に変えて、日本がどんどん海外に出て戦争ができるような国にする」ための法律である。護憲の立場を貫き通してきた村山さんはいてもたってもいられなかったのであろう、七月には国会周辺で開かれた反対集会に参加し、マイクを握って演説もしました。本人に言わせると「国会前でマイクを握ったのは二〇年ぶり」だったそうです。

結局、安倍首相は八月に新しい「首相談話」を公表し、九月には安全保障関連法が成立した。村山さんの思いは通じませんでした。本書の〈解題〉で指摘したように村山さんは決して原理主義的あるいは教条主義的な人ではありません。首相に就任するとそれまでの社会党の方針に反して日米安保条約も自衛隊も認めた人です。非常に現実主義的で、理念や思想だけで物事を動かそうとする人ではないのです。

安倍首相に対する批判も単純な護憲平和主義からの批判ではありません。「村山談話」で強調したように、これからの日本は「責任ある国際社会の一員として国際協調を促進」することが重要であるにもかかわらず、安倍首相の打ち出す政策はそれに反するという批判です。

せっかく築き上げてきた中国や韓国などアジア諸国との信頼関係が安倍首相の政策によって壊されかかっているという心配からか、村山さんは二〇一六年七月の参院選挙の応援演説で安倍首相について、これまで聞いたことのないような激しい言葉で批判しました。

「いろんな総理大臣がおりましたけども、この安倍さんというのは最悪の総理大臣です。本音を隠して都合のいいことばかり言い、国民をだまして選挙に勝とうとしている」

選挙応援という場での発言であることを差し引いても、村山さんらしからぬ攻撃的な言葉です。村山さんはそれだけ危機感を持っていたのでしょう。

社民党への失望

もう一つ、村山さんを悩ませているのが社民党の現状です。村山さんは首相を辞めた直後の一九九六年一月に日本社会党の党名を社会民主党に変更し、自ら初代の党首に就きました。本文で触れているように村山さんが突然、首相を辞めた理由の一つが新党問題をめぐる社会党内の混乱を早く収束することにありました。衆議院の選挙制度が小選挙区比例代表並立制に改正されたため、社会党は生き残りのための新たな勢力の結集を迫られていました。しかし、事態は思うように進まず、結局、社民党は総選挙で議席を一気に一五に減らしてしまいました。

その後の社民党の姿は無残なものです。選挙のたびに議席を減らし、今や衆議院は二議席、参議院は改選のたびに一人しか当選させることができず、得票数は衆参ともに比例区で全体のわずか二パーセントに過ぎません。戦後長く自民党に対抗する勢力として存在した社会党は両院合わせて二〇〇人の国会議員を抱えていた時もあります。しかし、現在の社民党は衆参合わせてたったの四人という極小政党になってしまったのです。

議員数減は直ちに党の財政難につながりました。社会党本部は長い間、党の代名詞となっていた「三宅坂」の社会文化会館にありました。このビルは一九六四年に建てられ長く野党第一党の拠点となっていたのです。しかし、議員数わずか四人の政党に、地上七階地下一階という大きなビルは不相応なものとなりました。財政難に加えてビル自体の耐震性に問題があることがわかり、社民党は二〇一三年、国会近くの別のビルに移転を余儀なくされました。しかし、財政難は解消されず二〇一七年に国会からかなり離れた中央区の隅田川沿いのビルに再び移転しました。

国会議員を引退後の村山さんは、大分市の自宅と東京を頻繁に行き来し、東京に来れば党本部に立ち寄ることも多かったのです。そんな村山さんの目から見ると、わずかな議員しかいない党本部の閑散としたさまは耐え難いものだったでしょう。

村山さんは社民党の現状についてテレビ番組などで、「社民党はこのままいっても先がない。もう社民党なんてものにこだわらないで、憲法改悪反対などの共通課題で党派を超えて協力を呼びかけていく体制ができれば一番いい」と述べて、政党としての社民党の今後の可能性を否定しています。しかし、「圧倒的多数を持っている自民党に対して、理念、政策ではっきり対決できる政党が必要だ。共産党では結集できない。社会民主的な路線の政党がなきゃいかん。その中核となって推進する役割を担っていくのが大事じゃ。リベラルを結集するには、護憲とか脱原発とか、国民の暮らしを土台にしたさまざまな運動を包含するだけの幅を持たないかんということだ」と、社民主義勢力の存在の重要性を熱く語っています。

政党としての社民党に展望はない。しかし、自らがこだわり続けてきた社民リベラルを旗印とする政治勢力の必要性は、安倍首相をはじめとする保守勢力がますます右傾化する現実を前に高まっていると考えて、後輩たちにはっぱをかけているのです。

今なお走る村山さん

それにしても九〇歳を超えた村山さんがなぜ、走り続けなければならないのでしょうか。議員を引退した身です。静かに隠居生活をしていてもおかしくないのに、今も集会や会議に引っ張り出されるのです。そして、ご本人もそれを嫌がることなく応じています。

村山さん自身が安倍首相をはじめとする今の政治に強い危機感を持っていて黙っていられないのでしょう。自らが心血を注いで作り上げた「村山談話」、あるいは近隣諸国との友好関係、それを失うことだけは許せないのです。

その背景には自らが学生時代に経験した学徒動員と戦争の体験に基づく平和への強い信念があります。走り続ける村山さん。しかし、その願いはかなわぬまま現実の国内、世界情勢は悪くなっています。

二〇一七年の総選挙で自民党はまたもや圧勝し、安倍内閣が継続することになりました。野党が分裂を繰り返し細分化した結果、自民党に歩調を合わせる「野党」まで登場し、安倍首相による「一強政治」は衰えを知らない状況が続いています。

総選挙中、村山さんに電話すると「いやあ、政治の状況はひどいものだ。きちんとした野党がいなくなってしまった。希望の党は自民党と何ら変わるところはない。これでは国民が政治から離れて行ってしまう。それに政治家になろうという有為な人材が減ってしまった。政治に魅力がないんだろうなあ。困ったことだ」と嘆くことしきりでした。

「安倍一強」を許しているのは、自民党はもとより政界に人材がいなくなったことの裏返しです。自民党を見ても、村山さんと同様に平和と国際協調を重視し、安倍首相に苦言を呈しているのは河野洋平・元総裁くらいしか見当たりません。

小選挙区制導入の結果、政治家が小粒になったという批判はよく耳にします。日々の出来事に対応することに一喜一憂しながら追われ続ける政治家。次の選挙でいかに当選を続けるかだけを考えて行動する政治家。有権者の反応ばかり気にして受けのいい迎合的な主張を繰り返すだけの政治家。こうした小さい政治には国家像や世界観など大きな構想は無関係です。

ゆえに村山さんがいつまでも光って見えるのでしょう。小選挙区制度導入の一端を担わされた村山さんも「政治家の質が落ちた」と反省を込めて語っています。小さな政治を前に、村山さんはまだ走り続けなければならないのかもしれません。

年表

年	経歴	日本と世界の動き
一九二四	3・大分県に生まれる	
一九三一		9・満州事変
一九三二		5・五・一五事件
一九三五		2・天皇機関説が問題に
一九三六		2・二・二六事件
一九三七		7・日中戦争始まる
一九三八	3・大分市立高等小学校を卒業 4・東京に移り、五反田の町工場や築地の印刷所で働く 9・東京市立商業学校に入学	
一九四一		12・太平洋戦争始まる
一九四二	3・東京市立商業学校を卒業 4・明治大学専門部(夜間部)政治経済科に入学	
一九四四	8・学徒動員で都城、熊本へ	
一九四五	8・熊本で終戦を迎える。その後、明治大学に復学	8・天皇が戦争終結の詔勅

一九四六	・明治大学卒業、帰郷し漁村民主化運動に参加	11・日本社会党結党
一九四七	4・日本社会党に入党	6・社会党の片山哲委員長が総理に就任
一九四八	4・漁村青年同盟書記長	
一九四九	5・社会党大分県本部青年部長	
一九五〇	・大分県職員労働組合(県職)事務局書記に	
一九五一	4・大分市議選に立候補し落選	9・サンフランシスコ講和会議が開かれ、対日講和条約調印 ・日米安保条約調印 10・対日講和条約めぐり社会党が左右に分裂
一九五二	3・社会党大分県連が左右に分裂し、左派に所属 ・県労評事務局次長としてオルグ活動に力を入れる	
一九五四		6・自衛隊発足
一九五五	4・大分市議会議員(六三年まで二期務める)	10・左右社会党が統一。鈴木茂三郎氏が委

		員長に 11・自由党と日本民主党が合同し自由民主党を結党
一九五六		12・日本が国連に加盟
一九五七	2・社会党大分県本部組織委員長に就任 9・県労評・中央地区労事務局長	
一九六〇		1・社会党を離党した西尾末広氏が民主社会党を結党 3・浅沼稲次郎氏が社会党委員長に 5・衆院で新安保条約を自民党単独で可決 6・新安保条約が自然承認 10・社会党の浅沼委員長が日比谷公会堂で刺殺される
一九六一		3・河上丈太郎氏が社会党委員長に
一九六二		7・江田三郎氏が「江田ビジョン」を発表、党内で論争に 11・江田氏が社会党書記長を辞任
一九六三	4・大分県議会議員(七二年まで三期務める)	
一九六五		5・佐々木更三氏が社会党委員長に
一九六七	6・社会党大分県本部書記長	8・勝間田清一氏が社会党委員長に

一九六八	3・社会党大分県本部副委員長	10・成田知巳氏が社会党委員長に
一九七一		6・沖縄返還協定調印
一九七二	12・総選挙で大分一区に立候補し初当選 ・自治労中央本部特別執行委員	5・沖縄の施政権返還 7・田中内閣発足
一九七三	2・社会党内の「新しい流れの会」に参加	
一九七四	9・社会党大分県本部委員長	12・三木内閣発足
一九七六	12・総選挙に当選(二回目) ・衆院社会労働委員会理事	12・福田内閣発足
一九七七		3・江田三郎氏が社会党を離党(五月に死去) 12・飛鳥田一雄氏が社会党委員長に
一九七八		3・社会民主連合結成 8・日中平和友好条約調印 12・大平内閣発足
一九七九	10・総選挙に当選(三回目)	
一九八〇	6・衆参同日選で落選	7・鈴木内閣発足

一九八二		11・中曽根内閣発足
一九八三	12・総選挙に当選(四回目) ・衆院社会労働委員会理事	9・石橋政嗣氏が社会党委員長に
一九八四		2・自衛隊の「違憲合法論」を社会党運動方針に盛り込む
一九八六	7・総選挙に当選(五回目)	9・土井たか子氏が社会党委員長に
一九八七	10・社会党大分県本部顧問	11・竹下内閣発足
一九八八	12・衆院予算委員会理事	6・リクルート事件が表面化
一九八九		1・昭和天皇崩御 5・衆院予算委員会で中曽根元総理の証人喚問 6・宇野内閣発足 7・参院選で社会党が大勝 8・海部内閣発足 11・総評が解散し連合結成 12・米ソ首脳が「冷戦終結」を宣言
一九九〇	2・総選挙に当選(六回目)	

一九九一	1・衆院物価問題特別委員長に就任 7・社会党国会対策委員長に就任	8・イラクがクウェートに侵攻(湾岸危機) 1・湾岸戦争 7・田辺誠氏が社会党委員長に 11・宮沢内閣発足
一九九二		6・PKO協力法が成立。社会党が牛歩戦術で抵抗 10・佐川急便事件で自民党金丸前副総裁が議員辞職 12・自民党竹下派分裂、小沢一郎氏らが離脱
一九九三	7・総選挙に当選(七回目) 9・社会党委員長に就任	1・山花貞夫氏が社会党委員長に 6・宮沢内閣不信任決議が成立 ・新党さきがけ、新生党結党 7・総選挙で自民党が過半数を獲得できず 8・細川連立政権が誕生。土井たか子氏が衆院議長に就任 11・衆院本会議で政治改革関連法案を可決。社会党造反は五人 12・政府がコメ市場の部分開放受け入れを閣議決定

	一九九四
6・内閣総理大臣に指名される 7・イタリア・ナポリサミットに出席 ・臨時国会で初の所信表明演説。自衛隊合憲などを表明 ・韓国訪問 8・東南アジア四か国(フィリピン、ベトナム、シンガポール、マレーシア)を訪問	
1・参院本会議で政治改革関連法案を否決。社会党造反は一七人。その後、細川総理と自民党の河野洋平総裁が党首会談で修正に合意し成立 2・細川総理が未明の記者会見で「国民福祉税」構想を発表したが、翌日、白紙撤回 4・細川総理が辞意を表明、羽田政権が発足 ・新生党、日本新党、民社党などが衆院内会派「改新」を結成。これを受けて社会党が連立を離脱 6・羽田内閣が総辞職、村山政権が発足 8・山花氏らが「新民主連合」を結成 9・社会党臨時党大会。自衛隊合憲、日米安保堅持など採択	

・連立与党が消費税率五%への引き上げを決定
10・久保亘書記長が社民・リベラル勢力による新党結成を提起
12・被爆者援護法が成立
・新進党結党

一九九五

1・ワシントン訪問。日米首脳会談で沖縄米軍基地問題に言及
5・中国訪問
6・カナダ・ハリファクスサミットに出席
7・参院選に敗北し、首相辞任を提起するが政権継続に
8・内閣改造
・戦後五〇年の総理談話を発表

1・阪神・淡路大震災。小里貞利氏を震災担当相に
・山花氏ら二四人が社会党の会派離脱届提出
3・社会党が新党問題検討委員会を設置
・地下鉄サリン事件
4・統一地方選挙
5・社会党臨時党大会で「九五年宣言」採択
6・衆院が戦後五〇年の国会決議を採択
7・女性のためのアジア平和国民基金創設
・参院選で自民、社会党が敗北
8・河野氏(副首相・外相)が自民党総裁選不出馬を表明
9・久保書記長らが呼びかけて「新しい政

一九九六

1・首相退陣を表明
・社民党の初代党首に就任

治勢力結集呼びかけ人会議」結成
・沖縄で小学生が米兵三人に暴行される
・社会党臨時党大会で一〇月下旬の新党結成方針を採択
・橋本龍太郎氏が自民党総裁に
11・「呼びかけ人会議」が「新党結成準備会」を発足させる
・APEC大阪会議
・社会党三役懇談会で、九六年一月に社会党の解党大会を開くとともに新党結成を進める方針で一致
12・政府が水俣病未認定患者問題で最終解決策を決定
・改正宗教法人法成立
・社会党中央委員会で、一月の党大会は新党結成を先送りし、党名変更にとどめることを決定
・住専に六八五〇億円を投入することを決定
1・橋本内閣発足
・社会党の定期党大会。党名を社会民主

	9・社民党党首を辞任し特別代表に 10・総選挙に当選(八回目)	党に変更 8・鳩山由紀夫氏が新党への武村氏らの参加を拒否する「排除の論理」を主張 9・社民党常任幹事会で、党所属議員らの民主党への参加を容認する方針を決定。しかし、民主党側が自動的参加を拒否したため、社民党は一転して総選挙に社民党のままで臨む方針を決定。社民党分裂へ ・民主党結党 ・土井たか子氏が社民党党首に 10・小選挙区比例代表並立制による初めての総選挙。社民党は一五議席に激減
一九九七		12・新進党解党
一九九八		6・自社さ三党が連立を解消 7・参院選で自民党が敗北し、橋本総理辞任。小渕内閣発足
一九九九	12・超党派の訪朝団代表として北朝鮮を訪問	1・自自連立政権発足 10・自自公連立で合意
二〇〇〇	2・日朝友好議員連盟会長に就任	

	3・次期総選挙に立候補しないことを表明 9・「女性のためのアジア平和国民基金」の理事長に就任	4・森内閣発足
二〇〇一		4・小泉内閣発足
二〇〇六		9・安倍内閣発足
二〇〇七		9・福田内閣発足
二〇〇八		9・麻生内閣発足
二〇〇九		9・総選挙で民主党が大勝し、鳩山内閣発足
二〇一〇		6・菅内閣発足
二〇一一		3・東日本大震災 9・野田内閣発足
二〇一二		12・総選挙で民主党は惨敗し、第二次安倍内閣発足

本書は二〇一二年五月、岩波書店より刊行された。

人名索引

あ行

か行

さ 行

た 行

な 行

は 行

ま 行

や 行

ら・わ行

事項索引

あ行

か行

さ行

た 行

な 行

は 行

ま 行

や・ら・わ行

村山富市回顧録

2018年1月16日　第1刷発行

編　者　薬師寺克行《やくしじかつゆき》

発行者　岡本　厚

発行所　株式会社　岩波書店
〒101-8002 東京都千代田区一ツ橋2-5-5

案内 03-5210-4000　営業部 03-5210-4111
現代文庫編集部 03-5210-4136
http://www.iwanami.co.jp/

印刷・精興社　製本・中永製本

ISBN 978-4-00-603306-4　Printed in Japan

岩波現代文庫の発足に際して

新しい世紀が目前に迫っている。しかし二〇世紀は、戦争、貧困、差別と抑圧、民族間の憎悪等に対して本質的な解決策を見いだすことができなかったばかりか、文明の名による自然破壊は人類の存続を脅かすまでに拡大した。一方、第二次大戦後より半世紀余の間、ひたすら追い求めてきた物質的豊かさが必ずしも真の幸福に直結せず、むしろ社会のありかたを歪め、人間精神の荒廃をもたらすという逆説を、われわれは人類史上はじめて痛切に体験した。

それゆえ先人たちが第二次世界大戦後の諸問題といかに取り組み、思考し、解決を模索したかの軌跡を読みとくことは、今日の緊急の課題であるにとどまらず、将来にわたって必須の知的営為となるはずである。幸いわれわれの前には、この時代の様ざまな葛藤から生まれた、人文、社会、自然諸科学をはじめ、文学作品、ヒューマン・ドキュメントにいたる広範な分野のすぐれた成果の蓄積が存在する。

岩波現代文庫は、これらの学問的、文芸的な達成を、日本人の思索に切実な影響を与えた諸外国の著作とともに、厳選して収録し、次代に手渡していこうという目的をもって発刊される。いまや、次々に生起する大小の悲喜劇に対してわれわれは傍観者であることは許されない。一人ひとりが生活と思想を再構築すべき時である。

岩波現代文庫は、戦後日本人の知的自叙伝ともいうべき書物群であり、現状に甘んずることなく困難な事態に正対して、持続的に思考し、未来を拓こうとする同時代人の糧となるであろう。

（二〇〇〇年一月）

岩波現代文庫[社会]

S245
学問の冒険
河合雅雄

日本独自のサル学を切り拓いた著者が、探検と冒険の喜びに満ちた半生をふりかえり、学問の創造性を育む「雑木林の思想」の魅力を存分に語る。

S246
未来からの遺言
―ある被爆者体験の伝記―
伊藤明彦

吉野さん(仮名)が語った感動の被爆体験に重大な謎があった。それは幻の語りだったのか。被爆者の声を聞き取り続けた著者が問う衝撃の書。〈解説〉今野日出晴

S247
砂の文明 石の文明 泥の文明
松本健一

「砂の文明」のイスラム圏、「石の文明」の欧米、「泥の文明」のアジア。「文明の衝突」論を批判し、「泥の文明」の可能性を追求する。

S248
脳の学習力
―子育てと教育へのアドバイス―
S.J.ブレイクモア
U.フリス
乾敏郎
山下博志
吉田千里 訳

脳科学の最新の研究が脳のメカニズムを解明する。早期教育の有効性、効率的に脳を発達させせる方法、熟年世代の学習の可能性を考察する平明な一冊。

S249
営業をマネジメントする
石井淳蔵

個人がすべてを背負う属人営業から組織中心の合理的な営業へ。営業プロセスごとの専門性を高めて、顧客の多様なニーズに応える。

2018.1

S250
中華万華鏡
辻康吾

庶民の日常生活から国際紛争への対処まで様々な事象の背景をなす中華世界の容易に変わらない深層を探り、中国理解のための鍵を提供する。岩波現代文庫オリジナル版。

S251
ことばを鍛えるイギリスの学校
―国語教育で何ができるか―
山本麻子

幼い頃から自分の力で考え、論理を築き、説得的に表現できるよう日々鍛えられる英国の子どもたち。密度の濃い国語教育の実態を具体的に紹介する最新改訂版。

S252
孤独死
―被災地で考える人間の復興―
額田勲

大震災をようやく生きのびた人びとが、仮設住宅で、誰にもみとられずに亡くなっていくのは何故か。日本社会の弱者切り捨ての実態に迫る渾身のレポート。〈解説〉上昌広

S253
日本の空をみつめて
―気象予報と人生―
倉嶋厚

気象と文化をめぐるエッセイ。身近な「天気」と人生との関わりを俳句や故事成語を交えて語る思索の旅。気象予報の現場で長年活躍してきた著者の到達点。

S254
〈子どもとファンタジー〉
コレクションI
子どもの本を読む
河合隼雄
河合俊雄編

「読まないと損だよ」。心理療法家が、大人にも子どもにもできるだけ多くの人に読んでもらいたい児童文学の傑作を紹介する。〈解説〉石井睦美

S255
〈子どもとファンタジー〉コレクションⅡ ファンタジーを読む
河合隼雄
河合俊雄編

ファンタジー文学は空想への逃避ではなく、時に現実への挑戦ですらある。心理療法家が、ル＝グウィンら八人のすぐれた作品を読む。〈解説〉河合俊雄

S256
〈子どもとファンタジー〉コレクションⅢ 物語とふしぎ
河合隼雄
河合俊雄編

人は深い体験を他の人に伝えるために物語をつくった。児童文学の名作を紹介しつつ、子どもと物語を結ぶ「ふしぎ」について考える。〈解説〉小澤征良

S257
〈子どもとファンタジー〉コレクションⅣ 子どもと悪
河合隼雄
河合俊雄編

創造的な子どもを悪とすることがある。理屈ぬきに許されない悪もある。悪という永遠のテーマを、子どもの問題として深く問い直す。〈解説〉岩宮恵子

S258
〈子どもとファンタジー〉コレクションⅤ 大人になることのむずかしさ
河合隼雄
河合俊雄編

カウンセラーとしての豊かな体験をもとに、現代の青年が直面している諸問題を掘り下げ、大人がつきつけられている課題を探る。〈解説〉土井隆義

S259
〈子どもとファンタジー〉コレクションⅥ 青春の夢と遊び
河合隼雄
河合俊雄編

文学作品を素材に、青春の現実、夢、遊び、性、挫折、死、青春との別離などを論じ、人間としての成長、生きる意味について考える。〈解説〉河合俊雄

S260
世阿弥の言葉
―心の糧、創造の糧―
土屋恵一郎

世阿弥の花伝書は人気を競う能の戦略書である。能役者が年齢とともに試練を乗り超えるためのその言葉は、現代人の心に響く。

S261
戦争とたたかう
―憲法学者・久田栄正のルソン戦体験―
水島朝穂

軍隊での人間性否定に抵抗し、凄惨な戦場でも戦争に抗い続けられたのはなぜか。稀有な従軍体験を経て、平和憲法に辿りつく感動の軌跡。いま戦場を再現・再考する。

S262
過労死は何を告発しているか
―現代日本の企業と労働―
森岡孝二

なぜ日本人は死ぬまで働くのか。株式会社論、労働時間論の視角から、働きすぎのメカニズムを検証し、過労死を減らす方策を展望する。

S263
ゾルゲ事件とは何か
チャルマーズ・ジョンソン
篠崎務訳

尾崎秀実とリヒアルト・ゾルゲはいかに出会い、なぜ死刑となったか。本書は二人の人間像を解明し、事件の全体像に迫った名著増補版の初訳。〈解説〉加藤哲郎

S264
あたらしい憲法のはなし 他二篇
―付 英文対訳日本国憲法―
高見勝利編

日本国憲法が公布、施行された年に作られた「あたらしい憲法のはなし」「新しい憲法 明るい生活」「新憲法の解説」の三篇を収録。

2018. 1

S265
日本の農山村をどう再生するか
保母武彦

過疎地域が蘇えるために有効なプログラムが求められている。本書は北海道下川町、島根県海士町など全国の先進的な最新事例を紹介し、具体的な知恵を伝授する。

S266
古武術に学ぶ身体操法
甲野善紀

桑田投手が復活した要因とは何か。「ためない、ひねらない、うねらない」、著者が提唱する身体操法は、誰もが驚く効果を発揮して各界の注目を集める。〈解説〉森田真生

S267
都立朝鮮人学校の日本人教師 ―一九五〇―一九五五―
梶井陟

朝鮮人の子どもたちにも日本人の子どもたちと同じように学ぶ権利がある！　冷戦下、廃校への圧力に抗して闘った貴重な記録。〈解説〉田中宏

S268
医学するこころ ―オスラー博士の生涯―
日野原重明

近代アメリカ医学の開拓者であり、患者の心を大切にした医師、ウィリアム・オスラー。その医の精神と人生観を範とした若き医学徒だった筆者の手になる伝記が復活。

S269
喪の途上にて ―大事故遺族の悲哀の研究―
野田正彰

かけがえのない人の突然の死を、遺された人はどう受け容れるのか。日航ジャンボ機墜落事故などの遺族の喪の過程をたどり、悲しみの意味を問う。

2018.1

岩波現代文庫［社会］

S270
時代を読む
―「民族」「人権」再考―
加藤周一
樋口陽一

「解釈改憲」の動きと日本の人権と民主主義の状況について、二人の碩学が西欧、アジアをふまえた複眼思考で語り合う白熱の対論。

S271
「日本国憲法」を読み直す
井上ひさし
樋口陽一

日本国憲法は押し付けられたもので時代にそぐわないから改正すべきか？　同年生まれで敗戦の少国民体験を共有する作家と憲法学者が熱く語り合う。

S272
関東大震災と中国人
―王希天事件を追跡する―
田原洋

関東大震災の時、虐殺された日本在住中国人のリーダーで、周恩来の親友だった王希天の死の真相に迫る。政府ぐるみの隠蔽工作を明らかにするドキュメンタリー。改訂版。

S273
NHKと政治権力
―番組改変事件当事者の証言―
永田浩三

NHK最高幹部への政治的圧力で慰安婦問題を扱った番組はどう改変されたか。プロデューサーによる渾身の証言はNHKの現在をも問う。各種資料を収録した決定版。

S274-275
丸山眞男座談セレクション（上・下）
丸山眞男
平石直昭編

人と語り合うことをこよなく愛した丸山眞男氏。知性と感性の響き合うこれら闊達な座談の中から十七篇を精選。類いまれな同時代史が立ち上がる。

岩波現代文庫[社会]

S276
ひとり起つ
―私の会った反骨の人―
鎌田 慧

組織や権力にこびずに自らの道を疾走し続けた著名人二二人の挑戦。灰谷健次郎、家永三郎、戸村一作、高木仁三郎、斎藤茂男他、今も傑出した存在感を放つ人々との対話。

S277
民意のつくられかた
斎藤貴男

原発への支持や、道路建設、五輪招致など、国策・政策の遂行にむけ、いかに世論が誘導・操作されるかを浮彫りにした衝撃のルポ。

S278
インドネシア・スンダ世界に暮らす
村井吉敬

激変していく直前の西ジャワ地方に生きる市井の人々の息遣いが濃厚に伝わる希有な現地調査と観察記録。一九七八年の初々しい著者デビュー作。〈解説〉後藤乾一

S279
老いの空白
鷲田清一

〈老い〉はほんとうに「問題」なのか？ 身近な問題を哲学的に論じてきた第一線の哲学者が、超高齢化という現代社会の難問に挑む。

S280
チェンジング・ブルー
―気候変動の謎に迫る―
大河内直彦

地球の気候はこれからどう変わるのか。謎の解明にいどむ科学者たちのドラマをスリリングに描く。講談社科学出版賞受賞作。〈解説〉成毛 眞

2018.1

岩波現代文庫[社会]

S281
ゆびさきの宇宙
福島智・盲ろうを生きて
生井久美子

盲ろう者として幾多のバリアを突破してきた東大教授・福島智の生き方に魅せられたジャーナリストが密着、その軌跡と思想を語る。

S282
釜ヶ崎と福音
―神は貧しく小さくされた者と共に―
本田哲郎

神の選びは社会的に貧しく小さくされた者の中にこそある！　釜ヶ崎の労働者たちと共に二十年を過ごした神父の、実体験に基づく独自の聖書解釈。

S283
考古学で現代を見る
田中琢

新発掘で本当は何が「わかった」といえるか？　考古学とナショナリズムとの危うい関係とは？　発掘の楽しさと現代とのかかわりを語るエッセイ集。〈解説〉広瀬和雄

S284
家事の政治学
柏木博

急速に規格化・商品化が進む近代社会の軌跡と重なる「家事労働からの解放」の夢。家庭という空間と国家、性差、貧富などとの関わりを浮き彫りにする社会論。

S285
河合隼雄の読書人生
―深層意識への道―
河合隼雄

臨床心理学のパイオニアの人生に影響をおよぼした本とは？　読書を通して著者が自らの人生を振り返る、自伝でもある読書ガイド。〈解説〉河合俊雄

2018. 1

S286
平和は「退屈」ですか
―元ひめゆり学徒と若者たちの五〇〇日―
下嶋哲朗

沖縄戦の体験を、高校生と大学生が語り継ぐプロジェクトの試行錯誤の日々を描く。社会人となった若者たちに改めて取材した新稿を付す。

S287
野口体操入門
―からだからのメッセージ―
羽鳥操

「人間のからだの主体は脳でなく、体液である」という身体哲学をもとに生まれた野口体操。その理論と実践方法を多数の写真で解説。

S288
日本海軍はなぜ過ったか
―海軍反省会四〇〇時間の証言より―
澤地久枝
半藤一利
戸髙一成

勝算もなく、戦争へ突き進んでいったのはなぜか。「勢いに流されて――」。いま明かされる海軍トップエリートたちの生の声。肉声の証言がもたらした衝撃をめぐる白熱の議論。

S289-290
アジア・太平洋戦争史（上・下）
―同時代人はどう見ていたか―
山中恒

いったい何が自分を軍国少年に育て上げたのか。三〇年来の疑問を抱いて、戦時下の出版物を渉猟し書き下ろした、あの戦争の通史。

S291
戦下のレシピ
―太平洋戦争下の食を知る―
斎藤美奈子

十五年戦争下の婦人雑誌に掲載された料理記事を通して、銃後の暮らしや戦争について知るための「読めて使える」ガイドブック。文庫版では占領期の食糧事情について付記した。

2018. 1

岩波現代文庫[社会]

S292
食べかた上手だった日本人
―よみがえる昭和モダン時代の知恵―
魚柄仁之助

八〇年前の日本にあった、モダン食生活のユートピア。食料クライシスを生き抜くための知恵と技術を、大量の資料を駆使して復元!

S293
新版 報復ではなく和解を
―ヒロシマから世界へ―
秋葉忠利

長年、被爆者のメッセージを伝え、平和活動を続けてきた秋葉忠利氏の講演録。好評を博した旧版に三・一一以後の講演三本を加えた。

S294
新島襄
和田洋一

キリスト教を深く理解することで、日本の近代思想に大きな影響を与えた宗教家・教育家、新島襄の生涯と思想を理解するための最良の評伝。〈解説〉佐藤 優

S295
戦争は女の顔をしていない
スヴェトラーナ・アレクシエーヴィチ
三浦みどり訳

ソ連では第二次世界大戦で百万人をこえる女性が従軍した。その五百人以上にインタビューした、ノーベル文学賞作家のデビュー作にして主著。〈解説〉澤地久枝

S296
ボタン穴から見た戦争
―白ロシアの子供たちの証言―
スヴェトラーナ・アレクシエーヴィチ
三浦みどり訳

一九四一年にソ連白ロシアで十五歳以下の子供だった人たちに、約四十年後、戦争の記憶がどう刻まれているかをインタビューした戦争証言集。〈解説〉沼野充義

2018.1

S297
フードバンクという挑戦
―貧困と飽食のあいだで―
大原悦子
食べられるのに捨てられてゆく大量の食品。一方に、空腹に苦しむ人びと。両者をつなぐフードバンクの活動の、これまでとこれからを見つめる。

S298
いのちの旅
「水俣学」への軌跡
原田正純
水俣病公式確認から六〇年。人類の負の遺産「水俣」を将来に活かすべく水俣学を提唱した著者が、様々な出会いの中に見出した希望の原点とは。〈解説〉花田昌宣

S299
紙の建築　行動する
―建築家は社会のために何ができるか―
坂　茂
地震や水害が起きるたび、世界中の被災者のもとへ駆けつける建築家が、命を守る建築の誕生とその人道的な実践を語る。カラー写真多数。

S300
犬、そして猫が生きる力をくれた
―介助犬と人びとの新しい物語―
大塚敦子
保護された犬を受刑者が介助犬に育てるという米国での画期的な試みが始まって三〇年。保護猫が刑務所で受刑者と暮らし始めたこと、元受刑者のその後も活写する。

S301
沖縄　若夏の記憶
大石芳野
戦争や基地の悲劇を背負いながらも、豊かな風土に寄り添い独自の文化を育んできた沖縄。その魅力を撮りつづけてきた著者の、珠玉のフォトエッセイ。カラー写真多数。

2018.1

岩波現代文庫[社会]

S302
機会不平等
斎藤貴男

機会すら平等に与えられない〝新たな階級社会の現出〟を粘り強い取材で明らかにした衝撃の著作。最新事情をめぐる新章と、森永卓郎氏との対談を増補。

S303
私の沖縄現代史
―米軍支配時代を日本〈ヤマト〉で生きて―
新崎盛暉

敗戦から返還に至るまでの沖縄と日本の激動の同時代史を、自らの歩みと重ねて描く。日本〈ヤマト〉で「沖縄を生きた」半生の回顧録。岩波現代文庫オリジナル版。

S304
私の生きた証はどこにあるのか
―大人のための人生論―
H.S.クシュナー
松宮克昌訳

私の人生にはどんな意味があったのか？ 人生の後半を迎え、空虚感に襲われる人々に旧約聖書の言葉などを引用し、悩みの解決法を提示。岩波現代文庫オリジナル版。

S305
戦後日本のジャズ文化
―映画・文学・アングラ―
マイク・モラスキー

占領軍とともに入ってきたジャズは、アメリカそのものだった！ 映画、文学作品等の中のジャズを通して、戦後日本社会を読み解く。

S306
村山富市回顧録
薬師寺克行編

戦後五五年体制の一翼を担っていた日本社会党は、その誕生から常に抗争を内部にはらんでいた。その最後に立ち会った元首相が見たものは。

2018.1